XIANDAI HANYU XIUCIXUE

现代汉语修辞学

陈丛耘 著

内 容 提 要

本教材主要以理论为主线，讲求实用，从言语交际的实际需要出发，有针对性地讲述有关修辞理论。在阐发修辞手段、方法时，突出可读性，注重范例分析，突出当前社会生活的修辞实践，注重表现言语的技巧性和趣味性；取例力求语料的丰富多彩，各种语体，以及报刊、电视、广播等各种语域的语料都纳入了选例的视野，具有时代感、新鲜感。内容全面而不庞杂，包括词语的锤炼，句式的选择，篇章修辞，语体修辞，修辞学谚语、成语、歇后语，辞格的运用以及修辞障碍。尤其是在讲辞格运用时，列举了43种辞格，对一些容易混淆的修辞格，进行了比较辨析，这在近年来修辞学著作中，是介绍得比较全的。

本教材可以作为海外华文师资培训教材，也可作为汉语言文字学、语言学及应用语文学、汉语国际教育、华语与华文教育硕士研究生的研究参考书，还可作为中国语言文学学科对外汉语专业、华文教育专业、汉语言专业的教材。

图书在版编目(CIP)数据

现代汉语修辞学/陈丛耘著．—武汉：华中科技大学出版社，2011.11(2024.12重印)
ISBN 978-7-5609-7456-9

Ⅰ.①现… Ⅱ.①陈… Ⅲ.①汉语-修辞学-教材 Ⅳ.①H15

中国版本图书馆CIP数据核字(2011)第229925号

现代汉语修辞学	陈丛耘 著

策划编辑：袁　冲　　　　　　　　　　　　　责任编辑：史永霞
封面设计：范翠璇　　　　　　　　　　　　　责任校对：马燕红
责任监印：朱　玢
出版发行：华中科技大学出版社(中国·武汉)　电　话：(027)81321913
　　　　　武汉市东湖新技术开发区华工科技园　邮　编：430223
录　　排：华中科技大学惠友文印中心
印　　刷：广东虎彩云印刷有限公司
开　　本：710mm×1000mm　1/16
印　　张：13
字　　数：238千字
版　　次：2024年12月第1版第9次印刷
定　　价：28.00元

本书若有印装质量问题，请向出版社营销中心调换
全国免费服务热线：400-6679-118　　竭诚为您服务
版权所有　侵权必究

美食与美辞,是中华民族的两大绝活。中国人钟情于美食,更讲究美辞。早在先秦时代,孔圣人就有名言:"言之不文,行而不远。"《周易·系辞上》有云:"鼓天下之动者,存乎辞"。荀子也说:"言语之美,穆穆皇皇。"汉代学者刘向更明确宣示:"辞不可不修,说不可不善。"南朝文论家刘勰则说:"一人之辩,重于九鼎之宝;三寸之舌,强于百万之师。"中国人擅长美辞,讲究修辞,由此可见一斑。

那么,如何创造美辞;如何使学生言语精彩动人,文章魅力四射;这是我们语言工作者一生致力的事情。早在1987年,我就与孙汝建老师合著了《言语技巧趣话》(学林出版社,1987年3月)一书。该书从言语技巧的角度例释了三十多种辞格在语言中的运用。虽然我后来在教学实践中很少有机会直接讲授修辞学这门课程,但对修辞学的研究却从未中断。我独著了《人际沟通的社会心理语言学研究》(群言出版社,2006年12月),主编了《口语交际与人际沟通》(重庆大学出版社,2010年9月),并在刊物上发表了《年代之交的修辞学审视》(《黄淮学刊》,1992年第2期)、《言语模仿与言语暗示的社会心理分析》(《语言与文学研究》,2004年第1期)、《新词语的文化透视》(《中国教育研究与实践》,2003年第12期)、《汉语修辞的适度原则》(2005年11月于上海外国语大学召开的中国修辞学会成立25周年国际学术研讨会论文)、《单句的三个平面分析》(《西南民族大学学报》,2007年12期)、《谈成语中的比喻修辞艺术》(《宿州教育学院学报》,2010年4期)等文,这些研究虽然还不十分深入,但对我今天能写成这本书还是大有帮助的。

去年,我有幸承担了汉语修辞学这门课程的教学任务,原先的老师讲授的是其自编的讲义,学院鼓励和支持我编著汉语修辞的教材。针对学院对外汉语教学的特点,既要深入浅出地介绍修辞的理论和方法,又要形象生动地阐析修辞的各种规则,以增添海内外学生的学习和阅读兴趣。一年来我全身心地扑在这本书上,几易其稿,力求浅显明白,幽默风趣。在写作中我注意做到以下几点。第一,以理论为主线,讲求实用,从言语交际的实际需要出发,有针对性地讲述有关修辞理论。在阐发修辞的手段、方法时,力求突出可读性,注重范例的分析。第二,突出当前社会生活的修辞实践,注重表现言语的技巧性和趣味性,取例力求语料丰富多彩,注重修辞实践,各种语体,以及报刊、电视、广播等各种语域的语料都纳入了选例的视野,力求使教材更具时代感、新鲜感。第三,内容全面而不庞杂。汉语修辞的研究领域十分广阔,本教材选择了词语的锤炼,句式的选择,篇章修辞,语体修辞,修辞与谚语、成语、歇后语,修辞格的运用以及修辞障碍。尤其是在辞格运用时,列举了43种辞格,这些修辞格不仅借鉴了前人的权威研究,还将一些新的研究融汇其中。可以说,在近年来的修辞学书籍中,介绍如此多而全的辞格,还不多见。同时,对一些容易混淆的修辞格,也加以了比较辨析。这对学生能全面了解和学会运用言语技巧有一定的示范作用。

　　本书是我主持国立华侨大学高层次人才引进校级项目"汉语修辞格的语用分析"(10BS206)的成果之一,也得到我以第二名研究者身份参与的教育部课题"中国城市语言文字规范化工作评估指导标准研究"(09YJA740064)的经费支持。在写作和修改过程中,孙汝建教授、钟敏教授提出了很好的意见,同时我也参考了他们的成果,在此,非常感谢。由于学力和学养有限,书中定有许多缺憾,请专家和读者指正。

陈丛耘
2011年5月28日

第一章　修辞与修辞学 …………………………… 1
　　第一节　修辞的概念 …………………………… 1
　　第二节　修辞学 ………………………………… 2
　　第三节　修辞的原则 …………………………… 4
　　第四节　修辞的接缘性特点 …………………… 10

第二章　词语的锤炼 …………………………… 20
　　第一节　词语的选用 …………………………… 20
　　第二节　词语的锤炼 …………………………… 26
　　第三节　特殊词语的功效 ……………………… 33

第三章　句式的选择 …………………………… 37
　　第一节　程序句和变式句 ……………………… 38
　　第二节　整句和散句 …………………………… 40
　　第三节　紧句与松句 …………………………… 41
　　第四节　长句与短句 …………………………… 42
　　第五节　肯定句与否定句 ……………………… 44
　　第六节　主动句与被动句 ……………………… 45
　　第七节　直陈句与疑问句 ……………………… 46

第四章　篇章修辞 ……………………………… 49
　　第一节　篇章修辞的要求 ……………………… 49
　　第二节　篇章修辞的内容 ……………………… 50
　　第三节　篇章修辞的方式 ……………………… 58

第五章　语体修辞 ……………………………… 61
　　第一节　口头语体与书面语体 ………………… 61
　　第二节　书面语体修辞的基本类型及特点 …… 63
　　第三节　新兴语体 ……………………………… 68
　　第四节　语体的交叉渗透 ……………………… 72

第六章　修辞与谚语、成语、歇后语 ………… 78
　　第一节　修辞与谚语 …………………………… 78

第二节　修辞与成语 …………………………………… 80
　　第三节　修辞与歇后语 ………………………………… 85
第七章　辞格的运用 …………………………………………… 94
　　第一节　辞格的含义 …………………………………… 94
　　第二节　辞格名目 ……………………………………… 96
　　第三节　辞格例话 ……………………………………… 97
　　第四节　辞格的综合运用 ……………………………… 184
第八章　修辞障碍 ……………………………………………… 192
　　第一节　语言障碍 ……………………………………… 192
　　第二节　言语障碍 ……………………………………… 193
　　第三节　文化障碍 ……………………………………… 194
　　第四节　心理障碍 ……………………………………… 196
参考文献 ………………………………………………………… 199

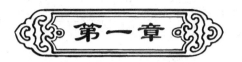

修辞与修辞学

言语是对语言的运用,但言语表达不仅仅是靠语言因素起作用,社会因素、心理因素、语境因素、语体因素等都会参与言语表达。据报载,香港有一茶室为了提高经济效益,在可可茶旁边放上鸡蛋,侍者在茶客要可可茶时总要问一句:"要不要鸡蛋?"有一位心理学家建议侍者不要问"要不要鸡蛋",而应该问"要几个鸡蛋"。改变问话方式以后,该茶室的鸡蛋销售量剧增。很显然,这当中有一个修辞问题,从语言因素来看,充其量只是改变了句子内部的词语组织,但语言成分的变换,在较大程度上顺应了顾客的心理。可见,研究修辞就是研究如何把话说好、说生动、说得更有效果,这就不能仅仅着眼于语言因素,其他相关的因素均应涉及。

第一节　修辞的概念

为了把话说通,就要学习语法;为了把话说准确,就要学习逻辑;为了把话说生动,那就要学习修辞。修辞是为增强语言的表达效果而对语言进行选择加工调整的一种自觉活动。人们使用语言进行交际,总是要清楚地表达自己的意思,使听者明白。要把话说好,必须注意说话的方式、词语的选择。要把文章写好,写作中需要仔细揣摩,选用什么词语,组织什么句式,运用什么辞格,通过反复取舍、加工、修改,最后才能确定下来。所有这些努力,都是为了提高语言的表达效果。这个过程中,我们自觉不自觉地都在进行修辞活动。例如:

同样表达一个人很漂亮,可以有许多种不同的表达方式。

① 她很漂亮/美/好看/靓。

② 她长得好像仙女一样。

③ 一提起她来,没有一个不说她漂亮的。

④ 她长得鼻子是鼻子,眼是眼的,越端详越好看。

⑤ 都说王晓明漂亮,她比王晓明还漂亮。

同样，表达一个人长得丑，也有不同的表达方式。

① 她很丑/难看/不好看。
② 她长得像个丑八怪。
③ 看她一眼三天不想吃饭。
④ 她长得五官都错了位。
⑤ 她要是去当稻草人，准把所有的乌鸦都吓跑了。

像这样基本相同的意思和思想内容，可以用不同的语言形式表达，这些表达形式有着各自的特点和表达效果。为了追求最佳表达效果，就需要对语言材料和表达方式进行选择。选择的过程就是修辞活动。修辞还是一种加工和调整的活动。加工是语言组成成分的增添、更换和删改，调整是词语和句子结构次序的改变，通过加工和调整，语言变得确切、得体、完美。

"修辞"既是一个动词，也是一个名词。作为动词的"修辞"是指修辞活动或修辞过程，作为名词的"修辞"是指修辞规律或修辞学。

修辞活动或修辞过程，是指人们在特定的言语环境中根据题旨情境，运用有声语言对言语作品进行加工的活动过程，也就是说话和写作时对语言要素进行选择、加工以提高表达效果的活动过程。

修辞规律是指运用语言规则把话语说得通顺或说得生动形象的方法和技巧。把话说得通顺属于消极修辞，把话说得生动形象属于积极修辞。研究修辞规律的学科就是修辞学。

第二节 修 辞 学

修辞学是一门古老而又年轻的学科。早在公元前4世纪，古希腊就出现了修辞学的专著。我国先秦时期就有"修辞"这个术语，最早见于孔子的话："君子进德修业。忠信，所以进德也；修辞立其诚，所以居业也。"自先秦时期至20世纪初，产生了许多修辞著作，如南朝刘勰的《文心雕龙》、南宋陈朝的《文则》等，取得了辉煌的成就。但在我国真正以科学态度和科学方法研究修辞还是在五四以后。1923年出版了唐钺的《修辞格》。1932年出版的陈望道的《修辞学发凡》是中国现代修辞学的奠基之作，是修辞学史上的高峰。新中国成立后，吕叔湘、朱德熙的《语法修辞讲话》也谈了修辞问题。张㧑一《修辞概要》(1953)、张弓《现代汉语修辞学》(1963)均产生了广泛的影响。从20世纪70年代末到90年代是汉语修辞学的繁荣时期，出现了专业杂志《修辞学习》(现改名为《当代修辞学》)，各种论著相继问世，不胜枚举。

修辞学属于语言应用学科,是从表达方式、表达效果的角度去研究语言运用的。语音、词汇、语法是修辞的材料和手段。修辞从这三要素的角度,可以分为语音修辞、词汇修辞和语法修辞。语音修辞利用语音形式提高修辞效果,如谐音、双声叠韵、押韵、平仄、语调、节奏等。词汇则为词语的选择、锤炼以及所有的修辞方式提供条件,在修辞体系中占有很重要的一席之地。修辞使词汇在运用中"超凡脱俗",产生新的意义和作用。修辞以语法为基础,合乎语法是修辞的先决条件,修辞又常常突破语法常规,造成新的不合语法的"语法"。语法为修辞提供表现形式,反过来,修辞的需要又决定着语法形式如何组织安排。

修辞学与语言学科之外的某些学科也存在着密切的关系。这些学科主要有文学、美学、心理学、逻辑学、民俗学。

文学是运用语言的一门艺术,某些文学创作方法与修辞学中的表现手法也有相似或相通之处。

美学是研究美的本质及表现形式的科学,在探索语言美的规律方面也与修辞学相联系。

心理学研究人们的心理现象及其活动规律,修辞学着眼于联想和想象的一些修辞手法,与心理活动关系甚密。

逻辑学研究思维的本质、形式和规律,修辞学上的准确性原则就是讲究概念明确、判断恰当、推理合乎逻辑规律。

民俗学研究民间风俗、时尚和习惯,修辞学要研究如何适应情境,它们之间也是有联系的。

了解修辞学与其他学科的联系,可以开拓我们的视野。但是不能忽视它们的区别,不能混淆它们的界限。

传统修辞学研究选词炼句、辞格等。所谓选词炼句是一种互文见义,即选择词语和句子,锤炼词语和句子。选词炼句的过程就是对词语和句子反复推敲的过程。

现代修辞学在传统修辞学的基础上,研究范围有所拓展,它不仅研究选词、炼句和辞格,还研究篇章修辞,研究修辞与语言、言语、语体、语境、文化、心理、信息、审美等的关系,它的理论和方法是从与修辞学相关的边缘学科中汲取的。现代修辞学可以分为表达修辞学和接受修辞学(阐释修辞学)、积极修辞学和消极修辞学、心理修辞学、文化修辞学、信息修辞学、审美修辞学等分支学科。

学习修辞学有助于提高说话和写作能力,有助于提高阅读、欣赏能力,有助于提高社会信息的传播效率,有助于提高语言文明的修养水平。修辞并不神秘,修辞现象无处不在。修辞并不是追求华丽的辞藻,而是在适应语体要求的基础上做到形式与内容的完美统一。

第三节　修辞的原则

修辞有自身的规律,在修辞活动中必须遵循一些特定的原则,即适切原则、审美原则和比较原则。

一、适切原则

修辞的根本目的是增强语言的表达效果,而衡量修辞效果的好坏离不开所要表达的思想内容和表达所处的言语环境。语言材料和表达方式本身是无所谓好坏的,全看用来表达什么,在什么情况下表达。因此,适应和切合题旨情境的需要,是修辞最基本的原则,也是衡量修辞效果的总标准。

所谓题旨,是指说话、作文的宗旨和中心思想。我们说话、作文,目的是表达思想感情。思想感情是内容,语言是形式,形式依附于内容并为内容服务,思想内容起主导作用。在修辞活动中,语言材料的选择加工必须适应思想内容的需要。否则,离开内容谈修辞,一切努力都是舍本求末。鲁迅的《秋夜》为了表达与黑暗势力作斗争的精神,使用了大量特定句式。例如:"在我的后园,可以看见墙外有两棵树。一棵是枣树,还有一棵也是枣树。"这句话是《秋夜》这篇散文的起始句。为什么要采取这种不避重复的句式,而不直截了当地写"可以看见墙外有两株枣树"呢?因为这样安排句式可以更好地突出枣树的形象,为下文描写枣树"直刺着奇怪而高的天空,一意要制它的死命"这种与黑暗势力作顽强斗争的精神做好铺垫。同时也造成一种舒缓、清冷的气氛,表达出作者压抑、沉重的心情。在这里,句式的选择完全是为表现文章主题服务的。

修辞活动总是受时间、地点的制约。同样一句话,在此时此地说,可能恰到好处,如果变换一下时间、地点,也许就不合适了。如在公开场合说话,选用郑重的词语,在家庭中则可以随便一点,选用亲昵的词语。修辞活动还要考虑交际者本人身份和交际对象的情况,如出身、年龄、性别、职业、职位、经历、生活环境、思想、信仰、性格、爱好、兴趣、心境、文化水平等,人物的社会角色不同,会影响修辞活动。比如:

古时候有个白面书生叫贾思文,肚子里有点儿墨水就爱咬文嚼字穷卖弄,常闹出笑话,大家索性叫他"假斯文"。

有一次他进京赶考,钱花光了,就写信给父亲要钱,又想显露一点文才,就这么写道:"父亲阁下:值此应考之际,鉴于该生业已断银,兹责成其父速汇银20两,接函速办是荷……""假斯文"的父亲见儿子用公文套语对他"打官腔",气得七窍冒烟,三下两下把信撕得粉碎,一个子儿都不给。"假斯文"名落孙山,没钱回家,只得卖衣卖书作盘缠。

回到家,他又羞又怕又累,钻进被窝就蒙头大睡。睡到了半夜,一只蝎子把"假斯文"蛰醒了。他呼地坐了起来,摇头晃脑说道:"贤妻啊贤妻,迅燃银灯,尔夫为毒虫所袭!"连说了几遍,他妻子一句也听不懂,只好看着他干瞪眼。最后,"假斯文"疼得实在受不住了,脱口大喊道:"哎哟哟,老婆呀,快快点灯,我被蝎子蜇啦……疼死我啦……"

这位"假斯文",地道一个"寻章摘句老雕虫"。说话不分场合卖弄文才,当然到处碰壁,出尽洋相了。

什么语境就应采用什么样的语体。修辞活动要遵守某种语体的一般要求。文艺语体追求形象,科学语体讲究精确,政论语体崇尚逻辑,公文语体强调准确。(这方面的内容在后面有具体阐述。)

二、审美原则

人是审美的动物,总是希望按照一定的美学原理来规范自己的行为,力图将自己的审美情趣注入自己的产品中。修辞无论是选择还是加工,都是构建语言美的活动,是运用语言的艺术。修辞充分利用语言的审美价值来满足人们的美感需求,审美原则是修辞的基本原则。

人们一般把整齐、匀称、平衡、富于变化看做是美的,对于语言形式的审美感受也同样如此。很多修辞手段的运用都是为了追求语言的形式美。例如词语选择可以造成同音相谐、叠音相应、同韵相押的音韵美;句式选择可以造成句子排列的整齐美、参差美;对偶、顶真、回环等辞格可以造成语句的均衡美、节奏美、韵律美。这些都体现出修辞活动的审美特征。

如鲁彦《听潮》里写大海的声音。"海在我们脚下沉吟着,诗人一般。那声音仿佛是朦胧的月光和玫瑰的晨雾那样温柔;又像是情人的蜜语那样芳醇;低低地,轻轻地,像微风拂过琴弦;像落花飘零在水上。"作者首先把大海比作诗人这一浪漫形象,然后很自然地把海浪的摇荡比作吟诗。在这一形象的基础上,作者调动多种感官参与,写出海浪的"沉吟"。这声音似"朦胧的月光和玫瑰的晨雾",从视觉上给人以温柔亲切感。这声音像"情人的蜜语那样芳醇",分别从听觉和味觉上感知潮声的细微和甜美。这声音又像"微风拂过琴弦",

则从听觉上感触潮声的美妙。这声音还像"落花飘零在水上",又从视觉上写海潮的轻微。作者抓住大海静夜下落潮的情态特点,给大海的宁静美增添了神秘和欢愉的色彩,将属于不同感官范围的事物大胆比附,让人充分体验此时此刻大海的无限温柔、亲切和优美,获得最大程度的审美满足。

修辞的审美原则突出表现在变异修辞上。变异修辞指修辞活动中打破语言常规,利用不合语法、不合逻辑或不合事理的语言形式表达思想感情的现象。如词性活用、比拟、夸张、拈连、仿词等都属于变异修辞的范畴。变异修辞的产生,从整体上看,是为了满足人们的审美需求。人们在语言交际中,需要适当突破表达的常规与惯例,构成新颖奇妙的表达方式以求得美感。听者和读者在理解这类表达时,也会表现出宽容,重新调整解释规则,着重从审美角度欣赏"无理而妙"的表达效果。变异修辞从个体发生的角度看,又是出于不同的审美追求:或者把抽象的事物化为具体生动的形象,或者极力突出强调人们的感情或感受,或者依托某一事物生发奇特的联想,或者巧用逻辑语法谬误以增添情趣……这些不同的手法反映出语言审美的多样化。总之,无论从整体还是从个体来观察,审美原则都是变异修辞赖以存在的基础。例如"欢乐的马头琴在歌唱"这个句子,若按常规分析,在事理上是荒谬的,在语法上是搭配不当的。但是从审美角度看,这种表达方式移情于物,借物拟人,把人的内心感受具体化、形象化,表达出蒙古族人民的欢乐心情。正是审美价值决定了它的存在是合理的,是符合修辞规律的。

下面我们就从语音、字形、词语、语法等方面做简单分析。

(一)谐音双解

如"默默无'蚊'的奉献"(蚊香广告)中的"蚊"与默默无闻中的"闻"谐音,一方面使我们想到这种蚊香的效力大,另一方面使我们自然联想到默默无闻的奉献精神。利用谐音双关、词语双解的现象,往往能收到意想不到的效果。

(二)字形变异

利用汉字的表意特点,由字形直接构成修辞。如:

口加口,难开口,魑魅魍魉遍地走!口咬口,口难开,王孙冤死实堪哀!口对口,口难张,丞相饮酒无主张!口背口,张口难,太尉一出天下安!(陈白尘《大风歌》)

汉朝吕后独揽大权,肆无忌惮,民谣中要反复渲染,采用了析字法。"口加口""口咬口""口对口""口背口"都指吕后。运用字形的变异修辞可以使我们对所要描绘的事物有更形象的理解。

(三) 词语的变异

在变异修辞中运用最多的是词语的变异,因为词语是构成句子最基本的语言单位,有时人们为了适应环境的特殊需要,往往打破常规,标新立异。这种变异又可以分为以下几类。

1. 词形变异

> 其时几个旁听人倒也肃然的有些起敬了。(鲁迅《阿Q正传》)

将"肃然起敬"这个成语拆开运用,充分表现了对阿Q的嘲弄。汉语中这样的用法很多,如"沾沾而自喜""高高且在上""虽然英勇但不善战",等等,都是在原有固定用法的基础上,为了特殊的需要临时拆开运用的。

2. 曲解词义

> 我国举重运动员在奥运会上"一举夺冠"。

将成语"一举夺冠"中的"举",曲解为"举重"之意,出人意料的意义获得不一般的表达效果。

3. 色彩变异

这类修辞和常规修辞中的讽刺、反语有点相似。

> 中国军人的屠戮妇婴的伟绩,八国联军的惩创学生的武功,不幸全被这几缕血痕抹杀了。(鲁迅《记念刘和珍君》)

"屠戮妇婴"变成"伟绩","惩创学生"成为"武功",将褒义词贬用,达到了语意深刻、讽喻辛辣的目的。

4. 语域变异

这种变异,有很多种,古语用于今语,方言用于普通话,外语词用于汉语,适用于甲事物的用于乙事物,语域发生变化,却可以收到特殊的效果。

> Ade,我的蟋蟀们!Ade,我的覆盆子们和木莲们!(鲁迅《从百草园到三味书屋》)

鲁迅先生把幼童在读书时对古今中外的东西不懂又必须读、老先生却读得津津有味等多方面有意识地结合在一起,表达了对读书的厌烦以及对封建教育枯燥无味的反感,进而表达对百草园的深深依恋之情。

随着社会节奏的加快,这种中西合璧现象也在加剧。如:咱们明天见,bye-bye;有事,给我发一个伊妹儿。

(四) 利用语法因素的常规变异

利用语法因素的常规变异,可以从以下五个方面进行分析。

1. 词性变异

　　已经坐上进口车的人,也都想由伏尔加而尼桑、而皇冠、而奔驰……(戴煌、宋禾《权柄魔术师》)

"伏尔加""尼桑""皇冠""奔驰"都是高级轿车的名字,这里用作动词,指有的人想坐上这些名牌车。

2. 词语搭配变异

　　寺院/金黄色的钟声/将夕阳击落(王润华《春》)

"金黄色"和"钟声"本不相涉,但从感觉上讲是有联系的。诗人把黄昏中视觉形象的夕阳和听觉形象的钟声联系在一起,把黄昏给人的一瞬间感觉立体化、流动化,凝练含蓄,新颖别致。这种搭配在现实生活的文字中也屡见不鲜。例如,"摇曳的音调""冷漠的表情""一弯寒月"等。以"吃"构词的现象也比较广泛。例如"前方吃紧,后方紧吃",两个"吃"的意思完全不同。"吃香"就引申为"受欢迎"的意义,与词的最初义"吃香的、喝辣的"不等同。"吃醋"又引申出"妒忌"的意思。还有如吃不开、吃劲、吃亏、吃回扣、吃洋荤、吃独食、吃官司、吃败仗、吃闭门羹、吃大锅饭、吃里爬外,甚至吃耳光(方言)、吃豆腐(方言指用言语或动作调戏女青年)等,有的简直让你"吃"得莫名其妙。汉民族特别善于以"吃"表达情感,婚丧之事、悲喜之情都可以通过"吃"来传达。在这些"吃"词的搭配中,词义的变化丰富多彩。

3. 结构成分的位序变化

　　一切为了学生,为了一切学生,为了学生的一切!(某校园广告)
　　今天工作不努力,明天努力找工作!(某镇宣传广告)

词语位序变了,意思也往往会发生变化。有时为了特殊需要而故意颠倒,达到强调的效果。

生活中这样的例子很多,如名人录、录人名,请吃、吃请。这种用法近几年来在成语中运用也很广泛,如"绳之以法"与"法之以绳","屡败屡战"与"屡战屡败"等,举不胜举。

4. 语法成分配置的变异

这里所说语法成分配置的变异是指某个语法成分在句子里出现在异常的位置上。

　　如:"怎么了,你?"(孙犁《荷花淀》)

这里不仅是人物的语言描写,而且也把人物的心理活动刻画出来了,从而达到异常醒目的目的。

5. 符号的变异

标点符号是表达的辅助工具,它的作用本来是帮助作者表达明确清晰,帮助读者分清结构、辨明语气,但在变异修辞中,标点符号却能起到言有尽意无穷的效果。

原来如此!……(鲁迅《为了忘却的记念》)

句中的"!""……"把鲁迅先生听到柔石被害的消息时的惊诧与愤怒的感情充分地表达了出来,而"……"的运用,则表达了欲哭无泪、欲辩无言的极度悲愤。从这里我们看到了标点符号的威力。

总的来说,要把语音、文字、词汇、语法方面复杂多样的表现表达得明白晓畅,通俗易懂,生动活泼,仅用常规修辞或变异修辞是不够的,应把二者有机结合起来,巧妙运用才好。①

三、比较原则

分析修辞现象的基本方法就是比较。考察词语和句子的选择,一定要有同义的语言形式作参照;考察修辞格可以将运用辞格的表达同没有运用辞格的表达进行对比,这样就能看出效果的不同。作家的改文是研究修辞的重要材料,比较作品的原文和改文可以发现许多修辞规律,可以学到运用语言的方法和技巧。比如:

① 原文:正说着,门被推开了。一个须眉花白、手提着一杆明火枪、肩上扛着一袋米的瑶族老人站在门前。

改文:正说着,门被推开了。一个须眉花白的瑶族老人站在门前,手里提着一杆明火枪、肩上扛着一袋米。(彭荆风《驿路梨花》)

② 原文:武震一到桥头,先听见一片人声,鬼哭狼嚎地从桥南头滚过来,转眼就有无数朝鲜人从烟火里涌出来……

改文:武震一到桥头,先听见一片人声,连哭带叫地从桥南头滚过来……(杨朔《三千里江山》)

例①的改文更突出瑶族老人的特征。例②原文"鬼哭狼嚎"是贬义词,不适宜描写战争中逃难的百姓,而修改为"连哭带叫"则更加逼真、形象。

此外,修辞格之间的比较、不同语体之间的比较、作家或作品风格的比较,还有古今修辞的比较、中西方修辞学的比较都是修辞研究的重要内容。比如:

---

① 司桂琴《浅谈变异修辞》,来源于月亮船教育资源网。

彭炫、温科学的《当代中西修辞学的两大特征》①就当代中西修辞学各自的发展态势及其在认识观念上的不同之处进行比较分析，以便清楚地了解这两种不同源流的修辞学。陈兄添的《现代修辞学与西方古典修辞学之比较》②就现代修辞学与西方古典修辞学从语言功能、信息功能、方法论三个方面的统一作了比较。

第四节 修辞的接缘性特点

修辞是人们在特定的语言环境中根据题旨情境，运用有声语言对言语"毛坯"进行调适，产生修辞文本的活动过程。修辞具有多层面的接缘性特点，这些特点可以从七个角度来分析。

一、修辞与语言

语言又称民族语言，它相对于无声语言而言称为有声语言，相对于人工语言而言称为自然语言。有一首歌，歌名叫《爱我中华》，歌词中有"五十六个星座，五十六枝花，五十六族兄弟姐妹是一家，五十六种语言汇成一句话，爱我中华，爱我中华，爱我中华。"这首歌由乔羽作词，徐沛东作曲，是 1991 年召开的第四届中国少数民族运动会的会歌。谱曲时广泛采用广西、云南等地少数民族的音调。这首歌脍炙人口，多次在中央电视台的春节联欢晚会上演唱，还被编入初中音乐教材，并且名列 31 首被"嫦娥一号"搭载的歌曲之中。乔羽《爱我中华》歌词的瑕疵在于："五十六种语言汇成一句话。"我国有 56 个民族，有多少种语言？有三种说法：73 种、80 种、100 种左右。总之，不是 56 种。除回族、满族已全部转用汉语外，其他 53 个民族都有自己的语言。有些民族内部不同支系还使用着不同的语言。我国不同民族的语言分别属于汉藏语系、阿尔泰语系、南岛语系、南亚语系和印欧语系这五个语系。

语言就像一张纸，纸有两面。语言这张纸也有两面，一面是语音，另一面是语义。语言是语音和语义相结合的符号规则系统，是语音和语义的结合体。语言这张纸不论怎样剪裁，不论剪裁成多少种单位，它始终是语音和语义的结合体。语素、词、词组、句子、句群这五级语言单位，就是语言学家从语言这张

---

① 彭炫，温科学《当代中西修辞学的两大特征》，广西民族大学学报（哲学社会科学版）第 29 卷第 4 期，2007 年 7 月。

② 陈兄添《现代修辞学与西方古典修辞学之比较》，文学教育 2008 年 05 期。

纸上剪裁出来的由小到大的单位,它们始终是语音和语义的结合体。

语言是一种符号,属于听觉符号。世界上的符号大体分为:①视觉符号,如交通上用的红绿灯、记载语言的工具文字;②听觉符号,如语言、军号;③触觉符号,如盲文;④嗅觉符号,如气味。语言是由各种规则组成的符号系统。语言的内部有语音、词汇、语义、语法四个要素,这四个内部要素有各自的规则,如语音规则、词汇规则、语义规则、语法规则,这些规则组成了语言的符号系统。修辞不属于语言系统的内部要素。

文字是由字形、字音、字义组成的记录语言的书写符号系统。语言不同于文字:①语言属于听觉符号,文字属于视觉符号;②语言是第一性的,文字是第二性的,即语言产生在先,文字产生在后;③语言是用来记录思想的,文字是用来记录语言的,因此,语言是思想的符号,文字是语言的符号,也可以说,文字是思想的符号的符号。一个民族肯定有自己的语言,但不一定有自己的文字。在我国,汉字不但是汉族的文字,也是全国各个少数民族通用的文字,是在国际活动中代表中国的法定文字。55个少数民族中,有29个民族有与自己的语言相一致的文字。有的民族不只使用一种文字,如傣族使用4种文字来记录,景颇族使用2种文字记录。文字的形、音、义可以作为修辞手段来运用,形成特定的修辞效果。

二、修辞与言语

言语是对语言规则的具体运用。如果说语言是棋谱,那么,言语就是运用棋谱下棋。言语包括言语活动、言语作品、言语能力。

言语活动又称言语过程。如,我对小张说:"你好!"小张听到后笑了笑。这个交际过程包括五个阶段:想说——说出——传播——接受——理解。在这五个阶段中,下列五个因素分别起作用:心理、生理、物理、生理、心理。即,想说阶段是心理因素起作用,说出阶段是生理因素起作用,传播阶段是物理因素起作用,接受阶段是生理因素起作用,理解阶段是心理因素起作用。用言语链可以描述为:想说(心理)——说出(生理)——传播(物理)——接受(生理)——理解(心理)。研究言语活动或言语过程,就需要涉及心理学、生理学、物理学的相关知识。

言语作品就是说出来或写出来的话语和篇章。话语是口头言语作品,篇章是书面言语作品。

言语能力是指听、说、读、写、译。听、说涉及口头语言,读、写涉及书面语言;说和写属于表达,听和读属于接受。译有口译、笔译、互译。互译分为母语与外语的互译、母语中的文白互译。

修辞属于言语活动过程的一部分,修辞的对象包括:①外部言语,即说出的话语或写出的篇章;②内部言语,即在腹稿中思考的话语,可以称为潜话语修辞。目前的修辞学只研究前者,不研究后者,也就是说,目前的修辞学只研究外部言语的修辞问题,尚未研究内部言语的修辞。其实内部言语也有修辞过程,它会随着脑科学的发展而发展。内部言语也是言语作品,未进入人与人的交际,它是个体的内部交际,它通过修辞活动或修辞过程可以形成外部言语作品,然后再对外部言语作品反复推敲,把相对定型的言语作品也就是修辞作品呈现在听话人或读者面前。

三、修辞与语用

语用是对语言的理解与运用,研究语言理解与运用的学科就是语用学。语用学研究特定语境中的特定话语,特别是研究在不同的语言交际环境下如何理解语言和运用语言。

语用学这个术语,最早是由美国逻辑学家莫里斯在1938年出版的《符号理论基础》一书中首先使用的。莫里斯研究符号理论,提出把符号学分为三个部分:语形学(即句法学),研究符号与符号之间的关系;语义学,研究符号与所指之间的关系;语用学,研究符号与使用者之间的关系。语用学作为一门新兴学科得到确认,是以1977年在荷兰正式出版《语用学》杂志为标志。

语用学研究的内容分为小语用、中语用、大语用。

小语用是与句法有关的语用问题,包括主题、述题、焦点、表达重心、语气和口气、评议以及与语用有关的句式变化、语序变化等问题。

中语用包括言语行为、语境、指示、预设、语用含义、会话含义、合作原则和礼貌原则、话语结构等。这是目前国内语用学界基本公认的语用学研究对象。

大语用被莱文森称为广义语用学,包括社会语言学、心理语言学、文化语言学、神经语言学等许多学科或分支下的内容。

语用学主要研究语言使用者与语言的关系,已经形成语用原则(如合作原则和礼貌原则)、言语行为理论、信息结构等方面的理论。传统修辞学主要研究词语的锤炼、句式的选择和修辞格的运用。可以说,语用学从交际的角度研究遵循哪些大的原则方可以使语言的使用达到更好的效果。而修辞学则多从语言表达的角度出发,讨论采取哪些具体的手段方可使语言更加优美,更加有说服力。它研究的是具体的手段。

语用学与修辞学都是研究语言运用,但是两者是有区别的。第一,研究目的不同。语用学注重解释性,目的在于分析语言运用的原则,建立意义解释理论,寻找语言运用的规律。修辞学注重规范性和实用性,注重研究修辞手段与技巧。第二,研究方法不同。语用学注重理论解释和推理分析。修辞学注重运用归纳的方法,如修辞格的确立、语言变异的表现方式等。第三,研究对象不同。语用学以言语行为、会话结构、预设、含义、指示语、信息结构等为具体研究对象。修辞学以辞格、句子、词语的交际特色、语体风格等为具体研究对象。第四,研究的角度不同。修辞学和语用学都是研究语言运用的,但修辞学只从编码(如何产生语言)的角度来研究,语用学则既从编码的角度,也从解码(如何接受语言)的角度来研究。

四、修辞与语境

语言规则的运用离不开语言运用的环境。语言运用的环境又称语境、言语环境、语言环境。语境可以分为大语境和小语境。大语境包括语言运用的时代、社会、文化背景,小语境包括具体运用语言的时间、地点、场合、交际双方、话题、具体情境。语境还可以分为主观语境和客观语境。主观语境是指交际双方,也就是表达者和接受者;客观语境是指语言运用的时代、社会、文化背景,以及语言运用的具体时间、地点、场合、话题、情景。"把生产搞上去,把人口降下来"是宣传计划生育的标语,有人把它刷在火葬场的围墙上就会产生不同的效果。"文革"时期,我国西部山区经济很困难。山民不识字,用化肥袋做短裤,屁股后面写着"净重25公斤",前面写着"有效期两年",同样的话语在不同的言语环境中意思就发生了变化。

修辞活动离不开题旨情境。题旨就是话语的主旨,修辞活动是围绕题旨来展开的。修辞活动是在特定言语环境中进行的,言语环境包括具体的交际情境因素。

五、修辞与文化

什么是文化?一棵小树苗,长在荒郊野外,它不是文化,把它移栽到自己家的庭院里,它就成为文化。前者具有天然性,后者具有人为性,所以,天然性和人为性是区分文化和非文化的第一标准。那么,具有人为性的是否都是文化呢?不一定。感冒了,打个喷嚏,是自然的人为,它不是文化。开会的地点改变了出个通知,这是故意的人为,出通知的行为和通知本身都是文化。因此,自然的人为和故意的人为是区分文化和非文化的第二标准。因此,文化可以定义为"带有故意人为的过程与结果"。文化有先进和落后之分,有雅俗之分,有高下之分,"先进的""雅的""高的"文化就是"文明"。我们平时常说"文化是物质文明和精神文明的总和",也说"文化是物质文明、精神文明和制度文明的总和"。其实,文化还包括非文明的文化。国内外关于文化的定义相当多,有200多种,分类也相当的繁杂。文化有不同的形态,有物质的、精神的,制度的、社会方式的,民族的、习俗的,语言的、文字的、思想观念的,科学的、技术的,正式的、非正式的,文学的、艺术的,等等。文化又有大、中、小之分。大体上说,大文化是物质文明,中文化是精神文明,小文化是文学艺术。

  修辞活动要借助语言工具来进行。语言是一种文化,又是传播文化的工具,修辞活动中对话语的反复推敲,渗透着文化的创造者——人的各种因素,也渗透了语言本身的文化因素以及语言运用所依赖的言语环境所包含的文化因素。

  不同的文化背景的人对语言有不同的解读。普通话说"两个人抬了一只猪",有的方言却说"两只人抬了一位猪"。巴金的小说《家》写道:"鸣凤长着一副瓜子脸。"南方人说,鸣凤很漂亮。北方人说鸣凤不漂亮。因为那时南方人常嗑西瓜子,而北方人常嗑葵花子。南方人认为鸣凤长着一副西瓜子脸,当然漂亮。北方人说鸣凤长着一副葵花子脸,有什么漂亮的?"批评与自我批评",在西方有人翻译成"你骂我,我骂你,最后自己骂自己"。

  此外,修辞与心理、信息、审美有着密切的联系。修辞活动的主体是运用语言的社会人,人的心理因素会支配和制约修辞活动;修辞作品所传递的信息必须符合适度原则;修辞活动中人的审美情趣会反映在修辞作品中。

六、修辞与汉语

(一)修辞与语音

  语音是语言的要素之一。在汉民族共同语——普通话中,基本音节有1 200个左右。修辞要运用语音学的有关原则、规律来增强语言的表达效果,就必须研究现代汉语的语音系统,以及在汉文化背景下对这个系统范围内的适度偏离。通过语音联想形成偏离来体现修辞效果,如在有华人居住的地方,过年过节,很多人在自家大门上倒贴上一个大大的"福"字,以表示"福到家"。因为在汉语中"倒"和"到"同音,于是人们用这样的举动来讨口彩。相反,汉语的"四"与"死"音近,因此,汉民族忌讳"四"。再如,亲朋好友吃梨,再大的梨,也不能切分成几份,分几个人吃,若这样,人们就认为犯了"离"的忌讳,这是因为"梨"与"离"同音,分梨就等于分离。家、家族一向被人们视为重要的集体,

"生离"是比"死别"更痛苦的事,因此,必须回避。这种回避实际上就是谐音禁忌。不同的语音模式,不同的文化心理,语音禁忌也有所不同。

通过语音联想形成偏离来体现修辞效果的,还有"东边日出西边雨,道是无晴却有晴"。"晴"与"情"音同,构成双关。这种情况在印欧语系中是不存在的。这些偏离所带来的修辞效果是在不偏离的情况下无法比拟的。因此,还要研究通过语音的音义偏离所创造出来的修辞手段。《红楼梦》第四十六回"尴尬人难免尴尬事　鸳鸯女誓绝鸳鸯偶"中,鸳鸯与她嫂子的一段对话:

鸳鸯道:"什么话?你说罢。"他嫂子笑道:"你跟我来,到那里我告诉你,横竖有好话儿。"鸳鸯道:"可是太太太和你说的那话?"他嫂子笑道:"姑娘既知道,还奈何我!快来,我细细的告诉你,可是天大的喜事。"鸳鸯听说,立起身来,照他嫂子脸上下死劲啐了一口,指着他骂道:"你快夹着屄嘴离了这里,好多着呢!什么'好话'!宋徽宗的鹰、赵子昂的马,都是好画儿。什么'喜事'!状元痘儿灌的浆儿又满是喜事。"

这段对话中"好画儿""喜事",就是运用了语音的相关关系构成的双关。

再如鲁迅先生的《阿长与山海经》中:

过了十多天,或者一个月罢,我还很记得,是她告假回家以后的四五天,她穿着新的蓝布衫回来了,一见面,就将一包书递给我,高兴地说道:

"哥儿,有画儿的'三哼经',我给你买来了!"

"长妈妈",是一位纯朴善良却又愚昧无知的佣人。她热心地替"哥儿"买来了插图的《山海经》,却把书名说成了"三哼经",既令人好笑,又在情理之中。这里使用了修辞格的"飞白"手法,把人物刻画得入木三分。

另外,还要研究谐音、双声、叠韵、平仄、押韵、字调、语调、叠音、节奏、儿化等问题,研究这些语音现象所表现出来的感情色彩、音律美感和民族风格。

如陆游的《示儿》:

死去元知万事空,但悲不见九州同。

王师北定中原日,家祭无忘告乃翁。

该诗一韵到底,读来朗朗上口。

北宋著名婉约词人柳永的《雨霖铃》的首句:"寒蝉凄切,对长亭晚"。

其中"寒蝉"为叠韵,"凄切"为双声。双声、叠韵的运用,使语音和谐、悦耳动听,富于音乐美。

王蒙《有一种人"生下来就过时"》中的一段描写:

第二个人出来了,他说:"啊,我真快乐!我为男男女女、国国家家、吃吃喝喝、忙忙碌碌而满意而大喜……"

其中"男男女女、国国家家、吃吃喝喝、忙忙碌碌"一串的叠音词,生动地描摹出当前一些所谓公仆的繁忙公务生活。

冯景元的《玩》中,也用了叠音的方法:

　　老了看世界,看世事,生生死死,沉沉浮浮,来来去去,起起落落,什么全明白了,澄澈出的一个字,是"玩"。

"生生死死,沉沉浮浮,来来去去,起起落落",多少人的千差万别的人生,全在这一串的叠音词中。

可见,修辞学与语音学是密不可分的。

(二) 修辞与汉字

汉字是在汉民族特有的文化土壤中诞生的,它是中国文化的脊梁。瑞典汉学家高本汉说过:"中国人抛弃汉字之日,就是放弃他们的文化基础之时。"汉字是以表意为基本体征的。汉字的造字方式"六书"中,象形是以描摹事物的形象为基础的,而指事、会意、形声都是在象形的基础上完成的。汉民族的造字宗旨是以形表意。而古人造字最初是"仰则观象于天,俯则观法于地,视鸟兽之文与地之宜,近取诸身,远取诸物",因此,在造字之初,汉字就与物理世界、文化世界、心理世界紧密相连,它的意象特点就直接反映了民族的文化价值取向,展示了社会生活的多维层面。汉字具备了拼音文字不具有的文化解读功能。

同时,由于汉字具有意象的特点,它的形体也是修辞的自然材料,如鲁迅《阿长与山海经》:"但到夜里,我热得醒来的时候,却仍然看见满床摆着一个'大'字,一条臂膊还搁在我的颈子上。"用"大"字的形体来形容长妈妈的睡态,只有汉字才具备这样的功能。著名的2008年北京奥运会的会徽就是利用汉字的形体附会而成,既代表北京之"京",又代表文化之"文",还是一个赛跑的人形,具有较高的审美价值和丰厚的文化底蕴。

由于汉字的基本符号是笔画,由笔画按一定的规则组合成部件,再由部件构成汉字,它的形体结构,是点画成"文",合"文"为"字",因此,它的组装灵活多变,给"析字"修辞格的形成创造了条件。如李白《永王东巡歌》:

　　长风挂席势难回,
　　海动山倾古月摧。

诗中的"古月"就是使用析字手法,将"胡"字拆开,这样就使诗的上下两句字数相等,同时也揭示了胡人安禄山、史思明叛乱的恶形。

（三）修辞与词汇

词汇是语言的"建筑材料"，是交际的基本构件，没有词汇就没有语言，没有这些交际的基本构件，人们之间的交际就无法完成。因此，修辞要以词汇学原理为依据，从筛选、锤炼的角度去研究词语的运用。刘勰先生在《文心雕龙·章句》中指出："夫人之立言，因字而生句，积句而成章，积章而成篇。篇之彪炳，章无疵也；章之明靡，句无玷也；句之清英，字不妄也。"古人卢廷让说："吟安一个字，捻断数茎须。"汉语中有丰富的同义词、反义词和多义词，恰到好处地运用这些优势，会给交际带来意想不到的效果。

例如在电视剧《杨乃武与小白菜》中有这样一句状词：

　　江浙无日月　　神州无青天

这是杨乃武在无故蒙冤，气愤异常的情况下写成的状词中的两句。他怕"状词"有不妥之处，叫他姐姐拿去请一位秀才帮助修改，秀才作了如下修改：

　　江浙无日月　　神州有青天

一字之改，意思大有出入。原文不仅骂了江浙的贪官污吏，还骂了当朝的皇帝。把"无青天"改为"有青天"，不但能直接把矛头指向江浙的贪官污吏，同时还能争取到皇帝的支持，为打赢官司创造条件。真可谓一字千金。

（四）修辞与语法

语法是语言的结构规律，它制约着句子"通"的问题。由于汉语语法具有意合特点，因此，句子的"通"与"不通"有一定的弹性。如《牵手》的歌词"悲伤着你的悲伤，幸福着你的幸福"，这是"通"还是"不通"呢？只要是汉民族，或者是使用汉语的民族，谁都不会不明白，那就是"通"的。一般说来，人们在运用语言交际的过程中，要遵守本民族语言的结构规则，这才能使交际的双方很好地沟通。修辞则为了使句子表达"好"，但"好"必须以"通"为前提。因此可以说，语法是修辞的基础。句子合乎语法，才有调整、加工的可能。汉语的语法手段主要是语序和虚词，同时，语序也是修辞的手段之一。相同的字，语序不同，意义也随之发生变化。如曹禺先生的《北京人》第二幕中，江泰的一段话："我们只会叹气，做梦，苦恼，活着只是给有用的人糟蹋粮食，我们是活死人，死活人，活人死！"这段话中"活死人，死活人，活人死"就是把活、死、人三个字调换语序而形成。既利用了汉语回环往复的特点，又同时巧妙地表现了新的意蕴。

同样，复合词内部各语素的次序安排，也反映了汉民族的价值取向。如：夫妻、父母、公婆等，构成这些词的两个语素之间的关系是并列的，按构词理论来说,并列的两个语素可以互换位置,且意义不变。因此,"夫妻"完全可以说成"妻夫","父母"也可以说成"母父","公婆"当然也可以说成"婆公",这些都是合乎语法规范的。但是,汉民族却固执地、潜意识地把男性的词素放置首位,这多少也映射出汉民族重男轻女的传统价值观。

由于修辞的需要,语法上的某些偏离现象也是允许存在的。事实上这些偏离现象也是建立在合乎语法规则的基础之上的。

如于庭兰在《豆蔻春初》中写的:

一碗山风,一碟虫鸣,一群山里娃,醉成柳絮。

从微观上看,这些句子是不符合语法规范的,"山风"怎么用"一碗","虫鸣"怎么用"一碟"来修饰呢?但这个偏离,恰恰起到了很好的修辞作用。

鲁迅先生在《白光》中有这样一段描写:

他去得本很早,一见榜,便先在这上面寻陈字。陈字也不少,似乎也都争先恐后的跳进他眼睛里来。

"字"如何"跳"进他眼里?这看似搭配不当,不合语法,却恰如其分地反映出陈士成看县考榜示的急切心情。这是修辞上的偏离,不能用符不符合语法来衡量。[①]

(五)修辞与逻辑

逻辑研究的是思维的形式和规律,只有合乎逻辑的思想才能被交际对象接受和理解。因此,只有合乎逻辑,才能提高语言的表达效果。修辞当然要以逻辑为基础,但是有时有条件地突破逻辑限制,故意违反逻辑常规,产生出各种变异用法。尽管在语言的表层理解上往往不合情理,但蕴含着的深层含义却是常态语言无法比拟的。

如臧克家在《有的人》这首诗中写道:

有的人活着,他已经死了。有的人死了,他还活着。

"活着"的人,却说成"死了";"死了"的人,却说成"活着"。这话看起来,似乎非常矛盾,不符合一般逻辑,甚至是有悖常理。但实质上却是对逻辑常规的灵活运用,诗句是从"肉体"和"精神"这两种不同的角度来歌颂某些人,鞭挞某些人的。既爱憎分明,同时又准确地反映出事物间既矛盾又统一的辩证关系,含义深刻。

席慕蓉的诗《青春》之一:

[①] 宗敏《汉语修辞概论》,中国文联出版社,2006年12月。

所有的结局都已写好,所有的泪水也都已启程,却忽然忘了是怎么样的一个开始。

"泪水"怎么能发出"启程"这个动作呢?显然是不符合物理世界的逻辑,但却增强了表达效果。

有些修辞格,如比喻:"逝去的岁月,像永远无法靠岸的渡船。"(李勇新《当你老了》)从表层意义上看,"岁月"是虚无的,"渡船"是实在,两者风马牛不相及,这样作比,似乎不合逻辑,然而,它们内在的相似点及个人的认知程度,使它们成了很好的比喻。

思考题

1. 有人说修辞是"咬文嚼字""雕辞啄句""文字游戏",请谈谈你的看法。
2. 修辞与语音、词汇、语法是什么样的关系?
3. 修辞为什么要适切语境?
4. 简述汉语修辞学的发展。
5. 简述修辞的作用。
6. 举例谈谈变异修辞现象。
7. 修辞体现了语言的美学情趣,请结合实例谈谈体会。

拓展阅读书目

1. 张弓:《现代汉语修辞学》,河北教育出版社,1993年第一版,相关部分。

2. 胡裕树主编:《现代汉语》(增订本)下册,上海教育出版社,1993年第一版,相关部分。

3. 郑奠、谭全基编,周定一校补:《古汉语修辞学资料汇编》,商务印书馆,1980年第一版,相关部分。

4. 郑子瑜:《中国修辞学史稿》,上海教育出版社,1984年第一版,相关部分。

5. 吕叔湘、朱德熙:《语法修辞讲话》,中国青年出版社,1979年第一版,相关部分。

第二章

词语的锤炼

第一节 词语的选用

一、词语选择的要求

词语是表达意义的基本单位和组成句子的基本材料。要反映客观事物和现象,充分地表达思想感情,就要对词语反复推敲,精心挑选,刻意锤炼,使词语深刻化、艺术化,增加语言的表达效果。最终的要求就是使词语具有准确性、鲜明性、生动性和简练性。

(一)准确性

准确,是指词语的意义切合人物的思想感情,切合被描述的客观实际。准确是最基本的要求,是鲜明、生动、简练的基础。选用了贴切传神的词,可以很好地表现人物形象和人物特征,揭示人物的性格和内心世界。例如:

> 那人一只大手,向他摊着;一只手却撮着一个鲜红的馒头,那红的还是一点一点的往下滴。
>
> 老栓慌忙摸出洋钱,抖抖的想交给他,却又不敢去接他的东西。那人便焦急起来,嚷道:"怕什么?怎的不拿!"老栓还踌躇着;黑的人便抢过灯笼,一把扯下纸罩,裹了馒头,塞与老栓;一手抓过洋钱,捏一捏,转身去了。(鲁迅《药》)

老栓怎样交钱,那人怎样交人血馒头,写得十分具体、准确。"嚷""抢""扯""裹""塞""抓""捏"七个动词,十分准确地表现了"黑的人"在特定场合下的动作特征,淋漓尽致地刻画了这个刽子手凶狠、粗鲁、贪婪的性格。老栓"慌忙""抖抖""踌躇"等动作也非常传神,鲜明地反衬出他忠厚老实、纯朴善良的性格,活脱脱地揭示出他对"那东西"既恐惧又想治好儿子的病,内心充满矛盾的精神世界。

（二）鲜明性

鲜明，就是词语能明确地表现人物的立场、观点和态度，意思毫不含糊。例如：

> 说中国人失掉了自信力，用以指一部分人则可，倘若加于全体，那简直是诬蔑。（鲁迅《中国人失掉自信力了吗》）

副词"简直"本无褒贬含义，作者原稿中没有这个词，后来加了上去，从而更加鲜明、突出地表达出作者愤慨的感情。

不同的语体选用的语词各自带有的风格色彩是不同的，具有某种语体色彩的语词要用于相应的语体里。口语中的词要显得朴实、自然、活泼，带有浓厚的生活气息。书面语中的词要显得庄重、细腻。

（三）生动性

生动，就是词语具体形象、鲜明活泼，能够吸引人、打动人。生动、活泼，就是要把词用得形象、传神，使之具有强烈的感染力，给人一种身临其境的感受。例如：

> 这个亭踞在突出的一角的岩石上，上下都空空儿的；仿佛一只苍鹰展着翼翅浮在天宇中一般。（朱自清《绿》）

"踞"字用得生动传神，寓静于动，使梅雨亭有如"龙盘虎踞"之态，颇具气势。下文"浮"字也用得精巧，让静态的"亭"成了展翅的鹰，使人如见其形，如临其境。

（四）简练性

简练，就是用少量的词语表达丰富的内容，做到言简意赅。要做到简练，就必须对所描写的对象有深刻、全面的认识，并能抓住其最有特征的部分，选用最准确的词语，集中、突出地表达出来。例如：

> 中间便是松堂，原是一座石亭子改造的，这座亭子高大轩敞，对得起那四围的松树，大理石柱，大理石栏杆，都还好好的，白，滑，冷。（朱自清《松堂游记》）

这句中用"白""滑""冷"寥寥三字，就把大理石柱和大理石栏杆的质感、手感、特征非常准确地表达出来，形象突出、鲜明生动，起了以一当十、画龙点睛的作用。

二、如何选用词语

词语选用是词语修辞的重要途径。汉语词汇极为丰富，同一个意思可以用不同的词语来表达。当两个或几个词语都能在某个语境中出现时,就需要从中选择更适切、表达效果更好的一个。词语选用应从以下几个方面着手。

(一) 把握词语的含义

句子中每个词语都有特定的含义。词语的含义有两种:一种是本身的概念意义,是词语固有的意义;一种是在特定的题旨情境中产生的语境意义,是表达中临时赋予的意义。词语选用合适与否,首先得考虑词语的含义。特别是同义词语中,大多数是近义词语。选用时必须重视细微的差别,准确地反映客观事物的特征。为了做到确切、妥帖,就需要精心选择词语。例如:

① 另一位先生听得厌烦,把嘴里的香烟屁股扔(掷)到街心,睁大了眼睛说……(叶圣陶《多收了三五斗》)

② 从此就看见许多陌生(新)的先生,听到许多新鲜(新)的讲义。(鲁迅《藤野先生》)

例①的"扔"原稿为"掷","掷"一般指有目标地投,而此处的"香烟屁股"显然是随意丢弃的,改为"扔"更切合实际。例②的"陌生""新鲜"在原稿中都是"新"字,"新的先生"可以指"新来的先生",也可以指"生疏的先生";"新的讲义"可以指讲义是新的,也可以指内容是新的,不够确切。修改后,表意就更具体明确了。

(二) 突出感情色彩

词语的感情色彩有褒义、贬义、中性之分,反映说话人对所陈述事物的立场和态度。在褒贬词语的选择上要反复琢磨,再三推敲。

有的词语在使用时的感情色彩与词语本身的感情色彩完全一致。例如:

① 这正是那长着胡子的,今天黎明时分自动带了六只木船来的老水手,现在他牺牲了。(刘白羽《火光在前》)

② 它的事业,只是以伶俐的皮毛获得贵人豢养,或者中外的娘儿们上街的时候,脖子上拴了细链子跟在脚后跟。(鲁迅《论"费厄泼赖"应该缓行》)

例①选用"牺牲"这一带褒美感情色彩的词,歌颂了"老水手"为革命奋不顾身的精神,寄托了作者的哀思。例②的"娘儿们"则体现了作者对这些贵妇人的轻蔑态度。

有的词语感情色彩发生变化,褒义变为贬义,贬义变为褒义,中性变为褒义或贬义。例如:

① 中国军人的屠戮妇婴的伟绩,八国联军的惩创学生的武功,不幸

全被这几缕血痕抹杀了。(鲁迅《记念刘和珍君》)

② 我们全党全民要把这个雄心壮志牢固地树立起来,扭着不放,"顽固"一点,毫不动摇。(邓小平《目前的形势和任务》)

例①的"伟绩"是一个褒义词,"武功"是中性词,这里都带上了贬义。"伟绩"实际是"血债","武功"是"罪恶",揭露了敌人的屠杀罪行。例②的"顽固"是贬词褒用,突出表达了坚定的信念。

词语的感情色彩不只是简单地按褒贬区分,有时相当复杂,要深入地体会和辨察。例如:

人家卖西瓜是卖完一个再切一个。他一块儿八个全宰了。(侯宝林《改行》)

这里的"宰"带有凶狠的意思,用"宰"而不用"切",说明卖西瓜的演员是外行,同时也把大花脸那种吓人的做派生动地表现了出来。

(三)重视虚词选择

虚词一般没有词汇意义,但它们在词句中出现的频率相当高,恰当地选用,能增强语言表情达意的效果。

虚词孤立地看,词义很空灵,但在一定的语境中,它可以表达实在的意义,对于内容的表达往往是实词代替不了的。例如:

"好了,好了!"看的人们说,大约是解劝的。

"好,好!"看的人们说,不知道是解劝,是颂扬,还是煽动。(鲁迅《阿Q正传》)

阿Q和小D打架,"看的人们"有的喊"好了,好了";有的喊"好,好",有没有虚词"了",表意则完全不同。"好"后有"了"表示劝解,没有"了"则表示煽动。鲁迅利用"了"的奇妙作用表现出看客们的不同态度,收到很好的修辞效果。

虚词更多的时候是同实词配合起来使用,还可以表达复杂而微妙的思想感情,以产生耐人寻味的含义。例如:

① 囚徒,时代的囚徒!

我们并没犯罪!

我们都从火线上捕来,

从那阶级斗争的火线上捕来。(杨沫《青春之歌》)

② 大门外立着一伙人,赵贵翁和他的狗,也在里面,都探头探脑的挨进来。(鲁迅《狂人日记》)

例①的"没"原文写作"不"。"不"和"没"在这里都作否定副词用。但"不"是从本质上、从主观愿望上对"犯罪"加以否定,并不能说明客观实际犯了罪没有。"没"是从客观实际方面对"犯罪"加以否定,表明并不存在犯罪问题。"囚徒"没有犯罪事实,却竟然被捕了。这样改换,有力地揭露了反动统治的黑暗。例②中的"和"用得妙,它把"赵贵翁"与"他的狗"并列起来,视为同类,表现出"狂人"对赵贵翁这类人的极端憎恶。

多数虚词主要表示语法关系和语气。选用得好,可以使语句跌宕有致,流畅顺口。例如:

① 车既是自己的心血,简直没什么不可以把人与车算在一块的地方。(老舍《骆驼祥子》)

② 他大约未必姓赵,即使真姓赵,有赵太爷在这里,也不该如此胡说的。(鲁迅《阿Q正传》)

例①的连词"既"承认事实,"简直"以肯定的语气推出结论,不容置疑地说明祥子与洋车不可分割的关系。例②由于使用了"大约""未必""即使""也"这几个连词和副词,使分句间的关系更为明确,语言更流畅了。

(四)考虑词语配合

在语言中,没有什么绝对的好词和坏词,词语有没有表现力,只有放到具体的语境中考虑。适切语境,与前后词语搭配,与上下文词语相互呼应,一个极普通的词也会显出神韵,放出异彩。否则,不管堆砌多少漂亮的词语,文章也不会因此而美妙。词语的配合有以下几种情况。

1. 同义互现

丰富的同义词是语言发达的表现,也为准确地表现客观事物的特征、反映事物之间的细微差别,提供了充分的选择空间和余地。因此,恰当地选择同义词,是取得最佳修辞效果的基本功。

(1)同义相别:上下文中表意相同的两个词语,为了避免重复,选用不同的同义词语来表示。例如:

① 屋子里,院子里,全是湿的,全是脏水,教我往哪儿藏,哪儿躲呢!(老舍《龙须沟》)

② 我们以我们的祖国有这样的英雄而骄傲,我们以生在这个英雄的国度而自豪。(魏巍《谁是最可爱的人》)

例①的"藏"和"躲"是同义词语相互搭配,避免了语言的重复呆板,使语言显得错综有变化。例②的"骄傲""自豪"配合使用,充分抒发了对祖国及其英雄儿女的赞颂之情,充满了民族自豪感。

(2) 两义相辅:上下文中前后的词语在语义上配合照应,起着互相辅助、加强的作用。例如:

① 门开了,胖胖的孟副主任侧着身体挤了进来。(齐平《看守日记》)

② 他飘飘然的飞了大半天,飘进土谷祠。(鲁迅《阿Q正传》)

例①前有"胖胖"的形容,后有"侧着身体挤"的动作,前后照应配合,突出了孟副主任的胖。例②的"飞"与"飘"前后呼应,刻画了阿Q精神胜利后得意忘形的神态。

(3) 同素相配:利用构词形式上具有相同语素的词语之间的配合。例如:

刚提出引滦入津要在三年内完成时,有人曾认为这是奇谈,而今,奇谈变成了奇迹。(《人民日报》)

"奇谈""奇迹",这一对同素词语的配合表现出引滦入津工程规模的巨大及工程进展的神速。

(4) 同词复现:采用同一个词重复出现来照应。例如:

虽然在寨子上种地远了许多,但劳动不曾停止过一天,因为手一停止,嘴也将跟着停止了。(柳青《一个女英雄》)

这个例子前后的三个"停止",突出强调了劳动与吃饭的因果关系。为了照应前词,不用同一意思来换,说成"嘴也将跟着停止了",揭示了"手"与"嘴"的关系。

2. 反义相对

上下文中利用反义词语形成相互对比进行照应。例如:

① 真的、善的、美的东西总是在同假的、恶的、丑的东西相比较而存在,相斗争而发展的。(毛泽东《关于正确处理人民内部矛盾的问题》)

② 我们大家辛辛苦苦为的是什么?就为的一个心愿:要把死的变成活的;把臭的变成香的;把丑的变成美的;把痛苦变成欢乐;把生活变成座大花园。(杨朔《京城漫记》)

这两例选用反义词语搭配,使得语言对比鲜明,效果增强。

3. 多义有别

汉语中的许多词语都有不止一个义项,这几个不同的义项都是从一个基本意义派生出来的,有着共同的基础,相互之间存在着必然的联系。要恰当地使用多义词语,就要清楚地辨析词义,了解词义之间错综复杂的关系,选择最恰当的义项。例如:"老"是个多义词,主要有以下义项。

① 年岁大:老人;
② 老年人:徐老;
③ 婉辞,指人死:人老了;
④ 对某些方面富有经验的:老手;
⑤ 很久以前就存在的:老朋友;
⑥ 陈旧:老脑筋;
⑦ 原来的:老地方;
⑧ (蔬菜)长得过了适口的时期:白菜老了;
⑨ (食物)火候大:鸡蛋煮老了;
⑩ 经常:老迟到。

具体使用的时候要恰如其分:
① 当我们渐渐老去的时候,才感觉到生命的可贵。
"老"的意思是"年龄变大、衰老"。
② 我们是老交情,已经快有十年不见面了。
"老"的意思是"很久以前就存在的"。
③ "因为老下雨,所以把我泡成这么大了。"
"老"的意思是"经常"。
在不同句子的上下文中,使用多义词时,就应该弄清楚各个义项之间的关系,准确表达不同的意思。

第二节 词语的锤炼

先讲几个锤炼词语的故事。

贾岛是唐代诗人,屡次应试没有考中,一度出家当和尚,后来听从韩愈劝告还了俗,当过小官。他作诗时,非常讲究铸字炼句,反复苦吟思索,为此传下来一段有趣的故事:有一天,他骑驴访问隐居的友人李凝,正好友人外出未归,他便在门墙上题诗一首,即《题李凝幽居》:"闲居少邻并,草径入荒园。鸟宿池边树,僧敲月下门。过桥分野色,移石动云根①。暂去还来此,幽期不负言。②"共八句,描绘李凝隐居地的幽静景色,叙述自己来访不遇,准备以后再来一同隐居的想法。从李凝隐居地往回走,贾岛一直觉得这首诗的三四句有个字似

---
① 云根:古人认为"云触石而生",故称石为云根。这里指石根云气。
② 幽期:再访幽居的期约。言:指期约。不负言即决不食言。

乎应该改一改,"鸟宿池边树,僧推月下门。"他想:究竟用"推"字好呢?还是改为"敲"字好?贾岛在驴背上反复思索,总是犹豫不决,不知不觉间用手做出推和敲的姿势,想把这个字定下来。这样一直走到长安城里,他还是做着手势不断苦吟。这时,任长安地方长官的韩愈出门办事,贾岛由于太专心了,一头撞进韩愈的仪仗队还不觉得。仪仗队的士兵见贾岛这么放肆,已经冲进来了还要向前闯,便不客气地把他揪下驴来,推到韩愈跟前。韩愈问贾岛,为什么无缘无故冲撞他的车骑?贾岛这时已回过神来,连忙说明是在驴背上做诗,神情恍惚的缘故,并非有意冲撞。韩愈是有名的文学家,对贾岛的问题也发生了兴趣,不但没责备他,反而也一起参加思索,然后说:"用'敲'字好。"于是,这两句就最后定下来,成为:鸟宿池边树,僧敲月下门。一时传为佳话。

　　唐朝诗人任蕃夜宿台州巾子峰禅寺,在寺墙上题诗:"绝顶新秋生夜凉,鹤翻松露滴衣裳。前峰月映一江水,僧在翠微开竹房。"他走出几十里路后,觉得"半江水"要比"一江水"更贴切,更符合现实。忙返回寺院修改,谁知到了寺院,他发现早有人把"一"字改为"半"字了。真是"英雄所见略同"啊!"前峰月照"一定会出现"峰掩月"的情况,月光不会照遍一江流水,改为"半江水"既符合实际,又诗味含蓄。

　　北宋文学家范仲淹曾为东汉隐士严子陵的祠堂作记,写过"云山苍苍。江水泱泱。先生之德,山高水长"的句子。友人李泰伯看后,夸云山、江水等句立意宏伟,气势不凡。但"德"字略显局促,换"风"字会更协调。范仲淹反复吟咏,果真韵味无穷,大喜而改之。

　　苏轼被贬,王安石作诗为其饯行。其中有一句"明月当空叫,黄犬卧花心"。苏轼一看,心想,明显有错误嘛:明月怎么会叫呢,黄狗再小,也不能卧在花心上啊!这与事实不符,所以自作主张将其改成了"明月当空照,黄犬卧花阴"。后来,苏轼得知当地有种小鸟叫明月,有一种小虫被称为黄犬,才知自己改错了,于是登门致歉。一时传为佳话。

　　王荆公(王安石)绝句云:"京口瓜州一水间,钟山只隔数重山。春风又绿江南岸,明月何时照我还。"吴中士人家藏其草稿,其上初云"又到江南岸",圈去"到"字,注曰"不好",改为"过",复圈去而改为"入",旋改为"满",凡如是十许字,始定为"绿"。[①]

　　其实,好些诗人、作家都注意锤炼词句。如宋祁的"红杏枝头春意闹",一个"闹"字,境界全出。张先的"沙地并禽池上眠,云破月来花弄影"中的"弄"字

---

① 洪迈《诗词改字》。

把景物写得活灵活现。

除了写诗外,锤词炼句还能帮人打赢官司呢。古时有个县官最讨厌啰唆,断案也因此有偏向。有一位妇女丧夫后想改嫁,婆家竭力劝阻。这时有人帮妇女写了一份诉状,县官当时就下了判词:"嫁"。原来诉状上只有八个字:夫死,无嗣,翁鳏,叔壮。这四个原因清清楚楚地摆出了这位妇女的为难处境。可谓字字如金。

炼字还能救人性命呢。从前,某县尉查案卷,看到他的一个朋友的案卷,上面有一句"某盗大门而入",这是强盗所为,按律当斩。县尉想帮熟人减轻罪行,就在这句话的某一个字上加了一笔,定案时,此人由死罪改为流放三年。究竟是哪个字的改动,竟有这么大的变化呢?原来是"大"字改为"犬"字。"大门而入"的强盗行为变成"犬门而入"的小偷小摸,一字之差竟"生死有别"呀。

从以上锤炼词语的故事可以看出,词语的锤炼是词语选用的深化。锤炼的本质是将寻常词语艺术化,使之获得不同于常规的意义和用法。往往用活一字,可使文句质变生辉,力垂千钧,意境深远。

词语锤炼作为一种修辞现象,需要厚积薄发,要有深厚的文化修养和语言功力,这不仅仅是充分发挥艺术想象力的灵感体现,同时也有规律可循。常见词语锤炼的方法有以下几方面。

一、寓繁于简

寓繁于简指在词语运用中用最经济的语言表达最丰富的内容。例如:

① 孔乙己一到店,所有喝酒的人便都看着他笑,有的叫道:"孔乙己,你脸上又添上新伤疤了!"他不回答,对柜里说:"温两碗酒,要一碟茴香豆。"便排出九文大钱。(鲁迅《孔乙己》)

② 我温了酒,端出去,放在门槛上。他从破衣袋里摸出四文大钱,放在我手里。见他满手是泥,原来他便用这手走来的。(鲁迅《孔乙己》)

例①和例②的"排"和"摸"都是写孔乙己付钱时的动作。用"排"字,表现出孔乙己拘谨、认真、朴实、善良的性格,说明孔乙己的九文大钱来之不易,是他帮人抄抄写写换来的,活画出他对钱的珍惜;也反映出他自视为读书人,不同于短衣帮的清高神态。后来,他被丁举人打断了腿,也不能帮人抄写,失去经济来源,还欠酒店十九文钱。这次喝酒也不能付现钱,所以在身上找遍,才能"摸"出。一个"摸"字预示了孔乙己最惨的遭遇即将降临。由"排"到"摸",前后照应,深刻地揭示了孔乙己的悲惨命运。

二、寓静于动

用表示动态的词语去表示静态的事物,使静态事物充满神韵,栩栩如生。例如:

① 这条渐远渐无穷的石子路,在深山幽谷间盘旋,忽高忽低;在芭茅草丛里伸展,时隐时现。(袁鹰《井冈山记》)

② 在那山径上,碧水边,姑娘们飘着彩色长裙,顶着竹篮、水罐,走回开满波斯菊的家园。(魏巍《依依惜别的深情》)

例①把山间的石子路,写成"盘旋""伸展",形象生动地描绘出石子路在深山幽谷间蜿蜒起伏的景象。例②不说"穿着"而用"飘着",表示了动作的持续性,表现了朝鲜姑娘顶水时步履迅速而生风的情景。

三、寓情于中

选用的词语在表现客观事物的同时还带有人的主观感受,表达情感。例如:

① 潘月亭——一块庞然大物裹着一身绸缎。(曹禺《日出》)

② 忍看(眼看)朋辈成新鬼,怒向刀丛(刀边)觅小诗。(鲁迅《为了忘却的记念》)

例①在描写潘月亭时,用"一块""裹"刻画了潘月亭这个臃肿、硕大、毫无生气、宛若行尸走肉的人物形象。例②把"眼看"改为"忍看",蕴含着作者对国民党反动派的满腔愤怒,也反映出对革命先烈的痛悼之情。把"刀边"改为"刀丛",既深刻地形容了白色恐怖的严重性,又反衬出作者对革命的无比坚贞以及大无畏的斗争精神。

四、词性活用

在一定语境中突破常规用法,临时改变词语的词性。例如:

① 他们青春得满脸青春痘,一天到晚嚼着炸薯条唱《绝对空虚》。(刘西鸿《黑森林》)

② 指点江山,激扬文字,粪土当年万户侯。(毛泽东《沁园春·雪》)

例①名词"青春"活用为动词,写出了青年的生气勃勃的活力。例②把"粪土"当动词用,简练而有力地表现出青年知识分子对当时权贵无比蔑视的激昂情绪。

五、暗含比喻

在运用词语时,把本来与甲事物搭配的词语用来和乙事物搭配,从而在暗中把乙事物比喻成甲事物。例如:

① 我们已经走出树丛,现在是在被月光洗着的马路上了。(巴金《苏堤》)

② 秋天的黄昏,晚霞烧红了西方的天空。(和谷岩《枫》)

例①把月光照着马路说成"洗着",暗含"月光如水"的比喻,写出了马路在月光下的洁净和清新,表达出一种舒畅的心情。例②不说晚霞"映红"或"照红"了天空,说"烧红",暗中将晚霞比喻成火,给人形象生动的感受。

六、声音配合

语音是语言的物质外壳,意义是通过声音表达的。任何词语都是声音和意义的结合体。所以,说话写文章,不仅要考虑到词语意义的锤炼,还要注意从声音上推敲琢磨,做到语音美。声音配合得当,和谐优美,铿锵悦耳,以优美的节奏和旋律来增强表现力,提高艺术性,给人以美的享受。语言的音乐美,主要表现在音节的整齐匀称、声调的平仄相间、韵脚的和谐自然和叠音的优美传神。

(一) 音节匀称

说话作文时,要讲究音节的匀称。音节整齐匀称,上下对称,配合适宜,可以使话语顺畅上口,增加话语的整齐美和节奏感。

做到音节匀称,主要是单音节词配单音节词,双音节词配双音节词,三音节词配三音节词,等等。当然,在需要用错综形式表现时,也会打破这一习惯。例如:

① 尼罗河是温柔的,同时又是凶暴的,尼罗河下游是平静的,上游却是喧闹的。(韩北屏《金字塔的启示》)

② 所谓片面性,就是不知道全面地看问题。……或者叫做只看见局部,不看见全体,只看见树木,不看见森林。(毛泽东《矛盾论》)

例①在各分句相同位置上用"是……的",使前后对称,形式整齐,节奏和谐。例②"叫做"后由四个分句组成,前两个对后两个是整齐的一组。每个分句又都是五个音节,结构相同,这就造成了多层次的整齐匀称,读起来朗朗上口,富有旋律美。若把它变成"只看局部,不看见全体,只见树,不看见森林",

则读起来拗口,失去了平衡,破坏了协调,没有旋律美。不仅如此,就是在一个言语片断中,也要讲究整齐匀称。如说"工人、农民、士兵"或"工、农、兵"则是整齐协调,如果说成"工人、农民、兵"或"工人、农、士兵"等则显得别扭。可见,音节的匀称,在各个层面上都要注意协调。

在单音节和多音节词联合使用时,习惯上总是把音节少的词放在前面,音节多的词放在后面,这样由少到多地排列,避免前重后轻的现象,能使词句井然有序,整齐匀称。例如:

要是来了客,就想方设法,弄出好多碗:鸡、鸭、烘鱼、腊肉、熏腰子和蛋卷子等等。(周立波《卜春秀》)

在词语排比时,排列词语音节多少的次序也要遵循这个规律。例如:

将士们在鄂西大山中不论是行军或宿营,常听见老虎叫声、狼的叫声、野猪和猿猴的叫声,以及其他各种大小野兽的叫声……(姚雪垠《李自成》)

当然,汉语音节的调整,要根据需要灵活调配,不能为了只求音节匀称而任意增减音节。

(二) 平仄相配

汉语的声调有平仄之分,在现代汉语中,平声就是阴平、阳平两个调类,仄声就是上声、去声两个调类。

韵文,特别是律诗,是要讲究平仄的。一般来说,平声语调上扬,平缓响亮;仄声语调下抑,曲折凝重。平仄调整好,会形成声音上的高低、轻重、缓急、长短的变化,使语句产生抑扬顿挫、悦耳动听的音乐美,提高表达效果。

旧体诗词非常讲究平仄的相配。要求一句之内平仄交错,上下两句平仄相反。例如:

金沙水拍云涯暖, (平平仄仄平平仄)
大渡桥横铁索寒。 (仄仄平平仄仄平)

现代诗歌、散文不取旧体诗词那样严格的平仄形式,但也注意平仄相配,特别是句末的平仄。例如:

在南方每年到了秋天,总要想起陶然亭的芦花,钓鱼台的柳影,西山的虫唱,玉泉的夜月,潭柘寺的钟声。(郁达夫《故都的秋》)

例句中的"芦花""柳影""虫唱""夜月""钟声"这五句的句末双音节词分别是平平、仄仄、平仄、仄仄、平平,平声对仄声,声调高低相间,读起来抑扬起伏,和谐动听。就是许多成语,也是利用这种平仄变化造成的。如:

欢天喜地　（平平仄仄）　　四世同堂　（仄仄平平）
千方百计　（平平仄仄）　　万紫千红　（仄仄平平）

（三）韵脚和谐

韵脚是指在有关句子末尾的能起到押韵作用的一组字。这样的字,其韵相同或相近。恰当安排好韵脚,能造成一种同韵前呼后应的语音和谐美和节奏的整齐美,形成一个统一的旋律,把前后语句连成一体,使音节回环应合,优美动听,增强说话的感染力。

押韵的方式多种多样。有隔行交叉押的交韵,两行一换的随韵,行行押的排韵等形式。例如：

① 总得叫大车装个够,(gòu)
它横竖不说一句话,(huà)
背上的压力往肉里扣,(kòu)
它把头沉重地垂下。(xià)(臧克家《老马》)

② 万木霜天红烂漫,(màn)
天兵怒气冲霄汉。(hàn)
雾满龙冈千嶂暗,(àn)
齐声唤,(huàn)
前头捉了张辉瓒。(zàn)(毛泽东《渔家傲·反第一次大围剿》)

③ 红旗万梭织锦绣,(xiù)
海北天南一望收！(shōu)
塞外的风沙呵黄河的浪,(làng)
春光万里到故乡。(xiāng)(贺敬之《桂林山水歌》)

例①押的是交韵。例②押的是排韵。例③押的是随韵。

此外,在散文、民歌、谚语中安排一些押韵句,能使语句整齐,读起来优美动听。当然,为了使韵脚和谐,可以对诗句的结构作适当的处理。如"白日依山尽,黄河入海流"。最后一句的"流"应在"黄河"之后。但要注意,不能乱改滥变,生拼硬凑。

（四）叠音自然

相同音节(字)复叠出现叫叠音。音节重叠的方式构成的词叫叠音词。如"呼呼""哗哗""干巴巴""绿油油""叽叽喳喳""红红绿绿"。这些词语多数有附加意义,有的还可增强语言的形象性。用好叠音词,能突出词语的意义,增强形象性和音乐性。用它描绘人物,可使人物形象惟妙惟肖,栩栩如生;用它写

景状物,可以烘托气氛,有如身临其境。例如:

月亮渐渐地升高了,墙外马路上孩子们的欢笑,已经听不见了;妻在屋里拍着闰儿,迷迷糊糊地哼着眠歌。我悄悄地披了大衫,带上门出去。

……荷塘四面,长着许多树,蓊蓊郁郁的。路的一旁,是些杨柳,和一些不知道名字的树。没有月光的晚上,这路上阴森森的,有些怕人。今晚却很好,虽然月光也还是淡淡的。(朱自清《荷塘月色》)

这里,用"渐渐"写出了月亮升高的情态,用"迷迷糊糊"写出了"妻"哼着眠歌的神态,用"悄悄"写出作者披衣衫时的动作,用"蓊蓊郁郁"写出荷塘四面树荫的情貌,用"阴森森"描绘了夜色的浓重,令人恐怖,用"淡淡"写出了月光的色彩。作者运用这些词语十分传神地勾画出了夜色中人和景物的情貌。荷塘四周的全貌,写得栩栩如生,绘声绘色,精细入微,纤毫毕现,使人如临其境。语言显得活泼自然,形象生动,极富节奏感和旋律美。

双声、叠韵词的使用,也可以增加语言的音乐美。例如:

大雨落幽燕,

白浪滔天,

秦皇岛外打鱼船。

一片汪洋都不见,

知向谁边?(毛泽东《浪淘沙·北戴河》)

这里的"幽燕""滔天"是双声词,"汪洋"是叠韵词。利用双声、叠韵,造成声音的起伏跌宕,描绘出北戴河大雨滂沱、巨浪滔天的雄壮景色。

第三节 特殊词语的功效

特殊词语的选择和锤炼也是增强修辞效果不可缺少的方面。

一、方言词的使用

汉语有八大方言,每种方言都有其独特的词语。这里说的"方言词"是指经过作者精心提炼,并且能被广大观众所接受的。通俗地说就是观众一听就能懂,而不需要反复揣摩才能弄懂的方言词。这些词必须用得精当,用得得体。

如,老舍《茶馆》中王大拴听小二德子说教党义的教务长上课先把手枪拍在桌上时,说:"什么教务长啊,流氓!"小二德子接着说:"对!流氓!不对,那我也是流氓喽!大拴哥,你怎么绕着脖子骂我呢?"

"绕着脖子"是北京的方言词,就是拐弯抹角、绕来绕去的意思。

又如,康顺子离开裕泰茶馆时对老掌柜王利发说:"老掌柜,你硬硬朗朗的吧!"

"硬硬朗朗的吧",是指祝愿王掌柜活得健健康康,手脚利落,不聋不哑的意思。

再如,老舍的《龙须沟》中四嫂和赵老头的两段对话:

四嫂:我听您的话!要是您善劝,我臭骂,也许更有劲儿!

赵老:那可不对,你跟他动软的,拿感情拢住他,我再拿面子局他,这么办就行啦!

"善劝""臭骂""拿感情拢住他""拿面子局他"都是地道的北京话,但又不是外地观众听不懂的土话。这些方言词表现力特强,用在作品中,使作品中的人物性格更加鲜明,同时也与观众的距离更近一步,使观众能在观看的瞬间产生共鸣,得到最佳的欣赏效果。

还有一些作家在作品中用了吴方言的一些词语,也收到了很好的效果。如,鲁迅先生《"吃白相饭"》:

但"吃白相饭"朋友倒自有其可敬的地方,因为他还直直落落的告诉人们说,"吃白相饭的"!

"吃白相饭"就是吴方言词语,指无所事事、游手好闲、不务正业,靠家产或不正当来源生活。

常州籍作家高晓声的小说《陈奂生转业》:

"牛吃蟹!"吴楚骂了一句,"这又不是河泥、猪灰,能随便要吗?"

其中"牛吃蟹"也是吴方言词语,表示瞎搞、胡来,像是牛吃螃蟹,十分形象。

再如,矛盾的《子夜》:

"你是老门槛,你自然明白这笔借款实在只有五十万,不过放款的银团取得继续借与二百五十万的优先权!"

其中"老门槛"也是吴方言词语,指精明老到、工于算计的人。

又如,程乃珊《父母心》:

他"说了算"的次数好像也越来越少,可怕的是连他自个经常"老居失匹"。

"老居失匹"在吴方言中指聪明人做了不聪明的事,或聪明反被聪明误的意思。这些方言表现力很强,用在作品中增加了作品的乡土气息。

近来涌现出的小品,甚至电影,其中人物语言,往往也愿意使用方言,大概作者的意图也出于此。但使用太多,太滥,观众大都听不懂,甚至在给中国人看的中国电影银幕上要打上汉字,这就有悖作者的初衷了。在某种程度上,也侵犯了观众的权利,这是我们不敢恭维的。①

二、网络语言的兴起

一般人的心理,都有着求新、求变、求刺激的需求,网络语言的出现并被广泛运用,正使人们这种需求得到满足。所谓网络语言,是指先由网上使用,后逐渐渗透到人们生活中的语言。网络语言的种类较多,常用的有谐音和谐义两种。

谐音的如美眉、水母情话、斑竹、菌男、霉女、台独粪子、青筋、竹叶、木油、驴友、偶等。

谐义的有青蛙、恐龙、造砖、楼上、楼下、菜鸟、灌水、水母等。

更妙的是用字母和数字谐音的网络语言,如GG(哥哥)、JJ(姐姐)、MM(妹妹)、BB(宝贝)、1314(一生一世)、886(拜拜喽)、520(我爱你)、745(气死我)、3399(长长久久)等,表现力非常强。

在写作或交际中恰当地使用网络语言至少有两个优点。

(一)可以使语言生动形象

如,用"造砖"指"写作",形象地展现了写作过程及写作的艰辛;用"恐龙"指"丑女","青蛙"指"丑男",也十分形象逼真;用"楼上"指"上一个帖子",用"楼下"代"下一个帖子",再现了网上交流的格式。

(二)操作简单快捷

现代人,尤其是年轻人,喜欢在网上聊天,使用字母和数字表示内容的网络语言,更显示了这个优势。如,用数字"886"代表"拜拜喽",用字母"MM"代表"妹妹",要比用原字快捷得多。

有时,将用于电脑的词语临时用来指人。如:这人内存不足,说不了几句话就卡壳了。再如:他虽年轻力壮,却还是个286,奔腾不了。喝酒时,举杯称"上网",倒酒说"下载",不想喝或不能喝,酒杯倒扣桌上云"我关机了"。向别人赠送礼物时称"2的平方根"(等于1.141421)。这些不仅新潮,而且生动。

---

① 钟敏《汉语修辞概论》,中国文联出版社,2006年12月。

思考题

1. 为什么要重视词语的选择?请结合实例谈谈体会。

2. 选择词语应从哪些方面入手?应该达到什么样的要求?

3. 比较下列各句的原文和改文,从词语洗炼的角度说明修改的目的。(括号中的词语是原文,括号前的词语是改文)

① 但是这句话的声音(音响)并没有钻进(渗入)群众的耳朵。

② 惊异的诧问与愤怒的喃喃混在一起,就把那里(这里)的空气震荡(震撼)得不安定了。

③ 漫天风雪,封住山,阻住路,却摇撼不了人们的意志,扑灭(浇灭)不了人们心头的熊熊烈火。

④ 电闪,雷鸣,雨吼,充满了空间(房间),说话几乎听不到。

⑤ 三十年代之初,有一个在初中毕业以后就失了学,失了学就完全自学的青年人,寄出了一篇代数方程解法的文章,给了熊庆来。

⑥ 老实说,我赶不上参加这一次或那一次战斗,我总是十分难过(痛苦)的,当然伟大的现实又总常常使我微笑起来。

⑦ 高菊翁说到这里,近视眼几乎眯成(挤成)一线,从眼镜里偷看雨生的神色。

⑧ 我离开仙台之后……经过的年月一多,话更无从说起,所以虽然有时想写信,却又难以下(不能动)笔,这样的一直到现在,竟没有寄过一封信和一张照片。

第三章

句式的选择

句式选择,指在语言运用中对句子基本意义相同的不同句式的选择。

在修辞中,句式是指在结构或语气上具有某种特点的句子形式。比语法所谈的句子范围要宽。

句式是多种多样的。不同的意思可以用不同的句式来表达,同样一个意思,也可以用不同的句式来表达。我们把这种表达意思相同或基本相同而结构不同的句式,称为同义句式。修辞中的句式选择,实质上是指这种同义句式的选择。同义句式的修辞效果往往不同,在风格色彩、表达形式上存在着差异。例如:

我今晚能去。——我能今晚去。

这两句是同义句式,孤立地看,似乎它们表达一样的意思,但是在具体语境中,它们有着不同的适应性和表达焦点。如:

① 你今晚能不能去?——我今晚能去。✓
② 你能不能今晚去?——我能今晚去。✓
③ 你今晚能不能去?——我能今晚去。✗
④ 你能不能今晚去?——我今晚能去。✗

③④的答话之所以显得不连贯,原因在于词语顺序不合适,即焦点不对应。

这里讲一件老一辈革命家彭大将军的故事。彭大将军为人民的解放事业呕心沥血,建立了彪炳史册的赫赫战功。人民无限感激他,爱戴他,赠送给他一面锦旗,上书"人民的伟大儿子"。那感情的焦点明显是在"伟大"二字上。彭老总诚挚地感激人民,却不肯接受这一光荣称号,毅然地把它改为"伟大人民的儿子"。你看,沉甸甸的"伟大"二字,由于语序作了调整,那境界便活脱脱地发生了质的变化。

人们在进行选择时,要适应不同的交际目的和交际场合,根据一定的语境,选择最能表达题旨的句式。要适应上下文需要,以求上下文的联系紧密和协调,强调重点,合乎事理逻辑,随情设句,切情切境,使语句气势贯通,表现力增强,收到理想的表达效果。下面介绍几种常见句式的选择。

第一节 程序句和变式句

程序句是符合汉语句子常规顺序的句子。汉语句子常规的顺序是:主语在前,谓语在后;定语、状语在中心语前;偏正复句的偏句在前,正句在后。但是,为了收到积极的修辞效果,把本来可以构成的程序句,改变了常规顺序的句子叫变式句。二者的着眼点主要在于句子语序的变化。这里主要讲变式句。

变式句的表达效果主要是突出强调变动部分,使句子的抒情意味增强,感情表达得深沉热烈,令人深思,引人入胜。

变式句主要有以下几种。

一、主谓倒装的变式句

① 起来,饥寒交迫的奴隶!
起来,全世界受苦的人!(《国际歌》)
② 终于过去了,中国人民哭泣的日子,中国人民低头的日子。(何其芳《我们最伟大的日子》)
③ 多美啊,北京的初冬。(杨朔《埃及灯》)
④ 多么幸运啊,我家乡的小河,
千里迢迢来此汇合,
假如我是粒水珠,
愿永远在大海里欢歌。(《北京文艺》)

例①是《国际歌》的第一句歌词。"起来"置于主语之前,充满了战斗性,增强了号召、鼓舞的力量。唤醒受压迫的人们起来埋葬旧世界,做新世界的主人。例②把谓语"终于过去了"提到主语之前,表达了解放了的中国人民摆脱屈辱与压迫后的那种欣慰、自豪的感情。例③的谓语倒置,抒发了对北京的冬天的赞美之情。例④主语在后,主要是为了与"合""歌"押韵,读起来朗朗上口,顺畅自然,同时还强调了谓语。

二、定语后置的变式句

① 她一手提着竹篮,内中一个破碗,空的;一手拄着一支比她更长的竹竿,下端开了裂;她分明已经纯乎是一个乞丐了。(鲁迅《祝福》)

②火车进站了,他把窗户推上去,一阵凉风扑面而来,上海的。(王安忆《本次列车终点》)

③说巧也巧,我们正好走进一座柏树林,阴森森的……(李健吾《雨中登泰山》)

④满怀深仇把救星找,找到了共产党走上革命的路一条。(京剧《智取威虎山》)

例①的"空的"是"破碗"的定语,后置则强调了祥林嫂沦为乞丐的悲惨命运,刻画了祥林嫂的乞丐形象。例②定语"上海的"在"凉风扑面而来"后面出现,起补充强调的作用。例③定语"阴森森的"后置,突出了阴暗的形象,也符合先走进,后有感觉这种先后顺序。例④的定语"一条"后置,是为了与前句押韵。

三、状语移位的变式句

①在这些日子里,一个伟大的灵魂震撼着人们的心灵;这就是雷锋这个普通战士的灵魂。(魏巍《路标》)

②如果我能够,我要写下我的悔恨和哀怨,为子君,为自己。(鲁迅《伤逝》)

③他生下来的时候,并没有玫瑰花,他反而取得成绩。而现在呢?应有所警惕了呢,当美丽的玫瑰花朵微笑时。(徐迟《哥德巴赫猜想》)

④我漫步着,漫步着,在这少有的寂寞里。(鲁迅《秋夜记游》)

例①的时间状语被挪到了句首,在句首作状语,强调了时间。例②的"为子君,为自己"本是两个句中状语,移至句尾,表现了主人公无限感伤的心情。例③将状语"当美丽的玫瑰花微笑时"放在句末,不仅突出了状语,而且使文章情深意长,耐人寻味。例④的状语"在这少有的寂寞里"倒置在句尾,强调了状语,追加说明漫步时的心情。

四、偏句后置的变式句

①正义是杀不完的,因为真理永远存在。(闻一多《最后一次讲演》)

②今晚却很好,虽然月光也还是淡淡的。(朱自清《荷塘月色》)

③过去打仗也好,现在搞工业也好,我都不喜欢站在旁边打边鼓,而喜欢当主角,不管我将演的是喜剧还是悲剧。(蒋子龙《乔厂长上任记》)

④总之,倘是咬人之狗,我觉得都在可打之列,无论它在岸上或在水中。(鲁迅《论"费厄泼赖"应该缓行》)

例①是因果复句倒装,强调了原因,加重了语气,鲜明地表现出为捍卫真理不怕流血牺牲的革命精神。例②是转折偏句后置,表达出作者不同以往的乐观心情。例③条件分句后置,突出表现了乔厂长不计个人得失荣辱,敢于挑大梁的性格特点。例④的条件分句倒装,突出强调了偏句,批判某些人宣扬的"费厄泼赖"精神,充满了战斗性。

第二节　整句和散句

句子的形式有整有散。结构相同或相似,整齐排列的一组句子叫整句。结构不整齐,各种句式交错使用的一组句子叫散句。

整句形式整齐,语气贯通,声音和谐,意义鲜明。表达效果主要是形式上的整齐美,表意上的凝重深沉美。这是由对偶、排比、层递、顶真、回环等修辞格造成的。例如:

① 走生路,生而出新;走险路,险而出奇;走难路,难而不俗。(徐刚《黄山拾美》)

② 我们分担寒潮、风雷、霹雳;我们共享雾霭、流岚、虹霓。(舒婷《致橡树》)

例①三部分句子字数、结构都相同,构成排比格式。作者拿黄山的不同的路与作家三种不同的创作道路相类比,形式整齐匀称,表意简练醒目。例②两个分句构成对比,分述恋人之间同甘苦、共患难的不同情况,表现那种相互理解、相互支持、平等和谐的爱情,抒情强烈激越,音调悦耳和谐。

散句是语言的自然形态,它形式多变,灵活自然,散而不乱,于错综起伏中显示出和谐统一,富于变化美、参差美和飘逸美。例如:

不过,瞿塘峡中,激流澎湃,涛如雷鸣,江面形成无数漩涡,船从漩涡中冲过,只听得一片哗啦啦的水声。过了八公里的瞿塘峡,乌沉沉的云雾,突然隐去,峡顶上一道蓝天,浮着几小片金色浮云,一注阳光像闪电样落在左边峭壁上。(刘白羽《长江三日》)

这里描写瞿塘峡的景色,句式各种各样,字数长短不一,灵活多变,形象生动,把瞿塘峡的美景描写得栩栩如生,避免了单调呆板。

整句和散句各有各的适用场合,运用时要根据内容表达的需要而定。一篇文章里如果全用整句,就会使语言显得呆板,单调,失掉生机;如果只用散句,会使文章气势不振,索然无味。一般说来,人们往往喜欢整散结合,使句式错落有致,二者互补,相得益彰。例如:

在和煦的阳光之下,四野里东一片、西一片,都是菜园。芥兰开满了白花,白菜簇生着黄花,椰菜在卷心,枸杞在摇曳,鹅黄嫩绿,蝶舞蜂喧,好一派艳阳天景色!(秦牧《古战场春晓》)

这段文章,整散结合,不拘一格,展现了美丽的田园春色。

第三节 紧句与松句

句子的组织有紧有松。句子成分组织紧凑、语气急迫、句中停顿较小的句式叫紧句;句子成分组织松散、语气舒缓、句中停顿较大的句子叫松句。例如:

① 他是一个诚实、坚定、勇敢的人。

② 他是一个诚实的人,他是一个坚定的人,他是一个勇敢的人。

例①和例②是同义关系,例①是紧句,显得紧凑有力,严密集中。例②是松句,结构松散,节奏舒缓,反复强调,显得轻松活泼。

紧句的构成有两种手段:

一是让联合短语充当句子成分。例如:

③ 麦穗和刺刀,可以算作北方人的希望与忧惧的象征。(老舍《骆驼祥子》)

④ 抗日战争的前线后方,有谁没有听过、没有唱过那种从延安唱出来的歌呢?(吴伯箫《歌声》)

例③把本来该分说的两句话结合在一起,使对立的二者统一在象征这一点上。例④的联合短语"没有听过,没有唱过"做谓语,句子显得紧凑简练。

另一种手段是利用紧缩形式。例如:

⑤ 老实说,我情绪一来就会乱,而他却层次清楚,不显雕琢。(赵丹《地狱之门》)

这句是由"一……就……"构成的紧缩句,非常精练紧凑。这句是有标志紧缩复句的延展式。

松句的构成也有两种手段:

一种是重复一些词语,把句子放松。例如:

⑥ 我十分憎恨地主,憎恨资本家,憎恨一切卖国军阀;我真诚地爱我们的阶级弟兄,爱我们的党,爱我们中华民族。(方志敏《狱中纪实》)

这里"憎恨"和"爱"都重复了三次,突出了各自的对象。

另一种是不厌其烦地把基本相同的事物或过程的进展缓慢地推进。例如:

⑦ 于是看小旦唱,看花旦唱,看老生唱,看不知什么角色唱,看一大班人乱打,看两三个人互打,从九点多到十点,从十点到十一点,从十一点到十一点半,从十一点半到十二点,——然而叫天竟还没有来。(鲁迅《社戏》)

　　这句写了六个"看",分四句写了时间的持续,真实地表现出少年们因久等而非常不耐烦的心情。

　　紧句和松句表达效果各不相同,但一篇文章中,松句和紧句一般可同时使用。例如:

　　⑧ 十八年来,我们党是逐步学会了并坚持了武装斗争,我们懂得,在中国,离开了武装斗争,就没有无产阶级的地位,就没有人民的地位,就没有共产党的地位,就没有革命的胜利。(毛泽东《共产党人》发刊词)

　　前面用联合短语构成紧句,后面用重复方式构成松句。先紧后松,既精确严密,又稳健有力。

第四节　长句与短句

　　长句是指词语多、结构复杂、形体较长的句子。短句是指词语少、结构简单、形体较短的句子。长与短是相对而言的,不能量化。

　　长句中的联合成分或限制、修饰成分较多,或成分结构复杂,内容含量大,有严密周详、精确明晰、委婉细腻的效果。可使语意贯通,气势畅达,风格比较稳重。例如:

　　① 美国白皮书和艾奇逊信件的发表是值得庆祝的,因为它给了中国怀有旧民主主义思想亦即民主个人主义思想,而对人民民主主义,或民主集体主义,或民主集中主义,或集体英雄主义,或国际主义的爱国主义,不赞成,或不甚赞成,不满,或有某些不满,甚至抱有反感,但是还有爱国心,并非国民党反动派的人们,浇了一瓢冷水,丢了他们的脸。(毛泽东《丢掉幻想,准备战斗》)

　　② 至于我的喊声是勇猛或是悲哀,是可憎或是可笑,那倒是不暇顾及的;但既然是呐喊,则当然须听将令的了,所以我往往不恤用了曲笔,在《药》的瑜儿的坟上平空添上一个花环,在《明天》里也不叙单四嫂子竟没有做到看见儿子的梦,因为那时的主将是不主张消极的。(鲁迅《呐喊·自序》)

　　例①长定语修饰和限制中心语"人们",列举了具有旧民主主义思想的人们的不同表现,表达非常细致、精确。例②是个多重复句,把"我"一方面不管自己的"喊声"如何,另一方面又不能不听将令,在作品中不恤用了"曲笔",以及用了哪些曲笔,何以要用那样的曲笔等复杂的关系表述得细致严密,把"我"的内心想法展示得清楚明白。

长句多用于书面语中的政治论文、科学论著中,但有时为了描写和抒情性议论的需要,在文学作品中,也可用长句。

长句的形成,主要在于人们思维精密化和汉语自身的发展,同时,也明显受外语的影响。长句之所以长,是联合成分用得多,修饰语多或复杂。从这个角度看,长句可以化为短句。

短句的修辞效果是活泼、明快、简洁、有力。它一般在表达欢快、激动、愤怒的感情时,在渲染激烈、紧张、恐怖的气氛时用。短句由于短小精悍,表意灵巧,多用于日常谈话、演讲、辩论和文艺作品的对话。例如:

③ 今天,这里有没有特务?你站出来,是好汉的站出来!你出来讲!凭什么要杀死李先生?(厉声,热烈的鼓掌)杀死了人,又不敢承认,还要诬蔑人,说什么"桃色案件",说什么共产党杀共产党,无耻啊!无耻啊!(热烈的鼓掌)这是某集团的无耻,恰是李先生的光荣!(闻一多《最后一次的讲演》)

④ 小草偷偷地从土里钻出来,嫩嫩的,绿绿的。园子里,田野里,瞧去,一大片一大片满是的。坐着,躺着,打两个滚,踢几脚球,赛几趟跑,捉几回迷藏。风轻悄悄的,草绵软软的。(朱自清《春》)

例③由一连串短句构成,表现闻一多义愤填膺的激昂情绪。例④的短句生动活泼地描述了春天的景象和气氛。

短句比长句容易理解,人们说话或写文章时多用短句。为了表达的需要,人们常常把长句变为短句来使用。

长句化短句主要有以两种方法。

(1) 把联合成分拆开,重复与之搭配的成分,化成若干分句。例如:

⑤ 这部影片,一开始就向观众展现了北大荒那广袤的田野和知识青年们为开垦荒地、建设粮食基地而艰苦劳动的动人场面。

这个句子可以改为:

这部影片一开始就向观众展现了北大荒那广袤的田野,展现了知识青年们为开垦荒地、建设粮食基地而艰苦劳动的动人场面。

(2) 让修饰语或限制语独立成为分句或单独成句。例如:

⑥ 听了有个小孩上山放羊,为了好玩儿,高喊"狼来了",人们急忙上

山打狼,才知道是小孩撒谎,另一次狼真的来了,那个小孩又高喊"狼来了",人们还以为是撒谎,结果小孩被狼吃了这个故事,小朋友们受到了很大启发。

改为短句:

听了这个故事,小朋友们受到了很大启发。这个故事的情节很简单:有个小孩上山放羊,为了好玩儿,高喊"狼来了",人们急忙上山打狼,才知道是小孩撒谎,另一次狼真的来了,那个小孩又高喊"狼来了",人们还以为是撒谎,结果小孩被狼吃掉了。

长句和短句各有各的优点,各有各的适合场景。在具体写作中,为了提高表达效果,常常是长句和短句一起使用,这样能兼收两种句式的长处,同时也使句式富于变化。例如:

⑦ 我们中国人是有骨气的。许多曾经是自由主义者或民主个人主义者的人们,在美国帝国主义者及其走狗国民党反动派面前站起来了。闻一多拍案而起,横眉怒对国民党的手枪,宁可倒下去,不愿屈服。朱自清一身重病,宁可饿死,不领美国的"救济粮"。唐朝的韩愈写过《伯夷颂》,颂的是一个对自己国家的人民不负责任,开小差逃跑,又反对武王领导的当时的人民解放战争,颇有些"民主个人主义"思想的伯夷,那是颂错了。我们应当写闻一多颂,写朱自清颂,他们表现了我们民族的英雄气概。(毛泽东《别了,司徒雷登》)

这里的句式有长有短,长短结合使用,灵活多变,论述严谨而含义深刻,激昂有力,增强了话语的表现力。

第五节 肯定句与否定句

肯定句是对事物作出肯定判断的句子。否定句是对事物作出否定判断的句子。在具体的语言表达中,同一个意思可以用肯定句表达,也可以用否定句表达,但二者的修辞效果不完全相同。一般情况下,肯定句直截了当,语气坚决;否定句委婉曲折,语气较弱。例如:

① 这个人很好。(肯定句)

② 这个人不坏。(否定句)

例①的肯定句语气比例②的否定句语气重。

否定句除用一个否定词的一般否定句外,还有双重否定句。双重否定是用两个互相配合的否定词来表达肯定的语气。双重否定句内一般有两个否定词,或由一个否定词加上一个表示反问语气、疑问语气或表示否定意义的动词组成。双重否定句用来表示肯定,但比一般的肯定句的语气要强些,而且有的还使语意委婉含蓄,富有言外之意。例如:

③ 从前线回来的人说到白求恩,没有一个不佩服,没有一个不为他的精神所感动。(毛泽东《纪念白求恩》)

④ 你是个聪明人,这个道理你不会不明白。

例③用了两个双重否定句强调了白求恩精神的感人之深。例④这种说法,比起单纯的肯定"你会明白的"语气委婉,含有推测的意味。

否定句中还有一种三重否定句。三重否定句内有三个否定词,它表达的意思是否定的,语气比一般否定句要强烈。例如:

⑤ 这件事情的原因,没有谁不会想象不出的。

⑥ 这件事情的原因,谁也想象不出。

例⑤和例⑥是同义句。例⑤语气较为强烈,例⑥语气弱一些。

在具体运用中,为了加强表达效果,常常把肯定句、否定句结合在一起使用。例如:

⑦ 在这里,秋天不是人生易老的象征,而是繁荣昌盛的标志。(峻青《秋色赋》)

⑧ 再说我们那两库水,它不是水,它是黄澄澄的粮食啊!(李准《耕耘记》)

⑨ 眼前有斩开来这样的勇士,懦夫也会壮起胆来! 是的,越怕死越不灵,与其窝窝囊囊地死,倒不如痛痛快快地拼!(李存葆《高山下的花环》)

例⑦的否定、肯定句式先后出现,相互映衬,相互补充,使语气更加坚定。例⑧先否定"两库水"不是水,再肯定它是"粮食",生动地说明了水利建设和农业生产的密切关系。例⑨是强调肯定。先作肯定性评价,然后用"是的"进一步引出带哲理性的见解。

第六节 主动句与被动句

在主谓句中,主语是动作行为发出者的句子叫主动句,主语是动作行为承受者的句子叫被动句。一个意思,可以用主动句来表达,也可以用被动句来表达,二者强调的对象不同。例如:

① 社会主义制度一定要代替资本主义制度。

② 资本主义制度一定要被社会主义制度所代替。

例①和例②是同义关系。例①是主动句,强调行为的发出者"社会主义制度"。例②是被动句,强调行为的承受者"资本主义制度"。

一般来讲,主动句比被动句直截了当,明确有力,所以我们平时说话、写作,用主动句式的时候比较多。但被动句能变换语言形式,有着特殊的表达作用,有时用被动句比用主动句更为合适。以下情况通常用被动句表达。

(1) 为了突出强调被动者,而主动者不需要说出,或不愿说出,或无从说出时。例如:

③ 那瀑布从上面冲下,仿佛已被扯成大小的几绺;不复是一幅整齐而平滑的布。(朱自清《绿》)

④ 中国共产党和中国人民并没有被吓倒,被征服,被杀绝。(毛泽东《论联合政府》)

例③强调瀑布的气势,主动者是什么,无从说出。例④是为了突出表现"中国共产党和中国人民",主动者不需要说出。

(2) 为了使前后分句叙述的角度一致,语义连贯,语气流畅。例如:

⑤ 小二黑挣扎了一会,无奈没有他们人多,终于被他们七手八脚打了一顿捆起来了。(赵树理《小二黑结婚》)

⑥ 任何敌人也不会压倒我们,而只会被我们所压倒。(毛泽东《论联合政府》)

例⑤是从"小二黑"的角度来叙述的,所以后面用了被动句。例⑥为了使第一个分句的主语"敌人"统一起来,后面选用了被动句,这样叙述角度就一致了。同时,也可造成句式结构匀称,对比鲜明。

(3) 为了强调不如意或不希望发生的事情时。例如:

⑦ 老师发觉我迟到了。

⑧ 我迟到了,被老师发觉了。

例⑦用主动句是一般地叙述情况。例⑧用被动句表示不希望被发觉。

第七节 直陈句与疑问句

句类分为陈述句、祈使句、感叹句、疑问句。除疑问句外,其他三类可以合称直陈句。疑问句分为"因疑而问"和"无疑而问"。前者是一般疑问句,后者可分为设问和反问句式。其中,"无疑而问"与直陈句之间存在转换关系,这里主要说的就是这二者的句式选择。

反问句是一种无疑而问的疑问句,它只问不答,答在问中。它往往用否定形式表达肯定的内容,用肯定的形式表达否定的内容。直陈句与反问句,修辞效果不同。一般来讲,直陈句语气比较平缓,有助于把话说得委婉;反问句的语气比较强烈,宜于表达激动的感情。例如:

① 你走快点。(陈述句)

② 你走快点!(祈使句)

③ 你走快点好吗?(疑问句)

④ 你不能走快点吗?(反问句)

⑤ "胡闹!胡闹!"四铭忽而怒得可观,"我是'女人'么?"(鲁迅《肥皂》)

⑥ ……毛病不大,就不要给人家添麻烦了,先对付着推吧。(浩然《车轮飞转》)

例①②是直陈句,语气比较平缓。例③是一般疑问句,语气比例①②更委婉,有商量的口气。例④是反问句,语气比较强烈。例⑤的反问表现了四铭的发怒,如果用直陈句"我不是女人",则效果显然不如反问。例⑥的直陈句"就不要给人家添麻烦了",语气比较和缓,改为反问句则不符合人物性格。

直陈句还可以变换为先设问再回答的句子。设问句可以引起对方的注意和思考,使语言生动活泼。例如:

谁是我们最可爱的人呢?当然,我们的工农群众就是无比可爱的;可是这里我想说的是他们的子弟,那些拿起枪来献身革命斗争的工农子弟,那些为马列主义、毛泽东思想武装起来的战士们,我感到他们是最可爱的人。(魏巍《谁是最可爱的人》)

这段话先设问,再回答,表达出作者在歌颂部队战士时的满腔热情。

 思考题

1. 为什么要重视句式的选择?请结合实例谈谈自己的体会。

2. 把下列长句化成短句,短句按组改成长句(必要的词语可以增加,重复的词语可以删去,但句子的原意不能改变),并说明各自的修辞效果。

① 每次我到夜市,看见那些用一张席片挡住了潮湿的泥土,就这么着货物和人一同挤在上面,冒着寒风在嚷嚷然叫卖的衣衫褴褛的小贩子,我总是感到有说不出的惆怅。(改为短句)

② 哪里要开山,哪里要架桥,山坡陡的要设法铲平,弯度大的要设法改

小,在勘测的时候都要有周密的打算。(改为短句)

③ A 马克思列宁主义是真理。

B 马克思列宁主义是从客观实际中产生出来又在客观实际中获得了证明的真理。

C 马克思列宁主义是最正确、最科学、最革命的真理。(组成长句)

④ A "大草"渊源于东汉的张芝。

B "大草"创派于唐代的张旭。

C "大草"驰名于怀素。(组成长句)

3. 比较下列各组句子,分析一下改句的修辞效果。

① 原句:新媳妇哭了一天一夜,也不梳头,也不洗脸,也不吃饭,躺在炕上,谁叫也不起来,父子两个没了办法。

改句:新媳妇哭了一天一夜,头也不梳,脸也不洗,饭也不吃,躺在炕上,谁叫也不起来,父子两个没了办法。

② 原句:任何公民,经人民检察院批准或者决定并由公安机关执行,才受逮捕。

改句:任何公民,非经人民检察院批准或者决定并由公安机关执行,不受逮捕。

③ 原句:二诸葛老婆追出门来,二诸葛把她拦回去,她还骂个不休。

改句:二诸葛老婆追出门来,被二诸葛拦回去,还骂个不休。

④ 原句:我轻轻的走了,正如我轻轻的来。我轻轻的招手,作别西天的云彩。

改句:轻轻的我走了,正如我轻轻的来。我轻轻的招手,作别西天的云彩。

⑤ 原句:春天像花枝招展的小姑娘。

改句:春天像小姑娘,花枝招展的。

4. 从修辞角度评改下列句子。

① 春天的江南是美好的季节。

② 人们都在全神贯注地听他的歌声。

③ 今天的晚会由我们两位来主持。

④ 他浑身被敌人打得遍体鳞伤。

⑤ 这里温和的气候,洁白的沙滩,海水清澈透明,都使我留恋。

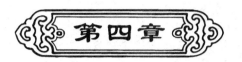

篇章修辞

第一节 篇章修辞的要求

一、什么是篇章修辞

篇章是书面语言的最大使用单位,即一篇首尾完整的文章。也就是把各章组成一个整体,全面表达一个完整的意思。篇章也包括口语中成段的话。

篇章修辞是以篇章为单位,进行布局谋篇、表情达意、叙事说理,以提高整体表达效果的一种手段。篇章修辞的表达效果,最终决定于布局谋篇、表情达意、叙事说理的技巧,这种技巧也被称作章法。

二、篇章修辞的要求

刘勰在《文心雕龙·章句》中说:"夫人之立言,因字而生句,积句而成章,积章而成篇。"文章各结构单位都有一个内部如何组织,外部如何与相关单位联系的问题,都有一个受上一层次结构单位以至全篇制约和适应它们需要的问题。组句成段,组段成篇,不是随意的、杂乱无章的,而是有一定要求的。

(一) 连贯性

在一篇文章中,段与段之间意思要连贯;在一段话里,句与句之间不要前后脱节或前言不搭后语。这种连贯性反映了作者思想的条理性、逻辑性,也反映了客观事物的内在联系。

要使段和篇的内容具有连贯性,必须注意段和篇内容安排的条理性。一层意思与另一层意思之间,要有内在联系,结构安排既有错综变化,又能不乱阵脚,体现在结构中就是依次展开的各个环节间具有逻辑上的连贯性。其所表现的内容无论如何纷繁复杂、曲折变化,始终都要能一以贯之地体现出作者思路的清晰脉络,否则线索一断,各环节成了断线珠子,根本谈不上结构的完整。

(二) 统一性

所谓统一性,是指一篇文章的各个组成部分的步调、目标一致,乃至语言风格、行文笔调也一致,以此保证全文格调的和谐,使全文成为一个从内容到形式都完整一致的统一体。

各层意思必须紧紧围绕文章的主题来发挥,字、句、章、篇次第相从。写文章之前,要对材料作严格的选择,选取那些对表达主题不可缺少的材料,舍弃那些与主题无关的材料,使选用的材料统一在文章的主题之下。各部分间必须互相关联、有机配合,文本结构布局的必要环节齐备,没有结构残缺的现象。各环节都具有内在统一性,都是从其所在的局部意义上,为实现共同表达文本思想的目的而发挥各自不同的作用。完整的结构还要求各环节间有衔接、照应,紧密连接,从形式上为文本结构整体感的形成提供保证。

(三) 艺术性

我们在文章里叙述一件事情,并不一定要从头说到尾,描写并不一定要从近到远都写到,说明道理也并不一定要步步推理,而应重视掌握使行文能错综其势的一些结构艺术手法,如何使文势发展曲折变化,内容表现虚实相生,行文节奏张弛有致。文章的表达效果的好坏与篇章结构艺术性的高低很有关系,篇章结构的艺术性高,不但能增强文章在表达上的准确性和可理解性,而且更能吸引读者,激发读者的阅读兴趣。

不仅文艺作品或记叙性文章如此,论说性或其他实用性的文章也要讲究篇章组织的艺术性。对同样材料的不同处理可以表现出不同的写作技巧。好文章一定是丰富的材料通过高明的技巧表现出来的,不善于运用技巧会妨碍内容的表现。

总之,文章结构应该条理清晰,错综变化,切不可语脉不明,呆板滞涩,千篇一律。

第二节 篇章修辞的内容

一、标题的选择

标题是篇章的重要组成部分,它冠于篇首,起着标举全篇、醒目增色的作用,一向为人们所重视。人们总是精心构思,选词炼句,为自己的作品寻求满意的题目,而这个选题的过程,也正是修辞的过程。贾祖璋的科学小品文《南州六月荔枝丹》引用了明朝陈辉《荔枝》诗中的诗句为题,虽只有七字,却包括了丰富的内容;它交代了说明的对象、产地、成熟期和颜色等,简洁生动,极富吸引力。费孝通在《读书》杂志上发表过一文,题为"我看人看我"。题目简练严整、工巧夺目:两个"我"加两个"看",表层对称,内蕴深意。此处正是运用了回环修辞格,但其笔之妙,又绝非一个修辞格可以道尽的。女作家柯岩的报告文学《船长》,其中第一节的题目是"汉堡港的变奏"。作者把汉堡港的正常活动比喻成一支乐曲,这支乐曲是惊涛骇浪和台风都改变不了的,但以贝汉廷为船长的汉川号货轮却改变了这个古老港口的节奏。这个题目含蓄、新颖,令人深思,它体现了事件发展的高潮,突出了贝汉廷和中国海员的气魄和威力,具有揭示主题的象征意义。鲁迅先生曾写过11首《无题》诗和两篇《无题》散文,收入《集外集》的那首《无题》("万家墨面没蒿莱,敢有歌吟动地哀。心事浩茫连广宇,于无声处听惊雷")写于1934年,中国黎明前最黑暗的日子,它揭露了日寇蒋匪的罪恶,期待革命风雷的滚滚到来。这《无题》本身就使人联想到当时的白色恐怖,感受到作者对人民的同情和对反动派的愤恨。以"无题"为题,收到了"无题"胜有题的效果。所以,在特定的情境中,选"无题"这个共名为题,的确是一种微妙的修辞手法。

类似这样妙笔命佳题的例子不胜枚举,而这些佳题,正体现了作者在篇章修辞上所下的工夫。

二、段落划分和层次的安排

写一篇文章,首先要确定主题,然后根据主题的要求来安排文章层次。考虑这篇文章应当分几层意思来写、怎样分段,哪些材料先写、哪些材料后写,哪些材料需要写得详细、哪些材料可以写得简略,怎样开头、结尾,中间怎样过渡,前后如何照应,等等,这就是文章的布局谋篇、结构层次的问题。必须把文章材料组织安排好,做到层次分明,条理清楚,详略得当,前后联系紧密,照应周到,才能使全篇成为一个完美的有机整体。

毛泽东的《放下包袱,开动机器》在开头提出中心论点——"为了争取新的胜利,要在党的干部中间提倡放下包袱和开动机器",接着分两方面分别论述"为什么要放下包袱,开动机器",与前面论点构成上下层的从属关系,这两个方面之间则是平等的并列关系,先后次序关系;接着每个方面又分别从几个角度加以论述,与上边两方面构成从属关系,它们之间又是并列关系。这就是这篇文章的层次。

层次,又叫意义段,一个层次可以是一个自然段,也可以是几个密切相关的自然段。文章各部分内容表现的次序,是根据事物发展的阶段性、客观事物的各个侧面以及作者的思维过程等给文章划分的各个组成部分。

段落又叫自然段,是行文时形成的基本单位,有另起一行空两格的标志。

段落和层次既相对独立又相互联系,各有其表现内容上的不可替代性,又有推进和展现全文内容发展脉络的逻辑必然性,任意调换顺序必然会造成整体布局的混乱。

(一) 段落的划分

1. 段落划分单一而完整

所谓单一,就是段落内容相对集中,不能太复杂。如果不把复杂的事物分解,一篇文章一段到底,会让人抓不住要领。单一跟复杂是相对的,段的单一性不仅归于自身的特点——只表达一个完整的中心意思,还与复杂的文章整体相并存,单一性正是体现文章总体错综美的需要。

所谓完整,就是一个段落要表达一个完整的意思,有相对独立性,不要把一段能写完的意思拆得七零八落。一段文字集中表达一个中心意思,而且要把这个意思说透,表达圆满,不要把不相关的几个意思放到一个段落里表达。对集中表达的这一个意思,则要求通过句与句、句群与句群间的某种逻辑关系,完整地加以表现,不要这一意思未完,又拉扯上另一意思。

2. 段落长短要适度

分段要适应内容和表达的需要,除少数特殊段落外,不宜过长或过短。如段落过长,则内容繁杂,让人眼花缭乱,不符合单一性的划分要求;过于零碎,杂乱无章,又不符合完整性的要求。

(二) 层次的安排

根据文章反映的客观事物的不同,层次划分的方法也有所不同。如果按事物的内在联系或客观事物的发展过程划分层次,文章自然条理清楚。写记叙性文章,可以按照事物发展变化的过程组织全文。写议论性文章,总是先提出问题,然后透彻地分析问题,最后提出解决问题的办法,或者得出对这个问题的结论。

文章层次的安排和作者的思路有密切关系,观察、认识客观事物的过程、角度不同,就为文章材料的安排方法提供了多种可能性。为了避免结构的雷同和一般化,要吸引读者,提高表达效果,文章的层次在不影响正常的逻辑思维的前提下,有时候也可以不完全按照事物的客观联系来安排,适当加以变换。例如可以变换时间顺序,采用倒叙、逆叙、插叙、平叙、补叙等方法;可以变换空间顺序、事物的不同侧面的写作顺序、总说和分说交替进行等。

如果把各种类型的层次安排中所包含的逻辑关系加以归纳,可发现篇章的结构层次大致有如下这三种基本逻辑关系类型。

1. 纵式结构

保持文章思想的一贯性是一条重要原则,为使前面论述的问题或叙述的事件简洁有力地发展下去,并使文气连贯,按客观事物各发展阶段的先后顺序,或客观事理的各个侧面,层次深入地以递进关系来安排文章内容的结构形态就是纵式结构。记叙文依据事件发展过程、人物成长过程、作者观察感受的认识过程、人物心理活动的过程等来安排,议论文依据从现象到本质、从原因到结果、从历史到现实等来安排,说明文依据事物发展变化的时间过程、事物特征形成的历史源流等来安排,都属于纵式结构。如:

李四光《人类的出现》全文分四部分,分别写古猿、猿人、古人、新人,因为人类发展就分这四个阶段,由客观事物内部规律决定。叶圣陶《景泰蓝的制作》是按制胎、掐丝、涂色、烧制、打磨的生产过程安排层次的。

2. 横式结构

横式结构是从不同角度、侧面、范围选取若干材料或事件,分别进行叙说或论证的结构形态。它的各层次间的关系一般来说是并列的。议论文把论证的中心论点分解成彼此并列的几个分论点分别论证,以求得认识的全面性;说明文以事物空间组合关系为依据安排或采取列举说明事物特征的方式安排。并列式安排并非随便罗列,而是根据性质强弱、地位主次、时间早晚等来排列,有一定顺序。如碧野的《天山景物记》分雪峰、溪流、森林,迷人的夏季牧场,野马、蘑菇圈、旱獭、雪莲,天然湖与果子沟四部分进行描述。刘少奇的《论共产党员的修养》在开头先作概括说明,讲什么问题,有什么意义,后面分九个问题分别论述。

3. 纵横交错式

由于文章阐述的道理不单一,在论述了这一方面后还须论述另一方面才完满,这样就形成纵横交错式的结构形态。这是依据事物发展本身就具有的多样性和复杂性,以及客观事理所包含的多侧面、多层次的性质安排文章层次的。其中又有两种常见的不同方式:一种以纵为主,以横为辅,即贯穿全文的大层次是依某种纵向关系安排的,而在这纵向发展的每一阶段性平台上,则又依某种横向关系展开;另一种以横为主,以纵为辅,即贯穿全文的大层次是以某种横向关系展开,而在这横向展开的每一个并列的结构单元中,则又依据某种纵向关系来安排。如《西岳群英谱》采取以时间顺序（纵向）为主线，穿插叙述同一时间不同地点发生的各种事件和情况（横向）。

三、衔接与照应

（一）衔接

衔接是指段与段的连接。如果段与段意思联系紧密，跳跃不大，可以用关联词语连接；如果段与段是两层不同的意思，跳跃较大，可以使用具有承上启下作用的段落或语句来连接。一个完整的篇章，应该段与段衔接巧妙，意思与意思过渡自然。

衔接是连接篇章各构成单位，使之前后连贯，成为有机的统一整体的一个重要方法。如果文章里所叙述的事实，不是完完全全照着一件事情的时间顺序写的，而是有穿插的，文章里一部分跟另一部分之间往往需要一些"纽带"。有衔接才能体现出思路顺畅，条理清楚，从而保证文章的一贯性。任何文章段与段之间都可能有一个顺承问题，也可能有一个转换问题。

1. 顺接

下一段对上一段提出的论点或抒发的感情或叙述的人物事件做进一步阐述表达，使其扩展开来，继续下去，而不做相反的或另一方面的阐述和表达，这就是顺接。例如，下面秦牧《社稷坛抒情》中两段就属顺接。

北京有座美丽的中山公园，公园里有个用五色土砌成的社稷坛。

社稷坛是北京九坛之一，它和坐落在南城的天坛遥遥相对。古代的帝王们，在天坛祭天，在社稷坛祭地。祭天为了要求风调雨顺，祭地为了要求土地肥沃。

2. 转接

后面部分转到与前面部分相反或部分不同的意思上去，其重点放在后面部分，这就是转接。反映客观事物的两重性或人们看问题的不同着重点，有时需换另一个角度说明时也需转接。转接不仅仅是用几个转换连词的问题，人们往往有意识用转换来开拓境界，拓展文思，做到反正合宜，进退伸屈自如。孙世恺《雄伟的人民大会堂》前七段对大会堂外观和内部进行了周密描述和说明后，写了以下一段：

大礼堂的体形如此完美，色调如此清新，我们不能不赞美建设者杰出的创造和智慧。但是，在这样大的空间里，音响问题是怎样处理的呢？能保证坐在任何角落的人都能听清主席台上的发言吗？

这是一个带轻微转换性质、运用设问的过渡段，既肯定了大会堂建设者的智慧，又提出音响问题，以过渡到对音响效果科学处理的说明，然后推进到对内部结构的具体说明，给人突出的印象。

反接是转接的极端形式，下段对上段提出的论点或叙述的人物事件换一个相反的角度作阐述和表达，使所表达的思想更深刻更全面。老舍《散文重要》一文，前六段都是正面阐述散文的重要性，第七段指出"有人以为散文难写，不敢写"，对此他认为，应解除顾虑，不要害怕，要下工夫去写；在第八段又换了角度指出："与此相反，有的人胆量又太大，以为只要写出一本五十万字的小说，或两本大戏，就什么都解决了……这是不重视散文的想法。"这一段是对第七段从反面进行衔接，从而阐明学习散文应抱的正确态度。运用反接，会使论述充分，也使文章不平板，形成起伏，使人思考更深，了解更多。

（二）照应

照应是使篇章完整周密的重要方法。篇章要严密，前面写的后面应该有着落，后面写的前面应该有交代，彼此呼应。否则前面的会架空，成为多余；后面的则会令人觉得突兀，不好理解。文辞前后矛盾，前章语句妨碍了后章的意思，也是照应出了问题。照应就是对前面提过的问题情况进行回应，对文章的变化起着重要的组织作用。如果伏笔是在前面含而不露地埋伏下文章后面将要明显着笔的因素，那么照应则是在设伏之后的回眸顾盼，一伏一应，全文更见连接紧密。

彼此照应的结构单位在篇中的位置可以有所不同，大体有三种：文题照应、前后照应、首尾照应。

1. 文题照应

这是指篇章的内容和篇章的题目相照应，或在某个地方点明题意，或在篇中随时和题目照应。

文章的正文和标题互相呼应，以揭示标题的寓意，突出文章的内容。当标题比较直接和明显时，在文中某处或多处点题；当标题含义较深刻或含蓄时，读者一下子不能了解透彻，在文中适当处点拨，以便读者准确清晰地理解文章思想。

如毛泽东《别了，司徒雷登》，单从标题上看好像只是跟司徒雷登一个人告别，其实并非如此。司徒雷登是美国侵华政策最后的代表人物，文章的目的是让我们从亲美、崇美、恐美的迷梦中清醒过来。文章开头介绍了司徒雷登的身份、来历，"平素装着爱美国也爱中国，颇能迷惑一部分中国人"，并指出："在马歇尔系统看来,他只有一个缺点,就是在他代表马歇尔系统的政策在中国当大使的整个时期,恰恰就是这个政策彻底地被中国人民打败了的时期,这个责任可不小。"如此经几处照应,点明了题目的含义。

2. 前后照应

前后照应就是文章的前后文互相呼应。行文时适当预设伏笔,制造悬念,调动读者兴趣,在伏笔得到呼应时,读者自觉地将前后内容联系在一起,对文章便有了更深刻的理解。既引人入胜,又出人意料。

《第二次考试》中陈伊玲复试与初试判若两人,非常失败,苏林教授很生气。文中写道:"他生气地侧过头去望着窗外。这个城市刚刚受到过一次今年最严重的台风的袭击,窗外断枝残叶狼藉满地。"后边再写到台风灾害的景象:"那弄堂里有些墙垣都已倾塌,烧焦的栋梁呈现一片可怕的黑色,断瓦残垣中间时或露出枯黄的破布碎片,所有这些说明了这条弄堂不仅受到台风破坏,而且显然发生过火灾。"这里的描写和前边不是简单重复,而是点出陈伊玲复试的头晚城市遭台风袭击,电线走火,她帮助里弄安置灾民,忙得整宿没睡,因而造成复试的失败。

3. 首尾照应

首尾完整是构成篇章的组织条件,并且首尾要有一个合乎逻辑的内在联系,触动开头就能牵动结尾,触动结尾就能联系到开头。首尾照应对增强结构的整体感很有作用。

鲁迅《为了忘却的记念》的开头和结尾形成了很好的呼应,开头写道:

> 我早已想写一点文字,来记念几个青年的作家。这并非为了别的,只因为两年以来,悲愤总时时来袭击我的心,至今没有停止,我很想借此算是竦身一摇,将悲哀摆脱,给自己轻松一下,照直说,就是我倒要将他们忘却了。

结尾又写道:

> 夜正长,路也正长,我不如忘却,不说的好罢。但我知道,即使不是我,将来总会有记起他们,再说他们的时候的。

四、开头和结尾

开头和结尾分别担任领和收的任务,开头要是离开中心或丢三落四,遗漏文章重点,就是头没开好。结尾要是收得含糊,与前面重点失去联系,就是尾没收好。

（一）开头

开头有时是文章的一个意义段，有时是意义段的一个组成部分，也可能是起始的一两句话。开头就像音乐里的定调，关系着作者思路如何开展，文章能否一下子抓住读者。开头有广开文路和引人入胜的作用，应该有利于文章的开展。思路开阔，能给下文留下广阔的余地，为下文作有力的铺垫。

开头的具体方法很多，但从表达效果来考察，可以概括为直接开头和间接开头。

1. 直接开头

就是一下子直接揭示文章的主题，接触文章的内容，或所写的主要事件、人物、场景等。其优点是读之一目了然，心中有数，但处理不好会令人觉得一览无余，失去往下读的兴趣。

如徐迟《地质之光》开头："一九五零年五月六日，李四光从国外回到了北京。这年他六十岁。新的生活开始了。"交代时间、地点、人物，引出故事，总起全文。

2. 间接开头

开头不直接接触文章主题或主要内容，却从侧面或其他方面写起。吸引读者，新颖，不落俗套，先凭借其他手段作引子，然后逐步接触题目要说明的东西，其目的是创造氛围或引人注目。优点是有衬托，有铺垫，逐步引人入胜，但要避免拖沓，下笔千言，离题万里。

《一件小事》开头提了一些大事，又"都不留什么痕迹"，意在表明小事比大事更有意义。从反面发出议论，比直接开头容易引起波澜，但运用不好就成了离题发挥，分散读者注意力。间接开头的关键在于抓住其中共同点，以此为中心，才能从很远很大的范围巧妙地引导到本题上来。

（二）结尾

结尾有两个特殊的任务：一个是收束全文，一个是加深印象。结尾对全篇起着定局、深化、回应的作用，好的结尾应该善于归结收束，使全文完整、严谨，给读者留下深刻难忘的印象，令人久久回味。文章要善始善终，如果虎头蛇尾，会削弱文章表达效果。一篇文章于结尾处见精神，就会使全篇增加光彩。结尾欠佳，也会使全篇黯然失色。结尾大致可分为束前结尾、推后结尾和自然收束。

1. 束前结尾

把全文内容简单明了地归纳一下，使人有清晰明确的印象，或得出结论，或叙述终局，明显对文章前面各部分表示出结束作用。目的是使思维过程完整,组织严密。有时文章较长,内容复杂,又不便在行文中概括要点,为了使行文活泼自然,在最后对全文要点作简单明了的归纳,有助于读者掌握文章基本内容。

如,臧克家《闻一多先生的说和做》:

闻一多先生,是卓越的学者,热情澎湃的优秀诗人,大勇的革命烈士。他,是口的巨人。他,是行的高标。

文章题目已标明"说与做"两个方面,文章内容也围绕这两方面写,结尾是前面叙述了闻一多一系列的"说和做"后的一个归结,对他的革命精神给予高度评价,这是较典型的束前结尾。

2. 推后结尾

结尾表面往往看不出与前面内容有多密切的联系,或有联系而又引申到更广更深以至其他方面,其作用是把读者的思路引发开去,或使人了解作者内在的意图。推后结尾,言有尽而意无穷。

如,叶圣陶《多收了三五斗》写丰收后的农民到集镇上粜米,在洋米倾销、奸商压价的情况下,农民辛苦一年获得丰收带来的希望犹如肥皂泡似的迸裂了。

接着写农民喝酒时议论要抗租、逃荒、抢粮等愤激之谈,最后大家开船回自己乡村,事情写完了,可小说还加了这样一段结尾:

第二天又有一批敞口船来到这里停泊。镇上便表演着同样的故事。这种故事也正在各处市镇上表演着,真是平常而又平常的。

把读者的眼光引向各地,告诉大家农民这样的遭遇是普遍的,而非个别,让人推究它的社会矛盾根源。

3. 自然收束

随所叙事实的自然情况的结束而结束。《任弼时同志二三事》从五个方面表现任弼时的优秀品质,在谈完最后一个方面时就结束了全文。[①]

第三节 篇章修辞的方式

篇章修辞既然有其实在的内容,与之相应,其修辞方式也是多种多样的,它实际上就是体现在全篇或段落层次间、层次中的修辞方式。择其常见常用者列举如下。

---

① 参考豆丁网《篇章修辞》。

（一）对比

在实际运用中，既有段与段之间的对比，也有全篇范围内的对比。如：毛泽东的《改造我们的学习》一文中的主要结构段——第三部分，就是将主观主义的态度与马列主义的态度进行对比，在行文层次上，按照两种态度的不同表现、结果、实质等一一对比的。这种修辞方式的运用，使人进一步明确了两种态度的区别，看出应该怎样，不应该怎样。这就更利于分清是非，增强文章的说服力。郭沫若的《黄钟与瓦釜》则是在全篇范围内以黄钟（代表正义的、真理的声音）和瓦釜（代表历史小丑的叫喊）的对比来立论的。对比成为本文全篇的主要修辞方式。

（二）设问

设问可以用于语段内句子中或篇中段与段之间，有时也由设问构成一个结构段。毛泽东《必须制裁反动派》中的第一段："今天是八月一日，我们在这里开追悼大会。为什么要开这样的追悼会呢？因为反动派杀死了革命的同志，杀死了抗日的战士。……什么人杀死的？军队杀死的。军队为什么杀死了抗日战士？军队是执行命令，有人指使军队去杀的。什么人指使军队去杀？反动派在那里指使。"一连串的设问，犹如层层剥笋，将人们的义愤集中到了反动派身上，突出了文章的主旨。在约瑟夫·布朗的《是地球，还是水球》一文中："这'另一个世界'在哪里？它不难寻找，它覆盖着大部分地球，它就是海洋。"这个设问构成一个过渡段，在文中起到承上启下的作用。

（三）比喻

这种手法用于篇章之例也为数不少。如刘基的《卖柑者言》，便是通过卖柑者之口，将那些坐高堂、饮美酒、骑大马、食佳肴，神气十足而实质上又不惜用兵、不会治世的将军大臣们喻为"金玉其外、败絮其中"的柑果，尖锐地揭露了当时的社会现实，表现了作者的满腔愤世之情。在《炉中煤》里，郭沫若将五四后新生的祖国喻作"年青的女郎"，又以燃烧的煤块自喻，充分表达了诗人思念祖国、热爱祖国，并以生命之火报效祖国的一往情深。而毛泽东的《愚公移山》，也是以事为喻，贯及全篇的。比喻手法的运用，使篇章中深奥的道理变得浅显，抽象的事理变得具体，生疏的事物变得熟悉，平淡无奇的东西变得生动有趣。

（四）象征

如高尔基的《鹰之歌》，以鹰的形象（勇敢、刚毅、视死如归）象征充满英雄主义和理想精神的革命战士,以蛇的形象(无聊懒散、怯懦怕事)象征自私、保守、苟且偷安的小市民,全篇体现了号召人们为追求光明、争取自由解放而斗争的特殊意义。又如:屠格涅夫的散文诗《门槛——梦》,从标题到文中的每一个具体形象,都有其特殊的象征意义,反映了当时俄国人民为争取民主自由而英勇斗争的情景,热情歌颂了革命者的献身精神。

（五）顶真

袁鹰《井冈翠竹》:"竹叶烧了,还有竹枝;竹枝断了,还有竹鞭,还有深埋地下的竹根。"这里使用了句子与句子之间的顶真修辞方式。而瞿琮的《我爱梅园梅》一诗,则属于段落顶真,它在段落的开头,一再重复前段末尾的"梅园的梅",抒情绵密,怀念深沉,表达了对敬爱的周恩来同志的赞美和怀念,同时也增加了诗歌的节奏感和旋律美。①

一、好的标题能使文章光彩照人,魅力四射,使人迫不及待地想一睹为快。文章标题的拟定方法很多,如运用各种修辞方法、数学公式、当代流行歌词拟题等。请举五例加以说明。

二、写好一个段落。

1. 无论是记叙文还是议论文,开头固然不是记叙描写或议论说理的精华所在,但好的开头如朝花含露,让人一见如清风扑面,为之一震。以下这些文章题目,请任选一个写一段开头:"让心河绿水长流""问世间情为何物""不经历风雨,怎么见彩虹""倾听自己的心跳""21世纪你美吗?"。

2. 用整齐的句式写一段关于"友谊""理想"的段落。

3. 有人认为财富就是"万能"的金钱,有人认为财富是美丽的精神家园;山间明月、石上清流是隐士的财富,宇宙奥秘、人间万物是智者的财富;音乐是贝多芬、莫扎特的财富,色彩却是达·芬奇、莫奈的财富;齐白石的财富是虾,徐悲鸿的财富是马。总之,每个人都有自己的财富,甚至某种痛苦的经历也是一笔宝贵的财富。你的财富是什么呢?

请以"我的财富"为话题,在拟写全篇提纲的基础上,写好一个段落,并自拟标题。

---

① 王庆生《谈篇章修辞》,郑州煤炭管理干部学院学报,1999年9月。

语体修辞

第一节　口头语体与书面语体

　　修辞作品总是以特定的语体形式出现的。修辞作品可以是口头语体,也可以是书面语体。书面语体分为政论语体、文艺语体、科学语体、事务语体。

　　有人把口语看做是说出来的言语,把书面语看成是用文字写出来的言语,这种看法是不全面的。口语与书面语是两种不同的语体。

　　口头语体是在"面谈"交际情境下形成的,它又可以分为谈话语体和讲演语体。谈话语体是人们相互交谈的一种语体,讲演语体是个人独自讲话的一种语体。

　　口头语体的特点是:使用活在人们口头上的词语,包括方言词、俚俗词、歇后语、谚语等;词语丰富多彩,通俗易懂;在句法上,以短句、不完全句最为常见,较少使用关联词语;在修辞格上,多用比喻、夸张、反问、设问等修辞方法。因而口头语体充分利用语音、词汇、语法系统中的种种表达成分作为表达的辅助手段,具有广泛性、生动性、多变性、简略性的特点。但是,谈话语体与讲演语体也有差别。谈话语体由于是相互交谈,因此对语境的依赖性较强,多用省略;在语音上往往夹有非语言成分,音素允许有脱落现象。讲演语体由于是个人讲话,对语境的依赖不强;在语音上,要求清晰而标准。

　　书面语体的特点是:适应交际的需要,在口头语的基础上经过加工而形成;它较多使用书面化的词语,包括古语词、成语、外来词、术语等;在句法上,较多地使用长句、完整句和关联词语;在语音上,尽可能避免非语言成分。因此,书面语体具有体系化、严密性的特点。

　　口头语体和书面语体既有联系又有区别。

　　联系表现在:书面语体是在口头语体的基础上发展起来的,口头语体是书面语体得以产生的基础和源泉;同时,口头语体又是书面语体进一步发展的动力,口头语体不断为书面语体提供鲜活的材料,促使书面语体向前发展,不至于与口头语体差距太大,从而适应人们的交际需要。在某些语言材料的运用上两者往往有交叉现象。例如口头语体用短句,书面语体也并不都用长句;某些科学术语常见于科技语体,也常见于从事该专业的人的口头表达上。

区别如下。

书面语体对所有语言材料加工的程度比口头语体深,力求规范,排斥多余部分和不必要的重复部分。因此,书面语体具有保守的一面,其发展变化总是要落后于口头语体。

适用于不同的语体的词语具有不同的语体色彩,常用于书面语写作的词有书面语色彩,比如嗜好、嶙峋、联袂等;常用于日常生活谈话中的词就带有口语色彩,比如小气、礼数、邂逅等,它们通过语言、词汇、语法、修辞方式、篇章结构等语言因素及一些伴随语言的非语言因素具体表现出来。一般来讲,书面语体中的文艺语体使用带有口头语体色彩的词语要多一些,其他语体使用书面语体色彩的词语要多一些。例如:

① 鸡叫的时候,水生才回来。女人还是呆呆地坐在院子里等他。她说:

"你有什么话嘱咐嘱咐我吧。"

"没有什么话了,我走了,你要不断进步,识字,生产。"

"嗯。"

"什么事也不要落在别人后面!"

"嗯。还有什么?""不要叫敌人汉奸捉活的。捉住了要和他拼命。"(孙犁《荷花淀》)

② 所谓形而上学的或庸俗进化论的宇宙观,就是用孤立的、静止的和片面的观点去看世界。这种宇宙观把世界一切事物,一切事物的形态和种类,都看成是永远彼此孤立和永远不变化的。(毛泽东《矛盾论》)

例①是口语中的日常谈话体,用口头语体色彩的词语,显得朴实、自然、活泼,带有浓厚的生活气息。例②是政论语体,用的是书面语体色彩的词语。这两类词语都适应了各自的表达需要,造成了一个和内容相适应的言语气氛,用得非常恰当。

能形成不同语体色彩的因素,叫语体因素,可简称"体素"。特定语体要素的集合,最终形成某个独立的语言表达体系,即语体系统。

某一交际领域内的语体系统形成以后,如果要在这一领域内有效地进行交际,就必须运用相应的语体来表达,否则就可能会因为不得体而影响交际效果。比如:

从前有个秀才到集市上去买柴,他对挑柴的客气地说:"荷薪者过来。"挑夫只听懂了"过来"二字,就过去了。秀才又问:"价钱几何?"挑夫只听懂"价钱"二字,就开了个价。秀才于是讨价还价了:"外实而内虚,烟多而焰少,请损之。"这回挑夫怎么也听不懂,于是挑起柴走了。

这个笑话就是一个语言交际中语体使用不当的典型例子。

语体不同于文体,但又和文体有着一定的联系。语体和文体是两个既有联系但又不完全相同的两个概念。语体是从修辞学角度出发,指语言在交际运用中所形成的体式;文体则指文章的体裁,是文章的结构形式。但若要研究文艺语体,必然要涉及诗歌、散文、戏剧等文体;研究诗歌、散文、戏剧等文体,又自然要涉及文艺语体的语言特点。

第二节 书面语体修辞的基本类型及特点

一般说来,书面语体可以分为公文语体、政论语体、文艺语体、科技语体等四种。

一、公文语体——庄重平实

公文语体又叫应用语体,它是为适应公私事务交往而创设的一种语体。它服务于机构与机构、机构与个人之间的信息交流,涉及的范围很广,大致包括以下三大内容。

(1) 政府机关所用的各种公文。如命令、决议、指示、公告、通知、通报、报告、批复、函等。

(2) 规章制度。如各种法律条文、条约、公约、守则、起诉书、抗诉书、判决书、裁定书等。

(3) 日常应用文。如电报、书信、启事、广告、说明书、申请书、介绍信、倡议书、感谢信等。

公文语体的语言特点如下。

(一) 程序化

公文语体有一套相对完整、相对封闭的规格。从用词到行文格式,都是相对固定的,个人不能随意改动。公文语体有多种类型,每种类型又有自己的程序,但彼此大同小异。如公文语体要求把行文的主体,行文的原因、目的、内容、范围,文件的性质,都首先用标题简明地概括出来。

（二）准确性

公文语体所表达的内容是要付之于行动的，其政策性和实用性都很强，因此，在表达上要准确无误，而不能产生任何歧义。近年来报刊上经常报道因用词用字的失误，而给某些单位或个人带来了巨大的损失。这就是表达不准确而使原意产生多义歧义造成的。如某医院有条规定：十五岁以下的患者在儿科就诊，十五岁以上的患者在内科就诊。因此有人就产生了疑问，那刚好十五岁的患者在何处就诊呢？这就是表达上的不准确。同时，公文语体不能使用模棱两可的说法，一般也不使用双关等修辞手法，避免造成理解上的歧义。

（三）庄重性

公文语体要直叙其事而不故弄玄虚，严肃庄重而不矫情藻丽，要保持公文语体的庄重性，在用词上非常讲究。在公文语体中，一般不使用方言土语、俗语及口头词语。如《中华人民共和国和美利坚合众国关于建立外交关系的联合公报》中的一段："美利坚合众国承认中华人民共和国政府是中国的唯一合法政府。在此范围内，美国人民将同台湾人民在保持文化、商务和其他非官方关系。"用"此""将""非"而不用"这个""继续""不是"，就使文章显得庄重严肃，具有权威性。另外，为保证公文语体的严肃性，在公文写作中，一般也不使用使文章产生幽默效果的修辞格。

二、政论语体——合情合理

政论语体是阐述某个问题或观点，宣扬某种主张或介绍某种情况的语体。政论语体运用的范围很广，有政治评论、思想评论、文艺批评、国际时事评论、新闻报道、社会小品文等。

政论语体的语言特点如下。

（一）准确性

政论语体所表达的思想应该是十分严密的，因此，政论语体中所使用的概念要非常准确。但汉语有一个很大的特点是"词义的模糊性"，要力求概念的准确无误，除了在同义词的选择上下工夫之外，还可以使用一些限制性的定语。

如毛泽东《把军队变为工作队》中的一句话："军队干部应当全体学会接受城市和管理城市。"在"学会"前用的限定词是"全体"，明确了军队干部的"所有"，而不是"个别"或"部分"人员要"学会"；接下来"接受"和"管理"，就把"学"的内容，按工作步骤的前后次序交代清楚了。

（二）鼓动性

政论语体大都是宣传报道或演讲、事评、杂文等，因此，政论语体需鼓动性强，要煽动读者的情绪，感染和打动读者的心灵。像闻一多先生的《最后一次讲演》就是极好的范例。

政论语体是阐述某个问题或观点，宣扬某种主张或介绍某种情况的语体。那么，政论语体阐述问题或观点、宣扬主张、介绍情况则是为了影响他人，激发他人的情感，使他人认同自己的观点或主张，并愿意付诸实践。因此，政论语体必须要有情感上的鼓动性，要有鲜明的爱憎、充沛的激情和昂扬的气势，才能感染人。表现在语言形式上，政论语体常常使用祈使句和反问句；在修辞手法上，政论语体常常使用排比、反复等修辞格来渲染感情，加强气势。

（三）逻辑性

政论语体在论述观点或事理时，为增强说服力，必须处处符合逻辑，不能有丝毫不合逻辑的现象。要有严密的逻辑性，除了在概念使用上要准确之外，还要注意各种关联词语及限制词语的准确性，另外，句与句之间、段与段之间都要有严密的逻辑性，立论要正确，论证要严密，推理要合理。若缺少这些，文章就会漏洞百出、自相矛盾，观点就会不攻自破。

三、文艺语体——生动绚丽

文艺语体又称文学艺术语体或艺术语体。因此，语言的艺术化则是文艺语体的主要特征。它是书面语体中最灵活自由、最接近口语的一种语体。文艺语体包括一切体裁的文艺作品。从押韵不押韵的角度划分，可以分为韵文文体和散文文体两大类。这两大类文体对语言的要求也不尽相同，但无论是韵文文体，还是散文文体，都是要创造形象、塑造人物、描绘广阔的社会生活画卷的，因此，它们对语言的要求，也有许多共同的地方。

文艺语体的语言特点如下。

（一）形象化

语言的形象化是文艺语体的主要追求，也是文艺语体区别于其他语体的重要特征。文艺语体往往不是只限于对客观事物作抽象的、概括的介绍、说明，而是要通过形象生动的描述来给人以切实的感受和鲜明的印象。如同样描写一个人"瘦"的两个例子：

你那么瘦，身上没有一点儿肉，还发胖？

你精瘦精瘦的，身上没有一丁点儿肉，还发胖？

以上两个例子，显然第二个例子要比第一个例子生动得多，原因是第二个例子使用了"精瘦精瘦"和"一丁点儿"这样形象化的语言。

使语言形象化的另一途径是运用各种修辞方式。再比较以下两个例子：

① 你精瘦精瘦的，身上没有一丁点儿肉，还发胖？

② 就你身上那几两死疙瘩一样的肉，三板子也打不肿，还发胖？连狼见了你也流眼泪。（陈怀国《黄军装 黄土地》）

显然，这两个例子中，第二个例子比第一个例子不知要好多少，原因就是第二个例子使用了比喻和夸张等手法进行描写，把一个瘦骨嶙峋的形象活灵活现地奉献给了读者。

（二）通俗化

所谓通俗化，就是指多使用平实、易懂、口语化、大众化的词语。其中适当地使用俗语，也是使语言通俗的途径之一。

如老舍的《茶馆》中所用的俗语"过了这个村可就没有那个店""您的小手指头都比我的腰还粗""咱们八仙过海，各显其能吧""好男不跟女斗""隔行如隔山""两个人穿一条裤子的交情""死马当活马医"等。这些俗语大多是在人民大众中口头流传下来的，符合人民大众的审美习惯，适合人民大众的理解水平，用在文艺语体中，增加了文艺语体的平民色彩，更易为人民大众所接受。

要使语言通俗化还可适当地使用方言词语和惯用语。如："他俩在下楼梯的地方就遇上了一位'倒爷'，是专门倒腾兑换券的……"（刘心武《5·19长镜头》）这里"倒爷"是新兴的惯用语，"倒腾"是方言词语，用在这段描写中，也增加了语言的通俗化成分。

（三）民族化

文艺语体的作品比较难翻译，没有一定的知识功底、语言功底和对所译语言的民族传统文化的深刻理解，是很难保持翻译的原汁原味的。因为对民族文化传统的依赖性是文艺语体的生命。例如汉语中的南浦、板桥、青鸟、红豆、杨柳、鸳鸯、梅、兰、竹、菊等词语，在文艺语体中，往往都有独特的内涵。对此，凡中国人恐怕都不难理解，这是特定文化的产物。但是，在这种文化圈之外的民族，对此理解起来就有一定的难度了。而文艺语体中，这样的现象具有一定的普遍性。

四、科技语体——科学严密

科技语体是阐述自然和社会现象种种规律，传播科学技术成果的语言体式。科技语体主要用于自然科学和社会科学等方面的专著、论文、报告等，所涉及的专业领域十分广泛。由于科技语体的任务是阐述自然和社会现象中的种种规律，传播科学技术的成果，因此，科技语体的语言就必须具备精确性的特点，同时作为专业性很强的语体，其内容的阐述就必须大量使用专业术语及符号，又由于科技语体是以逻辑思维为基础的，阐述时，又要大量地使用长句和完全句。随着科学技术的迅猛发展，科技作品越来越为广大作者所重视，也涌现出大量的受读者欢迎的科技作品。科技作品重在记叙的真实性，不追求语言的华丽和生动。

科技语体的语言特点如下。

（一）精确性

使用科技语体的目的是阐述自然和社会现象种种规律和传播科学技术成果，它的最大的要求就是所传递的信息必须是准确的，没有歧义的。因此，词义的精确性就是科技语体的主要特点。词义的精确性要求科技语体中出现的概念、判断、推理等必须，也只能是绝对单义性的，任何似是而非、模棱两可的现象都不允许出现，尤其是好像、大概、也许、可能等这些具有模糊意义的词语，在科技语体中是忌讳出现的。

科技作品讲究准确，因此，也不能有产生歧义的语言现象存在，一般也不能使用可能与事实产生差异的"双关""夸张"的修辞手法。

（二）专业性

科技语体的专业性较强，体现在科技语体大量地使用专业性术语和符号上，有的还辅诸公式、图表等。虽然专业较强的术语、公式、符号给非本专业的读者的阅读带来一定的不便，然而科技语体基本上是在本学术圈子内部流动的，是为同行们写作，与同行们交流的，它的主要服务对象不是圈子之外的读者，因此，科技语体没有必要为迁就圈外读者，而减轻自己的学术性。但有一种科技通俗读物，是属于普及范畴的，它的语言运用就应该尽量避免专业性太强的术语及符号。这些通俗读物的语言相对可以活泼生动些，也常常使用"比喻""比拟"等修辞手法。

（三）句子的完整性

科技语体所用的句子，大多是长句和完全句。它不像文艺语体那样可承前或蒙后省去句子的某个部分，科技语体的省略，必须要在指向十分明确的前提下，才能省去句子的某个成分，而大多数的时候，句子必须完整，意向必须明确。科技语体的逻辑性很强，为了便于说清楚文章内部的逻辑关系，表述比较复杂的问题与规律,往往需要大量地使用长句来完成。

以上,粗略地分析了四种语体的特点,一般说来,话语的选择要与语体风格相一致。但是,有时为了修辞上的需要,选择与语体风格相悖的话语表达,效果反而更好。①

第三节 新兴语体

一、广告语体

广告语体是一种具有开放性特点的语体,只要是有利于提高表达效果的语体成分,广告语体均可吸收运用,兼收并蓄。其借用语体框架呈多样化的特点,可根据媒体的类型及其特点灵活地借用口语语体和各种书面语体,采用各种体裁形式,对各种语言风格兼容并包。

比如:一家钟表店以"一表人才,一见钟情"一语双关,既道出产品,又别有深意。牙刷广告词"一毛不拔",打字广告"不打不相识"等,利用反语,巧妙地道出产品特色,给人更加深刻的印象。咖啡厅以"有空来坐坐"为广告词,以缠绵轻松的词语,向消费者直接倾诉,虽然只是淡淡的一句,却打动了许多人的心。古井贡酒的广告词"高朋满座喜相逢,酒逢知己古井贡",如诗歌一般的韵律,易读好记。杀虫剂广告"真正的谋杀者",脚气药水广告"使双脚不再生'气'",电风扇广告"我的名声是吹出来的",等等,诙谐、幽默,使人们开心地接受产品。

广告语体还是一种具有艺术性特点的语体。它要尽力调动和充分运用语言的各种表达手段,塑造生动的艺术形象,充分发挥艺术的感染力,运用各种修辞方式创造词语的音乐美、色彩美。

广告语体的独创性就是在语言的运用上活泼新颖,词语、句式、修辞方式力求出新,有时甚至超出规范,以引起注意。

如百事可乐:"新一代的选择。"在与可口可乐的竞争中,百事可乐终于找到突破口,从年轻人身上发现市场,把自己定位为新生代的可乐,邀请新生代喜欢的超级歌星作为自己的品牌代言人,终于赢得青年人的青睐。一句广告语明确地传达了品牌的定位,创造了一个市场。

又如戴比尔斯钻石:"钻石恒久远,一颗永流传。"该广告词音韵和谐,综合

---

① 钟敏《汉语修辞概论》,中国文联出版社,2006年12月。

运用了对偶、双关等修辞方法。不仅道出了钻石的真正价值,而且也从另一个层面把爱的价值提升到足够的高度,使人们很容易把钻石与爱情联系起来。

再如丰田汽车:"车到山前必有路,有路必有丰田车。"20世纪80年代中国的道路上除了国产汽车就只有日本的进口车了。这句精彩的广告语很符合当时的情况,它巧妙地结合了中国的俗语,体现出自信和一股霸气,且朗朗上口。如今,丰田汽车已经不敢再这样说大话了,但很多中国人还是记住了这句广告语。

还有中国联通:"情系中国结,联通四海心。"联通的标志是一个中国结的形象,本身就充满了亲和力。联通的诞生,对推动中国通讯行业的发展作出了巨大贡献。它一次次向中国电信发起挑战,以优质的服务和低廉的价格在竞争中逐渐发展壮大。联通把自己的标志和品牌名称自然地融入广告语中,做到了从外表到精神的和谐统一。

二、网络语体

所谓网络语体,就是在网络环境下,人们在交际中形成的一种言语的功能变体。网络语体的特征主要表现在以下两方面。

(一)网络语体的外部特征

网络语体的外部特征主要体现在使用语体的交际对象、交际环境及交际方式上。从交际对象来看,具有陌生化、平民化和非责任化的特点。据调查,我国网民平均年龄为26.5岁,而且绝大部分为在校大学生或大学毕业生,他们文化素质较高,接受新鲜事物较快,具有自主、开放、包容、多变和创新等特点。

从交际环境和交际方式来看,具有跨地域性、自由性、开放性和远程实时性。网络为人们提供了一个可以随时吐露心声、抒发情感、排遣郁闷、发泄不满的媒介,说话人的表达没有了其他交际方式及很多方面的禁锢。同时,网络交际是一种非现场的实时或准实时的交际,很便于人们的表达交流。由于网络交际一般是计时付费的,这样就促使交际者在有限的时间内追求更大的信息量,所以交际者通过网络将自然语言、非自然语言的所有符号或交际形式在很短的时间内传输给另一方。

(二)网络语体的内部特征

1. 变异性

网络语体简洁方便,文字、图片、符号、意向等可以随意连接和镶嵌,可以自由粘贴和插入,对话也是极尽灵活、怪异、创新之能事。与现实中的自然语言相比,网络语体的一个标志性特征就是变异性。

1) 词汇变异

词汇是文化信息的浓缩,它以最快的速度反映社会的发展变化。与现实的自然语言不同,网络语体的词汇构成方式缤纷复杂,有汉字、数字、英文字母、符号、图片,等等。其词汇变异主要有以下几个类型。

(1) 缩写型。这类网络词语是网民为了交流的方便,把网络聊天、论坛中常用的汉语词汇或英语短语的首字母组合起来形成的缩略语。在这一类型中又分为以下几种情况:一类是采用汉语拼音的缩略形式,如:GG(哥哥)、MM(妹妹)、PL(漂亮)、PF(佩服)、BC(白痴)、BT(变态)等;另一类是采用英语首字母缩略形式,如:BBS(bulletin board system 电子公告栏系统)、DIY(do it yourself 自己动手)、GF(girl friend 女朋友)等。

(2) 谐音型。这类词语是根据网络中一些常用词语的谐音演化并固定下来,根据其构成形式的不同,可以分为以下四种不同的类型。

第一,数字谐音。如:77543(猜猜我是谁?)、687(对不起)、847(别生气)等。

第二,英语字母谐音。如:CU=See you,表示"再见",Y=Why,表示"为什么",IC=I see,表示"知道了",等等。

第三,英汉互译谐音。如:瘟酒吧=Windows 98,伊妹儿=E-mail,猫=MODEN,表示"调制解调器",等等。

第四,汉语同音替代。"惜时如金"的网民们为了提高网上聊天的效率,常常采用同音字将错就错,如斑竹(版主)、油墨(幽默)、果酱(过奖),等等。

(3) 符号型。与面对面的交流不同,网络聊天无法辅之以眼神、手势等体态语言的帮助,因此,网民们充分利用键盘上的标点符号与英文字符,巧妙组合成不同的脸谱表情,或利用各色贴图来表达自己的感情,从而增强表达效果。不同符号组合表达不同的情态。据不完全统计,网上表情仅靠符号组合,可表达的意思近百种。如:仅一个"笑"字而言,可用以表达的方式就不下10种。贴图可具有动画效果,内涵丰富,有动作,有表情,可以更好地帮助网民们表情达意,具有更强的表现力。

(4) 自创型。据调查显示,网民中年轻人居多,这一年龄段的网民创新能力强,有强烈的自我表现欲,他们在互动过程中不断创造新的表达方式。久而久之,在网络交际中形成了许多别具一格的"网上流行语"。如"刷屏"表示连续大量发帖,"全屏"显示同一主帖或回帖,"大侠/大虾"表示计算机高手,"菜鸟"表示网络新手,"灌水"表示张贴无用信息的帖子,"潜水"表示与网友一对一的秘密交谈,"恐龙"表示不漂亮的女孩,"见光死"比喻网恋等一见面就完蛋,等等。

2）语法变异

除了以上谈到的词汇变异外，网络语体的语法也发生了变异。如"幸福ing"意为"幸福着呢"，这里采用了英语语法-ing 表进行时或一种持续的状态；"Q 偶""短信粉"属于名词动词化的现象；"很书生""很女人"属于副词修饰名词的现象。

2. 兼容性

网络发展促进了各类文化的同质化，这在网络语体的兼容性方面得到了很好的体现。网络中常有汉语句子夹杂英语专业术语和其他单词的情况。这里面有交际的需要，也有追赶网络时尚的倾向。英语、数字、符号及汉语语码转换的情况在网络上司空见惯。如："是啊,6 级要是 pass,我肯定得脱层皮。"

3. 简略性

网络交际受到时间和费用的制约，网民在网上交际的时候，往往采用最简略的方式。浏览一下各个论坛、各个留言板，我们会发现，网民们在表达方面往往很简略。比如："改革≠涨价……快管管吧！！""将 315 改为 365，能做到吗？"尽管短小，但言简意赅。

4. 对网络环境的依赖性

网络提供的各种交际辅助条件，对网民们的交际发挥了极大的辅助作用，使网民们可以采用各种简略手段进行网上言语交际，许多网络流行语离开网络就会产生歧义。比如"见光死""恐龙""潜水""灌水"之类。现在，网络空间专业、兴趣的分野越来越细，把这一领域专用的词语放到另一类网页上有时就会闹笑话。

英语字母缩写和数字谐音词虽有简洁的优点，却又造成了识读时的许多困难，尤其是大量的同形词语叫人难以猜测，比如"PMP"，在网络环境下是"拍马屁"的拼音缩写，在清华大学网《国际项目管理研究院 PMP 考前辅导》的项目介绍中是"项目管理专业人员资格"，在电子技术类的网页里则是英语的 Personal Media Player 三个单词的首字母缩写。这些英语字母缩写和数字谐音对语境的依赖性非常强，离开了特定的网络环境就会产生歧义，或者让人无法理解。

5. 模糊性

在信息传递过程中，信息就是按照被接受的时间顺序实现的，在多人同时参与的聊天活动中，话题不集中，经常转换内容，意思跳跃，前后不很连贯，谈话记录只是一份不断更新的、以时间为顺序的信息清单。相关的对话信息不一定紧接着排列,所以相邻语时常不相邻,多个同时进行的话题也往往互相穿插。就语言的产生和消费时间差而言,网络聊天的实时互动性模糊了口语和书面语的界限,使得网络聊天的实时互动性没有现实口语交际那样强烈,也无法出现现实书面语交际所具有的单向生产和消费的从容性。网络语体语境的多元化和间隔性使得网络语体具有模糊性。

第四节　语体的交叉渗透

一、语体的相对独立和相互渗透

一般来说,不同的语体手段构成不同的语体特点,不同类型的语体由不同的特点系列组成,各种类型的语体都有自己相对封闭的语体手段和相对稳定的特点系列。但是,各类语体既具有封闭性和排斥性,也存在着交叉和渗透的可能。由于交际内容的广博、复杂,语体间的交叉和"交流"不可避免,如公文语体的政论化、政论语体的科学化都是最好的说明。正如王德春先生指出的,语体间存在着"稳固性和变动性的统一""排斥性和渗透性的统一"。

随着现代社会政治、经济、文化和科学技术的全面发展,社会交际日益频繁和复杂,人们认识世界的眼界大大拓展,思维发展了,认识深入了,审美情趣、审美要求也相应提高。在商品经济利益原则的驱动和现代社会效率观念的促动下,人们越来越重视言语交际的效果,追求理想的表达方式和个性化的语言趣向。当人们在感到恪守语体常规还不足以表达自己的思想感情时,往往突破传统言语体式的束缚,越出语体风格规范的框架,有意识地吸收别种语体手段来满足自己的交际需要和审美追求,从而产生出一些新的表现形式,这种现象就是语体的交叉渗透。

语体的交叉渗透是语体体系在不断发展完善过程中出现的一种对立统一现象。通过语体的交叉渗透,人们创造了新的语言表现形式,丰富了语体的表达系统。

例如,院学生会在校园里贴出了一则举办"皓星歌友会"的通知,他们没有用惯常的公文格式,而是采用了"皓星歌友会,相约电教楼"这样整齐、醒目又韵味十足的语言形式。这就是将文学语体的语言表达手段运用到公文事务语体中,以增强感染力和号召力。

1997年5月,黑龙江小雨点集团公司举办了一场促销活动,在北京的五家报纸、北京电视台第一和第三套节目和四大电台上发布了以"紧急寻访小雨

点"为题的寻人启事。全文如下:

紧急寻访小雨点

小雨点,身高:19公分,籍贯:黑龙江。小巧玲珑,甜美纯洁,穿红色衣服,戴一顶小红帽。小雨点出生在纯净美丽的牡丹江边。据说最近有人在北京发现小雨点的踪迹,小雨点的父母特从东北赶来,拜访北京的父老乡亲们。谁发现小雨点的下落,请立刻与小雨点的父母联系。小雨点的父母将以东北人特有的方式,拜谢每一位提供线索的朋友。小雨点的母亲在北京的电话:64055352。

此启事一发布就在北京引起轰动。热心人不断打电话到联系处,关切地询问,一时间此题被"炒"热,在京城收到了奇佳的广告效果,"小雨点"也获得了较高的知名度。这则广告的成功之处就在于创意新颖独特,而它的支点正是语体的交叉。创作者巧妙借用寻人启事的语言形式,使寻人启事的语言结构与产品广告所要表达的信息结构形成交叉面,以一种新奇、特异的语体重组,激发人们的好奇心,从而达到了高效的广告宣传目的。

二、语体交叉渗透的方式

(一)加合式渗透

加合式渗透是在保持甲语体特征的基础上引入乙语体的体素,以达到相应的修辞效果。这种渗透可以是个体形式的,也可以是板块形式的。个体形式即某个词语、某种句式或某类辞格等。板块形式指一个完整的具有某种语体色彩的自然语言或非自然语言片段,是语体体素的组合。例如:

① 方凌轩:松年,把你那提神的液体拿出来。(苏叔阳《丹心谱》)

"液体"是科学语体的语体要素,这里是科学术语渗透到了文学语体中。在剧本的人物对话中,不用"酒",而用"提神的液体",在传递理性信息的同时,又生成了潜在的信息,风趣诙谐,从而凸现出人物的幽默性格。

② 二十上下的年纪,青春的热血像暴涨的小河,成熟的细胞内,二十二对染色体排列得井然有序,健壮的躯体内,具有正常人应有的一切欲念、需求。(李存葆《山中,那十九座坟茔》)

小说(文学语体)中,作者描写英雄的青年战士时,在不便说明的情况下借用了科学术语"二十二对染色体"来表达青年战士属于正常人的正常欲念,寓直于曲,隐含着丰富的潜在信息,从而使言语的表达显得文雅而又含蓄。这两例都是通过加合式的巧妙渗透,取得了言语表达幽默风趣的修辞效果。

(二) 融合式渗透

两种语体的体素整体性地相互渗透,形成一种体系性的相互融合,使两种语体浑然交融为一体。

例如:

患者吴诚信的就诊报告

姓名:吴诚信

性别:男亦可,女亦可

年龄:生于20世纪60年代或70年代

就诊方法:中西结合

一、望诊

脸色:无甚大碍,就是不会脸红。即使是落井下石后,也是脸不变色。

眼睛:眼珠缺乏灵活性,只能侧视或者向钱看,目光敏黠。

鼻子:鼻头上翘,鼻孔变大,嗅觉间歇性失灵,只能闻官气、贵气,而不能闻民气、贫气。

舌头:发生变质,发音不准确,舌间形状有变为弹簧的趋势,说谎言发音清晰;说真话发音含糊,吐字不清。

二、透视

① 肝肺呈现暗色,甚至变黑。② 脊椎有弯曲迹象,表现为在领导面前直不起腰。

三、血样采集

患者血色呈暗红色。血色分子结构多种多样,有"才"、有"貌"、有"钱"、有"思",其中前三者居多,唯独缺"信","诚"细胞和血小板几乎没有。

四、基因鉴定

经过精密仪器测试,患者基因已经发生变异……表现为见了五斗米就折腰,钩心斗角,尔虞我诈,挖人墙脚,落井下石。

五、治疗方法

(1) 换血:注入大量"人文"氧气,替换体内有害健康的"拜金主义"二氧化碳。

(2) 每天早晚一次扪心自问,摸摸自己的良心在否。

(3) 阅读大量杂文,唤醒其诚信意识。

六、医生建议

此例倒不是首次发现,十分具有代表性,望患者注意,切莫相互传染。

医生(签章)

(《宁夏广播电视报》,2006年6月17日第22版)

作者将杂文所要表达的思想内容巧妙地移植在科技语体(医疗诊断报告)的言语体式之中,形成了科学语体的语言结构与杂文(本身就是文学语体与政论语体的交融体)所要表达的信息结构的交叉,充分调动双方相应的各种表现手段,传递多种美学信息,造成形式上的奇特感和语义上的隐含感,具有极强的艺术感染力。

融合式渗透的结果可能创生一种新的体式。如文艺性科技语体、报告文学体、散文诗体。

融合式渗透在两种语体的基础上追求一种新的和谐统一,于和谐中体现修辞效果。

(三)框架借用式渗透

借用乙语体的框架格式来完成甲语体的交际任务,如利用韵文格式写作的公约,用公文格式写作的小说,等等。利用乙语体框架格式的鲜明语体色彩来映衬甲语体的内容,以求得特殊的修辞效果。

例如,刊登在2002年6月19日的《宁夏广播电视报》"时尚物语"栏目里的《世界杯之单田芳版》:

体裁:评书

说书人:单田芳

话说中国队正面先锋冷面无敌郝海东接到后卫一脚长传,把球轻轻卸下来……正要抬脚,忽然觉得脑后一股风生,斜刺里杀出一条黑影……谁呀?江湖人称外星魔的急先锋罗纳尔多。郝海东一认出是他,肚子里这个憋气呀,心说:好你个小罗,你是前锋,我也是前锋,咱哥俩你走你的阳关道,我过我的独木桥,井水不用犯河水,你有本事和江津过招去,有俩前锋掐一块的吗?越想越可气,海东也不管什么射门不射门了,射人得了,心到脚到,海东抡开大脚对着这家伙的屁股狠狠地印了个鞋印……

在世界杯比赛期间,鉴于中国足球队的表现,作者借用"评书"(文学语体)的言语体式,表达了体育评论的观点,含蓄曲折地批评和指责了中国队的无能。借助具体的语境,这一潜在信息是不难被读者领悟的。这一隐含的潜在信息,才是作者所要表达的真意所在。

思考题

1. 各语体的特点是相对的,由于文化和性格的差异,在使用同一语体时,语言的风格也有所不同。试找出这样的例子加以分析。

2. 谈谈书面语体与口头语体的联系与区别。

3. 谈谈产生语体渗透的原因。

4. 下面一个请假条曾在香港语文界引起争议,有的说写得很好,有的说不好。你认为好不好?为什么?

校长先生:

  我惭愧地提起笔,写信给您。昨天,当我放学回家的时候,本来烈日当空,不料走到中途,突然下了一场大雨,我不能及时躲避,雨水把我淋得浑身湿透。回家以后,就觉得有点儿冷,妈说我着了凉。吃过晚饭,我开始咳嗽了,医生说我患了流行性感冒,要好好地休息。

  我知道这一次的病是抵抗力太弱引起的,我后悔平日没有听从老师的教导,好好锻炼身体。今天,我暂不能到学校来上课了。希望过两天之后,我能够痊愈,就回校补课。而且,今后我要更认真地做早操了。现在,妈妈叫我向学校请假两天,希望您能够给我批准。

学生×××谨上
××××年××月

5. 下面几段文字,各属于什么语体?根据是什么?

  ① 王利发:哪儿不一样呢!秦二爷,常四爷,我跟你们不一样:二爷家大业大心胸大,树大可就招风啊!四爷您,一辈子不服软,敢作敢当,专打抱不平。我呢,当了一辈子顺民,见谁都请安、鞠躬、作揖。我只盼着呀,孩子们有出息,冻不着,饿不着,没灾没病!可是,日本人在这儿,二拴子逃跑啦,老婆想儿子想死啦!好容易盼着日本人走啦,该缓一口气儿了吧?谁知道,(惨笑)哈哈,哈哈,哈哈!(老舍《茶馆》)

  ② 在总结经验的基础上,我党十一届三中全会提出一系列新的政策,就国内政策而言,最重大的有两条:一条是政治上发展民主,一条是经济上进行改革,同时相应地进行社会其他领域的改革。(邓小平《政治上发展民主,经济上实行改革》)

  ③ 今列四条,全边区军民人等一律遵照,不得违背。倘有不法之徒,胆敢阴谋捣乱,本府本处言出法随,勿谓言之不预。切切。此布。

④ 昆仑历尽沧桑,饱经忧患,但它巍然肃立,意志弥坚。巨石崩塌过,时光消逝过,但它千曲不易,百折不回,它像一支高举在整个地球之巅的火把,照亮坎坷道路,险阻关山。它从黑暗里创造光明。

6. 日常交际中,注重礼貌用语、讲究措辞文雅是中华民族的优良传统。请写出下列不同场合中使用的两个字的敬辞谦语。

示例:探望朋友,可以说"特意来看您",更文雅一点,也可以说"特意登门拜访"。

(1) 想托人办事,可以说"请您帮帮忙",也可以说"_____您了"。
(2) 请人原谅,可以说"请原谅""请谅解",也可以说"请您_____"。
(3) 询问长者年龄,可以说"您多大岁数",也可说"您老人家_____"。

7. 下面是某投资咨询公司的一则广告,其中有些词语用得不得体,请你帮助修改。

本公司欢迎各界朋友前来请教,我们将不吝赐教,在提供投资策略方面鼎力相助,并惠赠《实用投资指南》一册。

第六章

修辞与谚语、成语、歇后语

第一节　修辞与谚语

在语言这个符号系统中,谚语是以极少的文字反映极多信息的语言形式,言简意赅是它们的优势。它们是"通俗并广泛流行的定型的语句,简练而形象化,大多数是劳动人民创造出来的,反映人民的生活经验和愿望"。[①] 因此,它有坚实的群众基础,拥有一大批使用者和传播者,是广大人民在生活中用集体的智慧创造出来的。因此,在谚语这一简洁的形式里面,蕴含了丰富的、独特的民族文化的宝藏,同时也蕴含着丰富的修辞技巧。

一、精练性

有句话说得好:"泉水最清,谚语最精。"谚语"以片言明百意",从而避免了说教式的冗言赘语,鲁迅谓之"炼话"。这种精练性是从句式上而言的,谚语的句式整齐,篇幅一般比较短小。单句形式如"没有不透风的墙""趁热打铁""一个将军一个令""有志者事竟成",等等,都阐述了简单而又普遍的真理。在这些句子中,抽象的概念寓于具体的形象之中,言浅意深,常常有事半功倍的效果。

由单句并列组合成的复句式谚语,根据组合情况可以分为两类:一类是由单句依靠语序直接组合而成,多为两个单句组合,也有三四个单句组合的形式;另一类是借助关联词组合而成。前一类如"日中则移,月满则亏""耳听为虚,眼见为实""官向官,民向民,和尚向着出家人""饥不择食,寒不择衣,慌不择路,贫不择妻"等。后一类如"宁可无了有,不可有了无""麻雀虽小,五脏俱全"便是如此,其中"宁可……不可……"表选择关系,"虽"表转折。

谚语中还有一些紧缩复句的习用格式,或两部分压缩在一起,取消中间语

---

① 史仲文《中国人:走出死胡同》,1203 页,中国发展出版社,1991 年 10 月。

音停顿,如"一人做事一人当""不是冤家不聚头""不见兔子不撒鹰"等;或省去某一部分,如"人心不足蛇吞象",省去谓语动词"犹如";"无毒不丈夫",省略了主语,等等,这样就使得句子更加紧凑和整齐。

二、口语性

谚语多来自民间,是劳动人民集体智慧的结晶,多是人民大众对具体事物的认识,带有浓重的口语性。例如我们常说的"瞎猫碰着死耗子""兔子不吃窝边草""瘦死的骆驼比马大""死猪不怕开水烫""放长线钓大鱼",等等。虽然用语比较粗俗,却是实实在在挂在嘴边,流于民间的,带有浓厚的生活气息。

谚语的口语性不仅表现在它的通俗,还体现在它善于巧妙地挖掘出生活中的常例来进行描述,给人一种既熟悉又新颖的感觉。例如"口里叫哥哥,背后摸家伙",指表面上非常亲热,实际上却凶狠无情、暗下毒手。"按着葫芦抠子儿"比喻用强硬的手段逼人讲真话。这类谚语具有极强的意蕴,能够启发读者由此物想到彼物,进而体会其中的道理。

三、形象性

谚语的形象性往往是通过运用各种修辞手段来实现的。如"天下乌鸦一般黑"是通过比喻手法,比喻不管什么地方的坏人,都是一样的坏。用"乌鸦"来比喻黑心黑肺的坏人,再形象不过。"大丈夫顶天立地"是通过夸张的手法,形容有志气有作为的人形象高大,气概豪迈。"恶有恶报,善有善报"是旧时佛家劝告人行善改恶的口头语,它通过对偶的形式,告诫人们做好事就有好报应,做坏事就有恶报应。"三个臭皮匠,顶个诸葛亮",臭皮匠、诸葛亮又是使用的借代手法,臭皮匠代平常之人,诸葛亮代足智多谋者。其余如使用比拟手法的"庄稼不认爹和娘,功夫到了自然强";使用顶真手法的"林多水多,水多粮多";使用摹状手法的"天上钩钩云,地上雨淋淋";使用双关手法的"要打当面鼓,莫敲背后锣",等等。

四、声律美

谚语很讲究节奏和韵律,讲究声律美。谚语的节奏,大致和诗句的节奏相似。四言谚语如"入乡随俗""情急智生",节奏一般为二二;五言谚语如"礼多人不怪""日久见人心",节奏多是二一二,少数为三二;六言谚语如"一山不藏二虎""一客不烦二主",节奏为二二二;七言谚语如"天狗吃不了日头""响鼓不用重锤敲",节奏是二二三。八言以上的谚语,节奏多为二二三、二二三,如"各人自扫门前雪,休管他家瓦上霜"。它们不论长短,都显示出一种均匀整齐的美感。

谚语在注意节奏的同时,还注意押韵。有的押平声韵,如"不听老人言,吃亏在眼前"中的"言""前";有的押仄声韵,如"善有善报,恶有恶报;若还不报,时辰未到"中的"到""报";有的平仄相间,如"瓜熟蒂落,水到渠成",讲究"平平仄仄,仄仄平平";还有的押尾韵如"先苦后甜,富足万年"中的"甜""年",押头韵如"人前一只鼓,人后一面锣"等。

五、对称美

喜欢成双成对,两两照应。谚语以对偶句形式出现的占有很大的篇幅,如"酒逢知己千杯少,话不投机半句多""画虎画皮难画骨,知人知面不知心""千尺有头,百尺有尾""不怕红脸关公,就怕抿嘴菩萨"等。

六、含蓄美

不显山不露水。在谚语中,比喻、双关等修辞手法广为运用,如:"爪儿只拣软处捏"是比喻那些专门欺侮弱小的事;"狗改不了吃屎"是比喻坏人改不了做坏事的本性;"打开天窗说亮话"是使用双关手法,表层的意思要打开天窗透着光亮说话,实际上指不要遮遮掩掩,要说明明白白的话;"包子有肉不在褶子上",含蓄地告诫人们看问题要看实质,而不能只看外表。在诸多修辞方法的使用上,比喻又占绝对的优势,因为比喻既能满足语义通俗易懂的需要,又不失中国人重含蓄、表达委婉的性格特点,两全其美。

第二节　修辞与成语

成语是语言词汇中一部分定型的词组或短句,是劳动人民智慧的结晶,大多言简意赅、生动形象、寓意深刻,并且沉积了浓厚的历史和民族文化。成语有着丰富的来源,概括了大量的历史故事、古代寓言。如抱头鼠窜、自相矛盾、画龙点睛等,也有来自古白话的语录、文艺作品、民间流传的语句,如重于泰山、轻如鸿毛、鼠目寸光、破镜重圆等,也有社会发展过程中产生的新成语,如惩前毖后、治病救人、百花齐放、百家争鸣等。这些成语结构紧凑、语音和谐、朗朗上口,这与修辞手法的运用是分不开的。

一、四字结构,平仄协调

大多数成语是四字结构。现代汉语的阴平、阳平为平声。上声、去声为仄声,而成语的四个字正好形成平仄配合的方式。如:

平平仄仄式:穷形尽相、风和日丽。
仄仄平平式:力挽狂澜、未雨绸缪。
平仄平仄式:发号施令、肝胆相照。
平仄仄平式:安步当车、身体力行。
仄平仄平式:趾高气扬、倒行逆施。

这种平仄协调的声调,读起来能产生抑扬顿挫、张弛有致的美感。声调美是成语特有的修辞手段之一。

二、音韵和谐,叠韵双声

有两个成语常被人们弄错,一个叫"望洋兴叹",以为是"望着海洋感叹",其实不然,这里的"望洋"是个叠韵词,抬起头来看的样子;兴,产生,发出。另一个成语叫"首鼠两端","首鼠"不是"第一只老鼠",而是一个双声词,犹豫不决,欲进又退的样子;端,头;整个成语形容迟疑不决或动摇不定。可见,在成语中利用双声叠韵词,会音节和谐,读起来富有乐感。文章中若要加强语言的表现力,使用成语是一种重要的修辞手段。但是,我们一定要特别注意对双声叠韵词的整体理解,绝不能望文生义,否则,在文章中误用成语,不但起不到应有的作用,还会闹笑话。下边这些成语中带点词都是值得思考的。

参差不齐、未雨绸缪、从容不迫、小巧玲珑

古人云:"叠韵如两玉相扣,取其铿锵,双声如贯珠相联,取其宛转。"适当采用双声叠韵的成语会使文章格外生动。

三、同义联合,互文见义

有部分成语是由同义词组合而成,当我们对其中一个词义不明白时就可以用"互文"的修辞知识加以解决,免得理解错误,导致误用成语而贻笑大方。比如有学生在作文中写道:"老师求全责备我们,说我们重理轻文。"显然,这个学生将成语中"责备"当成"责怪"用了。其实,这个"责"是要求的意思,"备"是"齐全"的意思,"求全责备"是一个由两对同义词交叉搭配、并列使用的联合式成语。类似的成语还有文过饰非、循规蹈矩、装模作样、聚精会神等。了解成语互文见义这一特点还可以帮助我们正确理解在文中的联合词组,如《阿房宫赋》中的"尽态极妍",这里的"尽"和"极"同义,都是无以复加的意思,"态"和"妍"同义,都是美丽娇媚的意思。如果将"态"解作"姿态",文章就不通了。另一个成语"不学无术"常被学生理解为因为不学习,所以没有本领,粗略看没有大错,实则不正确。这个成语也用互文来理解,"不"与"无"同为否定副词,都是没有的意思,"学"和"术"都是名词,分别是"学问"和"本领"的意思。

四、成语活用,幽默谐趣

成语的活用是在特定的语言环境中,为了表达上的种种需要所采用的一种临时性修辞手法。活用成语,不仅可以让语言幽默、谐趣,增强气氛,还可以使文句表达得更具体、更明确,让人能充分理解。因此随着社会和语言的不断发展,成语活用的现象变得越来越活跃。

成语的活用方式一般有以下几种:

(1) 易字,指更换原形中的某个字。如:

① 广开才路,不拘一格选人才。(方毅《在全国科学大会上的报告》)

广开言路——广开才路

② 伫立远眺,书海茫茫,不能望书兴叹了。(曹靖华《智慧花开烂似锦》)

望洋兴叹——望书兴叹

③ 江青对古典诗歌一窍不通,炫其博学,引了《黄鹤楼》诗,说是:李白写了这首诗,同情曹操杀祢衡,崔冠李戴,成为笑话。(臧克家《在民族古典诗歌基础上发展新诗》)

张冠李戴——崔冠李戴

(2) 谐音,指变体中的读音与原形中的读音相同。如:

闲妻良母——洗衣机;骑乐无穷(摩托车广告);以帽取人(帽子公司广告);随心所浴(热水器广告);一网情深(网络广告)。

(3) 拆用,指把成语原形拆开使用。如:

根深叶茂——根深才能叶茂;聪明不必绝顶(美加净颐发灵广告);杏仁露一到,众口不再难调(露露杏仁露广告)。

(4) 易色,指借用成语原形,但感情色彩不同。如:

① 敢想敢说又敢做,创造发明日日多,这样的异想天开好得很。(《人民日报》)

"异想天开",一般用法是表示贬义,这里却是贬义褒用。

② 这些坚定的人,好比屹立天地间的岩石。这些岩石诞生于"水深

火热"之中,经过大水和烈火的锻炼,生成了一身坚强的筋骨,所以特别经得起狂风疾雨的打击。(陶铸《革命的坚定性》)

"水深火热",一般用法是比喻"人民所处的极其艰苦的生活处境",而这里却是临时用为词面意义。

(5) 易序,改变成语原形成分的次序,如:

① 况且世人大抵受了"儒者柔也"的影响;不述而作,最为犯忌。(鲁迅《我之节烈观》)

述而不作——不述而作

② 无论从旧道德,从新道德,只要是损己利人的,他就选挑上,自己背起来。(鲁迅《为了忘却的记念》)

损人利己——损己利人

五、生动形象,巧用辞格

(一)形象具体,妙在比喻

成语的形象性和表现力莫过于比喻的运用。成语中比喻的用法,有两种情况。一种是明显的比喻,如如虎添翼、归心似箭、味同嚼蜡、虽死犹生等。无论用在什么地方,什么语言环境,一眼就看出是个比喻。而且这种比喻的用法和作用与一般修辞上的比喻没有什么两样,它不但生动形象,而且言简意明,避免啰嗦,使文字精练。比方说某人写的诗文不好读,晦涩难懂,如果用"味同嚼蜡"来形容它,既形象又简洁,可以省去许多笔墨。另一种是运用成语的比喻意义,就是一个成语由于它的比喻用法而逐渐形成、固定下来的意义,如:曲高和寡,原比喻知音难觅,现在也比喻言论或作品不通俗,能了解的人很少,含讽刺意味。毛泽东同志在《改造我们的学习》中描写主观主义者是"闭塞眼睛捉麻雀""瞎子摸鱼""粗枝大叶""夸夸其谈",这里俗语和成语连用,取其比喻义,显得生动而活泼,形象而深刻。

(二)引人联想,巧用借代

苏东坡有一首打油诗云:"龙邱居士亦可怜,谈空说道夜不眠。忽闻河东狮子吼,拄杖落手心茫然。"诗中的"河东狮子吼"指嫉妒而又厉害的妇人,因这妇人姓柳,河东是柳氏的家乡,故以河东狮子来代指嫉妒而又厉害的妇人。这种借某一事物的特征来代替本体,可以引起读者的联想,加深读者的印象。成语中运用借代手法增强了形象性和表现力的还有不少。比如用"化干戈为玉帛",就比用"化战争为和平"更有韵味,用"大兴土木"比"大搞建筑工程"来得简洁明快,用"舞文弄墨"比说某人"玩弄文字技巧"更形象贴切。

(三)成语连用,排比映衬

李密《陈情表》里有一句话:"但以刘日薄西山,气息奄奄,人命危急,朝不虑夕。"连用四个成语,把表达的意思层层引向深入,十分形象地描述了作者祖母病势垂危的严重情况,这就是连用成语排比的修辞功用。再如,"不少人对同志对人民不是满腔热情,而是冷冷清清、漠不关心、麻木不仁。"这里将"满腔热情"与"冷冷清清"等三个排比成语鲜明对照形成反衬,深刻地揭露了事物矛盾的本质。又如,有一段赞美见义勇为的文字:"我们要学习他那种临危不惧,视死如归,奋不顾身,舍己救人的英雄品格。"连用四个成语排比起来,如江河奔泻之势,激动人心。由此可以看出,我们在说话作文时,如果连用成语将会收到加强语意,文笔遒劲的功效。

(四)其他辞格

运用比拟修辞的成语:闭月羞花、百花争艳、草木皆兵、风尘仆仆、呆若木鸡、生龙活虎、莺歌燕舞、抱头鼠窜、肥头大耳、土崩瓦解、风烛残年、狐朋狗友、鼠目寸光、鸦雀无声、花枝招展、鸟语花香、烘云托月、风卷残云、百花争艳、鼠窃狗盗、兔死狐悲、龙争虎斗、卧虎藏龙,等等。运用对比修辞的成语:口蜜腹剑、口是心非、虎头蛇尾、好逸恶劳、阳奉阴违、南辕北辙、外强中干、吃一堑长一智、挂羊头卖狗肉,等等。运用夸张修辞的成语:日理万机、日月如梭、三头六臂、怒发冲冠、一日千里、一字千金、百发百中、胆大包天、寸步难行、一步登天、日上三竿、望眼欲穿、震耳欲聋、刀山火海,等等。运用对偶修辞的成语:地大物博、感恩戴德、山穷水尽;谦受益,满招损;家喻户晓;得道多助,失道寡助;仁者见仁,智者见智,等等。运用反复修辞的成语:登峰造极、星移斗转、提纲挈领、审时度势、情真意切、罪魁祸首、丰功伟绩、心灰意冷、真凭实据、一心一意,等等。运用反问修辞的成语:不入虎穴,焉得虎子;皮之不存,毛将附焉;塞翁失马,焉知非福;人非圣贤,孰能无过,等等。运用双关修辞的成语:风雨同舟、藕断丝连、立地成佛、乐在其中,等等。运用回环修辞的成语:来者不善,善者不来;人不犯我,我不犯人;用人不疑,疑人不用,等等。运用顶针修辞的成语:知无不言,言无不尽;人同此心,心同此理;一传十,十传百;一而再,再而三,等等。①

---

① 郑静《浅议成语与修辞》,高考资源网。

第三节　修辞与歇后语

歇后语是我国民族语言中特有的一种形式。它一般由两部分组成，前一部分用人或事物构成一个形象的设喻，好像谜面；后一部分对前一部分的设喻加以说明、解释，指出本义所在，好像谜底，形成前譬后解的有机整体。运用时，有时前后两部分同时说出；有时只说出前一部分，把后一部分省去，让人猜测体会，所以叫做歇后语。也因为它是由前譬后解两部分组成，所以也有人叫它譬解语。①

"歇后语"的名称，据说起源于唐朝郑启所写的"歇后体"诗。人民群众中流传的歇后语，大部分是从生活中创造出来的，表现了劳动人民的智慧，是活在人民群众口头上的语言。我国历代著名的文学大师都很重视歇后语的运用，《水浒》《西游记》《红楼梦》《儒林外史》等优秀古典小说中就有不少运用得很成功的歇后语。现代优秀作品中运用歇后语的情况，更是比比皆是。歇后语已成为我国民族语言大花园中一簇开不败的奇葩。

歇后语是一种采用巧妙的设喻手法表达抽象思想艺术的语言，具有通俗形象、生动活泼的特点，富有幽默感和想象力，因此，运用歇后语是一种积极的修辞手法，不少权威的语言学家也把歇后语作为修辞格的一种。但是，歇后语本身就是一种比较固定的"现成话"，是采用积极的修辞手法构成的艺术语言。从这方面来说，它与其他修辞格不同。研究歇后语的修辞手法，对于正确理解和运用歇后语，无疑是有积极意义的。

一、比喻与歇后语

由于歇后语是由前譬后解组成的有机整体，因此，比喻是构成歇后语的基本修辞手法（其他修辞手法往往也是和比喻手法综合运用）。歇后语前一部分设喻是喻体，后一部分说明、解释是本体。喻体和本体两部分紧密结合成一个有机整体，在设喻之后，就直接把本体说出来（喻体和本体之间可以用破折号，可以用逗号，也可以不用标点），不使用喻词。从形式上看，这是暗喻。从喻体的内容上看，可以分作以人为喻、以物为喻、以事为喻、以历史为喻、以神话传说为喻等几类。

---

① 王桐《中华歇后语故事》，内蒙古少儿出版社，2003年4月。

(一) 以人为喻

　　(1) 我这个老头子八十多岁了,没什么能耐,我要跟大家一起为孩子们做好事。我这个话不是天桥的把式——净说不练,我是真练,一直练到我这个蜡烛头完了为止。(《人民日报》1989年6月2日)

　　例(1)用了"天桥的把式——净说不练"这条以人为喻的歇后语。"把式"是指耍把戏的人。"天桥"是地处北京永定门的一个闹市。新中国成立前,那里曾经是走江湖和耍把戏的人集中的地方。他们在那里设摊卖艺,把自己说得天花乱坠,吹得玄乎其玄,凭那三寸不烂之舌招徕顾客,以推销他们的狗皮膏药,结果却拿不出什么技艺练给观众看。用"天桥的把式"做喻体,十分形象地讽刺了那种净说大话不干实事的人。例(1)用这条歇后语表明自己不是"净说不练",而是"真练",态度鲜明,活泼诙谐,生动贴切。还有如:①皇帝的女儿——不愁嫁,②太平洋上的警察——管得宽,③戏台上的官——做不长,④梁山的兄弟——不打不成交,⑤铁路警察——各管一段,等等。

　　这类以人为喻的歇后语,抓住人物身份、性格、言行、经历某一方面与众不同而又为群众熟知的独特之处,巧妙地设喻。如①"皇帝的女儿"取其身份高贵的特点,④"梁山的兄弟"取其上梁山之前大都进行过打斗的经历,构成喻体,再在本体画龙点睛地指出本义所在,相互配合,给人以极其鲜明的印象。

(二) 以物为喻

　　(2) 我们有些同志喜欢写长文章,但是没有东西,真是"懒婆娘的裹脚又长又臭"。(毛泽东《反对党八股》)

　　例(2)用了"懒婆娘的裹脚又长又臭"这条以物为喻的歇后语。用"懒婆娘的裹脚"比喻有些同志所写的"空话连篇,言之无物"的文章,就把这种文章"又长又臭"使人厌恶的道理说得十分浅显通俗。还有如:①铁公鸡——一毛不拔,②茅坑里的石头——又臭又硬,③聋子的耳朵——摆设,④秃子头上的虱子——明摆着的,⑤出窑的砖——定型了,等等。

　　这类以物为喻的歇后语,根据物体的形态、性质、作用的典型特点进行设喻。如"铁公鸡"取其无法拔毛的特点,"聋子的耳朵"取其毫无听觉作用的特点,构成喻体,再在本体加以解释,指出本义。喻体形象生动,典型性强,就使本来意义比较抽象的本体形象化、具体化,并使语言含蓄而风趣。

(三) 以事为喻

　　(3) 彭老总对部属的要求是很严格的。他自己也风趣地说:"我这个人爱批评人,是高山倒马桶——臭名远扬。"(黄克诚《丹心照日月,刚正垂

千秋——悼念我党我国和我军杰出的领导人彭德怀同志》)

例(3)用了"高山倒马桶——臭名远扬"这条以事为喻的歇后语。彭老总用这条歇后语表明自己为了革命利益,不怕得罪人,严格要求人,爱批评人的特点,语言活泼幽默,态度亲切直率。彭老总的性格和神态,跃然纸上。还有如:①哑巴吃黄连——有苦说不出,②卤水点豆腐——一物降一物,③大姑娘上轿——头一回,④肉包子打狗——有去无回,⑤竹篮子打水——一场空,等等。

这类以事为喻的歇后语,有的来自现实生活,如②以"卤水点豆腐"做喻体,就真实地反映了在做豆腐的过程必须用卤水使豆浆凝聚成豆花儿下沉的情况,从而使本体"一物降一物"鲜明、突出,具有说服力。有的不是来自现实生活,而是人们的虚构想象,如⑤"竹篮打水"是现实生活中不可能存在的,纯属人们的虚构想象。唯其是虚构想象,所以典型性更强。以这种虚构的事情做喻体,并与本体相互配合,就特别生动风趣,富有启发性。

(四) 以历史故事为喻

(4)我们单位享受公费医疗的人有个共同感觉:一些医生过去"吝啬"得很,如今却非常大方。他们现在开药是韩信将兵——多多益善。谁个头痛、感冒,一下子就给两三元的药。(《人民日报》1991年1月3日)

例(4)用了"韩信将兵……多多益善"这条以历史故事为喻的歇后语。故事出自《史记·淮阴侯列传》:"上(刘邦)问曰:'如我能将几何?'信(韩信)曰:'陛下不过能将十万。'上曰:'于君何如?'曰:'臣多多而益善耳。'"用"韩信将兵"做喻体来说明"多多益善",不仅十分准确生动,而且启发人们联想,语言也显得活泼幽默。还有如:①徐庶进曹营——一言不发,②刘备摔孩子——收买人心,③七擒孟获——多此一举,④司马遇文君——一见钟情,⑤周瑜打黄盖——两厢情愿,等等。

这类以历史故事为喻的歇后语,因长期流传于民间,以人民群众十分熟悉的史籍或历史小说中的故事设喻,群众一看便知,一听就懂,喜闻乐见。

(五) 以神话传说为喻

(5)严贡生发怒道:"放你的狗屁!我因素日有个晕病,费了几百两银子合了这一料药,是省里张老爷在上党做官带了来的人参,周老爷在四川做官带了来的黄连!你这奴才!'猪八戒吃人参果——全不知滋味'!说的好容易!是云片糕!"(吴敬梓《儒林外史》)

例(5)中的"猪八戒吃人参果——全不知滋味"这条以神话传说为喻的歇

后语,出自神话小说《西游记》。猪八戒这个憨直愚蠢、鲁莽贪吃的人物吃人参果的故事,已经为群众熟知。以此做喻体说明不知滋味、不分贵贱,形象鲜明,余味无穷。还有如:①八仙过海——各显神通,②姜太公钓鱼——愿者上钩,③猪八戒照镜子——里外不是人,④铁拐李的葫芦——不知卖的什么药,⑤何仙姑回娘家——云里来雾里去,等等。

神话传说反映人民美好愿望,富有浪漫主义精神。以优美的神话传说做喻体的歇后语,生动形象,表现力强,深受群众欢迎。

有些歇后语容易理解,在群众中已经广为流传,使用中可以只说前面的喻体,省去后面的本体。如:

(6) 媳妇总是跟他干仗,两口子真是针尖对麦芒。(周立波《暴风骤雨》)

(7) "对!"干爹更乐了,"咱们要结成亲家啦,要是玩板眼玩到老亲家的头上,大水冲了龙王庙,那可了不得啊!"(《西湖》1986年9月)

例(6)直接用喻体"针尖对麦芒"代替本体"尖对尖";例(7)直接用喻体"大水冲了龙王庙"代替本体"自家人不认自家人"。从形式上看,这是借喻。

二、双关与歇后语

歇后语含蓄风趣,诙谐幽默,往往利用语义和语音的条件,有意使后一部分的解释具有双重意义,言在此而意在彼,巧妙地构成双关。因此,双关是构成歇后语的重要修辞手法。歇后语的双关可分为借义双关和谐音双关。

(一) 借义双关

(8) 我很喜欢读文章,读到高兴处喜笑颜开,读到悲哀处潸然泪下,读到恐怖处毛骨悚然。总之读得津津有味。可是,老师一讲,不知怎的,听得索然寡味。有时讲得支离破碎,只见树木,不见森林;有时讲得云天雾地,不识庐山真面目;有时讲起来借题发挥,丈二和尚摸不着头脑。(《中学语文教学》1998年5月11页)

例(8)中"摸不着头脑",表面上的意义是指丈二和尚十分高大,摸不着头部,实际上是弄不清头绪。这里利用"头脑"的不同含义构成双关,比直接说"弄不清头绪",显得既生动形象,又诙谐幽默。还有如:①墙上挂门帘——没门,②没骨头的伞——支撑不开,③水兵的汗衫——满是道道,④老鼠进风箱——两头受气,⑤柳树上开花——没结果,等等。

其中①中的"没门"表面上是指没有房门,实际上是指没有门道、没有办法；③"满是道道"表面上是指满是横的蓝线条，实际上是指办法多；⑤中"没结果"表面上是指没有结出果实，实际上是指没了结，没成效。这些都是利用词语的不同含义构成双关，含蓄幽默，耐人寻味。

（二）谐音双关

（9）我是我们家的一棵独苗，又仗着自己有手艺，想说个媳妇，容易！人家给我介绍这个，我不要；相了那个又不可心；横挑鼻子竖挑眼，等我实心实意想找个过日子的人时，哎，挑水的回头——过景（井）了。（《小说选刊》1981.6）

例（9）"挑水的回头——过景（井）了"利用"景"与"井"的字音相同，构成了谐音双关，用来表达韶华已过，良景难留的惋惜之情，十分贴切、诙谐、生动。还有如：①外甥打灯笼——照旧（舅），②小葱拌豆腐——一清（青）二白，③四两棉花两张弓——细谈（弹），④纳鞋不用锥子——真（针）好，⑤和尚打伞——无法（发）无天，等等。

其中①"外甥打灯笼"，表面上的意义是"照亮舅舅（照舅）"，实际上是利用"舅"和"旧"字音相同，构成双关，指的是"照旧"，即跟原来一样。这是音同谐音。⑤中的"和尚打伞"，表面上的意义是"没有头发也看不见天（无法无天）"，实际上是利用"发"与"法"字音相近，构成双关，指的是"无法无天"，即不遵守法纪的约束，肆无忌惮地为所欲为。这是音近谐音。这种谐音双关的歇后语诙谐活泼，意味深远。

三、拟人与歇后语

为了增强形象性和生动性，许多歇后语把物予以人格化，使它们有人一样的思想感情，行为动作。"拟人"是歇后语一种常用的修辞手法。

（10）这天晚上，张金龙带了个人，突然来找小小子。小小子知道他是黄鼠狼给鸡拜年，没安好心眼儿，可又不能不接待他。（袁静、孔厥《新儿女英雄传》）

例（10）中的歇后语"黄鼠狼给鸡拜年——没安好心眼儿"，就是用拟人的手法，把黄鼠狼人格化了。从前在人们心目中，黄鼠狼常以狡诈的方式偷鸡吃，用"黄鼠狼给鸡拜年"来比喻"没安好心眼儿"，就给人以鲜明深刻的印象。还有如：①夜明珠喘气——活宝，②麻雀嫁女——唧唧喳喳，③猫哭耗子——假慈悲，④乌鸦笑猪黑——不觉自丑，⑤屎壳郎戴花——臭美，等等。

"夜明珠"是稀世之宝，它自然不会"喘气"，①这条歇后语却赋予"夜明珠"

以人的动作"喘气",当然是"活宝"了。猫吃老鼠是本能,③歇后语却巧妙地用拟人的手法说成"猫哭耗子",当然是"假慈悲"。这类用拟人手法构成的歇后语由于抓住被拟物各自的特点,因而真切自然,感染力强。

四、夸张与歇后语

歇后语为了更突出、更鲜明地强调后一部分的本义所在,往往对前一部分作为喻体的事物故意作扩大或缩小的描绘。因此,"夸张"也是歇后语一种常用的修辞手法。

（11）自修,谈何容易。人类知识千千万,作为一个教师什么都该懂,什么都应学,"老虎吃天,无从下口"呀!（《人民教育》1984.8）

（12）"算了,算了! 我算认得你王铁人了!"孙大姐笑着说:"用工人的话来说,你是一根头发剖八瓣——细得厉害呀!"（《人民文学》1999.2）

例（11）的老虎无论如何凶猛也不可能吃得了天,显然是扩大的夸张。但是用这一扩大的夸张来比喻"无从下口",就生动地突出了头绪太多,无从着手的处境。例（12）的一根头发已经很细了,怎么能再"剖八瓣"呢? 显然是缩小的夸张。但是用这一缩小的夸张来说明"心细",就可以收到强烈的艺术效果。还有如:①头顶长疮,脚底流脓——坏透了,②高射炮打蚊子——大材小用,③斗大的线团子——难缠,④高粱秆挑水——担当不起,⑤顶着石磨做戏——吃力不讨好,等等。

五、借代与歇后语

借代是不直接说出所要表达的人或事物,而借用与之密切相关的人或事物来代替的修辞手法。有些歇后语,运用借代的手法,在设喻部分选择形象化的具有鲜明特征的借体代替本体,使语言生动简洁,语意丰富而深刻。

（13）他们担心的是,目前贯彻调整方针之一是压缩基本建设规模,怕这个扩建项目被停建或缓建,变成"驼背跌跟头,两头不着地",二千四百平方米拆掉了,而扩建厂房却落了个空。（《解放日报》1990.12）

（14）没等他说完,老刘就顶上去,严肃地批评了他:"你真是讨吃打官司——没吃的尽说的! 不用说你只是叫我舅舅,你就是我亲生儿子也不行!"（《人民日报》1996.6）

例（13）中的"驼背"代替驼背的人,是以本体的特征代替本体。例（14）中的"讨吃"代替讨饭吃的人,是以本体的行为代替本体。都运用了借代的修辞手法。还有如:①巴拉眼照镜子——自找难看,②歪嘴吹喇叭——一股邪气,

③凸牙齿啃西瓜——挖肚,④馋嘴进药店——自找苦吃,等等。

这类以借代手法构成的歇后语中,有一些是以人的生理缺陷设喻,含有讥讽之意,须慎用。

六、对比与歇后语

对比是把两种不同的事物或者同一事物的两个不同方面放在一起作比较的修辞手法。不少歇后语运用对比的手法,在设喻部分把对立的事物或事物对立的两面并列,使大同小、多同少、真同假、善同恶、美同丑等更为鲜明突出,让人们在比较中得到鉴别,分清好坏,辨明是非。

(15)澳大利亚矿井工人平均效率,每工十吨多,西德采煤工人平均效率,每工十七吨,都高过我们三四倍,跟人家比,眼下我们还是大拇指比粗腿,差一大截呀!(《文汇报》1995.1)

例(15)的歇后语设喻部分巧妙地用人体中粗细之别极为悬殊的"大拇指"与"粗腿"相比,矛盾鲜明突出,这就使说明部分"差一大截"显得贴切、生动,用来形容我国采煤技术远远落后于世界先进水平的情况,给人的印象十分深刻。还有如:①雷公打豆腐——专拣软的欺,②黄连树下弹瑶琴——苦中取乐,③鲜花插在牛屎上——臭美,④端着金碗讨饭——装穷叫苦,⑤一斗芝麻添一颗——有你不多,无你不少,等等。

七、析字与歇后语

析字是根据汉字构造的特点,把一个字拆开来用或略加增减来用的修辞手法。有的歇后语运用析字的手法,在前一部分将字形加以离合或增减为谜面,在后一部分揭示谜底指出本义。

(16)那天早上,自己一清二楚。所谓流言,无稽之谈!可是自己怎么办?向大家解释?没有人信不说,还要招人耻笑。跟人家翻脸?你根本找不到债主冤头,无从谈起。唉!刀架心头上——忍吧!(《收获》1981.1)

例(16)的歇后语即是把"忍"字拆成"刀""心"两个字,说成"刀架心头上",作为谜面,再揭示谜底"忍"作为本义,委婉含蓄地表达了无可奈何,只好隐忍的心情,意味十分深长。还有如:①王字少一横——真土,②山字垛山字——请出,③王奶奶和玉奶奶——差一点,④自大加一点——臭,等等。

以上将歇后语的修辞手法分为比喻、双关、拟人、夸张、借代、对比、析字七类,作了一些粗浅的探讨。这种分类,只是为了便于分析说明。实际上大多数歇后语往往是几种修辞手法的综合运用,从这一角度看是甲种修辞手法,从另一角度看是乙种修辞手法。

(17)看到这个情景,有些人说:"人家是师长的女儿,干这种活只不过是做做样子,不信你看,保证是兔子的尾巴——长不了。"(《中国青年报》2001.2)

(18)一个干部就这么一个水平,你能和他讲清理么?讲不清就不讲,老虎拉碾子不听那一套。为了河西二百口子的饭碗,我这小腿非扭扭他那条大腿不可。(《小说选刊》2001.3)

例(17)中的从用"兔子的尾巴"来比喻"长不了"的角度看是比喻;从"长不了"表面上指兔子的尾巴长不长,实际上指某种情况或局面不会维持很久,是双关。这条歇后语是比喻、双关两种手法的结合运用。例(18)是比喻、拟物、夸张三种手法的综合运用,兼有比喻、拟物、夸张的特点和表达效果。另外还有双关的表达效果,本体是"不听那一套",表面上指老虎不肯上套,实际上喻指不听那一套意见或办法,是双关。

歇后语正是由于综合运用了多种修辞手法,才显得生动形象,风趣活泼,为群众所喜闻乐见,成为祖国文化的瑰宝之一。①

 思考题

1. 汉语俗语如何运用修辞的手段来形象地表达汉民族的本土文化特征?
2. 请找出在你家乡的方言中表现力特别强,而在普通话中却找不出相应词语的例子若干。(若找不到相应的汉字表示,可用同音字代替。)
3. 含有比喻辞格的成语很多,请给以下这些成语的喻体按一定的标准进行分类。

虚怀若谷、门庭若市、如火如荼、如饥似渴、味同嚼蜡、寿比南山、归心似箭、如鱼得水、如虎添翼、冷若冰霜、恩重如山、呆若木鸡、挥汗如雨、浩如烟海、轻如鸿毛、易如反掌、亲如手足、如胶似漆、对答如流、风烛残年、车水马龙、有口皆碑、唇枪舌剑、草木皆兵、冰清玉洁、明珠暗投、人老珠黄、犬牙交错、血海深仇、犬马之劳、声名狼藉、丧家之犬、切肤之痛、人面兽心、望穿秋水、破镜重圆、风平浪静、班门弄斧、铜墙铁壁、掌上明珠、画龙点睛、柳暗花明、愚公移山、成竹在胸。

---

① 参考唐士军博客"杂七杂八"《浅谈歇后语的修辞手法》。

4. 比较下列句中带点的词,说说哪个用得好,并就汉语的特点作出解释。
   - ① 红雨随心翻作浪,青山着意化为桥。(毛泽东《送瘟神》)
   - ② 红雨无心翻作浪,青山有意化为桥。
   - ① 忍看朋辈成新鬼,怒向刀丛觅小诗。(鲁迅《为了忘却的记念》)
   - ② 眼看朋辈成新鬼,怒向刀边觅小诗。
   - ① 春风又绿江南岸。(王安石《泊船瓜洲》)
   - ② 春风又到江南岸。
   - ① 动人的事迹说不尽,丰收的喜讯到处传。
   - ② 动人的事迹说不完,丰收的喜讯到处传。

5. 分析下列句中同义词的文化因素。
   ① 这是我妻子。　② 这是我爱人。　③ 这是我夫人。
   ④ 这是我太太。　⑤ 这是我老婆。　⑥ 这是我那口子。
   ⑦ 这是我贱内。　⑧ 这是我内人。　⑨ 这是我贤内助。

第七章

辞格的运用

第一节 辞格的含义

一、辞格的含义

什么是辞格呢？辞格一词是从英语 figure of speech 翻译过来的，有人译成"藻饰"，有人译成"美词法"。有人说，辞格就是美化语言或使语言美化的方法，即美词法。《辞海》(1979年版)说辞格是"积极修辞的各种格式"。林裕文在《词汇、语法、修辞》中说："辞格是为了使说话生动有力而运用的一些修饰描摹的特殊方法。"从这些说法里，我们可以看出：辞格属于积极修辞，着重于语言的美化。辞格是对语言着意加工而形成的修辞方法。它是为了增强说话、写文章的表达效果而运用的一些修饰描摹的特殊方法。辞格有一定的格式。

辞格在修辞学中具有重要的地位。首先它是修饰描摹的特殊格式和方法，这种方法是长期以来在言语实践中产生和发展起来的，具有鲜明的民族性，是语言准确、鲜明、生动的表现形式的积累和总结；具有广泛的社会性，是社会大众喜闻乐见的表现形式，有广泛的群众基础；是语言最佳表达形式的概括和总结，对丰富和发展民族语言的表达方式、提高语言的交际功能，具有重要的地位和作用；是语言艺术的精华，是语言创新发展的重要基础，是修辞学研究的重点。

二、辞格的研究

对辞格的研究，可以追溯到西汉的《毛诗序》，它在总结前人研究《诗经》成果时明确指出"比兴"说；东汉王充的《论衡》多处讨论了同"夸张"有关的问题；西汉的董仲舒在《春秋繁露》中用大量的例证说明"取譬"的作用，还论及"重辞""婉辞""微词""温辞"等与辞格有关的修辞现象。唐宋以来，涉及辞格的文论甚多，其中宋人魏庆之编《诗人玉屑》可谓集大成之作。南梁刘勰《文心雕龙》论述全面而系统,几乎涉及修辞的各个方面的问题,提出了不少有关辞格的名目,大多是专篇专论,自成系统,并能讲清各体的要点。南宋陈骙的《文则》篇幅不大,但有独到见解。不少地方条分缕析,细致入微。例如把比喻分为十种,虽细却不混杂,至今仍有借鉴作用。

唐钺的《修辞格》是我国第一部完全以辞格为对象的修辞著作。它借鉴了欧美的辞格理论,又有现代语言学理论做指导,有较完整的学科体系。但这本书基本上是模仿纳斯菲《英文高级作文学》写成的,例句又都是文言文,故而影响不大。

陈望道的《修辞学发凡》对后世的影响最大。该书于1932年出版。它注意借鉴国外的修辞学理论,尤其重视继承我国的文化遗产,最大的功绩是建立了一个详备的辞格系统,提出了38种辞格,好些格下还分若干"式",若把每式也算一格,则总共有六七十格,分别归属于"材料上的辞格""意境上的辞格""词语上的辞格""章句上的辞格"四大类,有纲有目,自成体系。

以后的修辞著作和教材都借鉴了《修辞学发凡》,只是格目有所增减,大的分类有所变异,名实也有更易。这里就不一一举例了。

三、辞格的功能

(一)表达功能

辞格最重要的功能就是表达功能,它本来就是因为表达需要而产生的。善于运用语言的人也就是善于运用辞格的人。《邓小平口才》一书中介绍了这样一件事:1976年邓小平在广州市某肉菜市场被市民们认出来,有人提议要邓小平讲几句话。邓小平想了想说:"继续批邓,一直批到真理出来。"说完就大踏步地走了。这掷地有声的话运用了引用和拈连两种辞格:"继续批邓"是引用了当时的标语口号,顺应了"潮流";"一直批到真理出来"是顺势拈连,向广大群众传达出一种坚定的信心,即真理在手就没有什么可怕的。可见,恰当使用辞格能够增大语言信息量,提高话语的表达效果。

(二)理解功能

理解和表达是逆向而同构的,辞格同样具有理解功能。掌握了有关辞格的知识,就能够正确理解别人的话题。要理解毛泽东《沁园春•雪》"望长城内外,惟余莽莽"的诗意,就得知道借代辞格。"莽莽"有两意:一是形容草木茂盛,一是形容原野辽阔,无边无际。词中的"莽莽"是指辽阔的雪原,采用了特征代本体的借代辞格。

（三）审美功能

爱美,追求美,创造美是人类的本能,是人类进步的起因和标志。辞格充分挖掘了语言美的潜能,因此它又具有很高的审美价值。如:

① 一幅幅写着"誓与大堤共存亡的巨型标语布满大堤上下",一袋袋沙石筑起坚固堤防挡住奔腾的洪水,一面面不同历史时期英雄部队的军旗迎风招展,一队队身着橄榄色军服和橘红色救生衣的官兵整齐列队。

这里运用了排比格,再现了千军万马战洪魔的宏大场面,使读者产生壮美之感。

② 有一首流传于湖南的民歌:

爱你爱你真爱你,恨你恨你真恨你,请个画匠来画你。

请个画匠来画你。

把你画在眼睛上,把你画在砧板上,整天整眼都看你!

刀刀剁你剁死你!

作者把自己的爱与恨都形象化了,同时又运用了反复、夸张、对比的修辞手法,把自己的感情极强烈而又极鲜明地表现出来,既有爱又有恨,内涵丰富,感情复杂,耐人寻味。

第二节 辞格名目

一、老牌辞格名目

这里的老牌辞格名目专指陈望道先生在《修辞学发凡》中提出的辞格。甲类,材料上的辞格——譬喻、借代、映衬、摹状、双关、引用、仿拟、拈连、移就;乙类,意境上的辞格——比拟、讽喻、示现、呼告、夸张、倒反、婉转、避讳、设问、感叹;丙类,词语上的辞格——析字、藏词、飞白、镶嵌、复叠、节缩、省略、警策、折绕、转品、回文;丁类,章句上的辞格——反复、对偶、排比、层递、错综、顶真、倒装、跳脱,共38种。

二、新辞格名目

这里的新辞格名目是以谭永祥《修辞新格》（增订本）为蓝本,列出所提的新辞格。《修辞新格》这本书"是继陈望道先生《修辞学发凡》问世半个多世纪以来唯一的一部研究修辞新格的专著。它提出了《发凡》和其他修辞论著尚未触及或不曾确切阐述的 30 种修辞现象"。这 30 种修辞现象包括双饰、会意、断取、歧疑、拟姓、闪避、移意、序换、返射、新典、淡抹、牵带、设毂、诡谐、留白、凝粹、巧缀、影响、谲辞、绝语、润色、异称、趣释、用歧、旁逸、舛互、同异、别解、列锦。

三、其他诸学者提出的辞格名目

这里所提出的辞格名目只是本人将利用网络及一些刊物杂志所能见到的搜集于此，一定还有疏漏，万望见谅。有伸缩、衬托、衬跌、精细、换算、易色、炼字、图示(孙汝建,陈丛耘《言语技巧趣话》)、对比、回环、通感(中学课本)、桑槐格(吕福中,百度网《打中柱　恨壁子——浅说修辞新格桑槐格》)、变焦(赵宏《修辞学习》2001 年第 3 期《修辞新格——变焦》)、重言(何超兰《长沙民政职业技术学院学报》2004 年 6 月《浅论"重言法"修辞格的表现形式及其语义功能》)、别称(王天敏《洛阳师专学报》1997 年 2 月《别称是一种修辞新格》)、插言、夸饰(袁险峰《武汉工程职业技术学院学报》2007 年 2 月《浅析网络语言中的修辞现象》)等。

四、本书所列辞格说明

本书在辞格例话一章中共列举 43 个辞格,其中有《修辞学发凡》中所提辞格:譬喻(本书称比喻)、讽喻、借代、仿拟、比拟、拈连、婉转(本书称婉曲)、夸张、倒反、避讳(本书称讳饰)、双关、析字(本书称拆字)、飞白、镶嵌、复叠(本书称叠字)、节缩、转品、回文、反复、对偶、排比、层递、顶真、示现、跳脱。另有谭永祥《修辞新格》中所提辞格:歧疑(本书称歧解)、舛互、同异、列锦、趣释(本书称释语)。同时,根据其他资料和教科书中所提,列有:对比、伸缩、衬托、衬跌、精细、换算、象征、回环、炼字、图示、易色、通感、桑槐等。

第三节　辞格例话

以上所提辞格无论是分类和名实,现今在各种修辞书和教材中都有所变化,本书根据语言因素的关联和表现手法的相近,选择了 43 个辞格逐一阐析。

　谭永祥《修辞新格》(增订版),福建教育出版社,1983 年 10 月版。

一、歧解

见到一个俱乐部贴出关于"怎样使婚姻幸福"讨论会的海报上,有"你和你丈夫之间有什么共同之处"这样一句话。而在这句话下面,有人加了一个批句:"我们俩都是同一天结婚的。"

这则小幽默的问题在于对"共同之处"可有多种理解,但在其上下文中却有特定的含义。而戏谑者故意用"同一天结婚"来反讥。这种修辞手法叫歧解。歧解,有有意的曲解和无意的误解之分。

传统修辞学中有一种辞格,惯称"曲解",它是指"在写文章或说话时,对某些词语的意思有意地进行歪曲解释,以满足一定的交际需要"[①]。事实上,在言语表达中除了"曲解"外,仍有大量的"误解"现象存在,而传统修辞学著作未能将"误解"指出。所以我们用"歧解"来取代,并将它分为"曲解"和"误解"两种。

(一) 曲解

曲解,是对某些语句的意思有意地加以歧解。

有一次朱熹去会他的朋友盛温如,盛温如正提着一只篮子准备上街。他们互相打招呼后,朱熹问道:"你上哪儿去?""去买东西。"朱熹又问:"难道不能买南北?"盛温如说:"东方属木,西方属金,凡属木类、金类,这个篮子就装得;南方属火,北方属水,火类、水类,这个篮子就装不得。所以只买东西,不能买南北。"

"东西"一词有两种解释:一为方位,一为物体。朱熹在这里故意歧解"东西"为方位,引出了"难道不能买南北?"的发问,而盛温如顺手牵羊,就"东西"的"方位义"加以阐发,自圆其说,妙趣横生。

林肯在学校读书的时候,有一次考试,老师问他:"林肯,你是愿意考一道难题呢,还是考两道容易的题呢?"

"考一道难题吧。"

"好吧,那你回答,"老师说,"蛋是怎么来的?"

"鸡生的呗!"林肯答道。

"鸡又是从哪里来的呢?"

"老师,这已是第二个问题了。"林肯说。

[①] 黄民裕《辞格汇编》,98页,湖南人民出版社,1985。

"蛋是怎么来的"和"鸡又是从哪里来的",本是一道题中的两个相关联的小问题,林肯故意加以曲解,避免回答"鸡又是从哪里来的"这样的问题。

(二)误解

误解,是指无意之中形成的歧解。如:

有一个人跑到警察局报告他的家被盗了。警官问他:"您亲眼看见那个小偷了吗?"

"看见了,当时我正在屋里睡觉。"

"那个人有什么特征?"

他想了一会儿,回答说:"那个人左耳上叮着一只可怕的大绿头苍蝇。"

报案人不理解"特征"的含义,误解了"特征"一词,将非本质的东西当做本质的东西来叙述。

督学到学校巡视,与学生交谈间随口问道:"你知道阿房宫是谁烧的吗?"学生一脸惶恐,连声说:"不是我烧的。"督学气地责问校长说:"贵校的学生国文基础极差,连阿房宫是谁烧的都不知道。"校长虽不解"阿房宫"是怎么回事,但很平静地说:"鄙校学生一向诚实,既然他说不是他烧的,就一定不是他烧的。"

盛怒之下,督学写了一封信给教育局局长,禀明原委,局长即刻复函说:"烧掉就算了,再拨经费重建阿房宫。"

"学生""校长"和"局长"都不理解"阿房宫"为何物,小品用误解法巧妙地讽刺和抨击了腐朽的封建教育制度。

曲解和误解都可以产生歧解的表达效果,但在具体的言语活动中,曲解和误解常常被套用。

有个轿夫不会说客套话,有一次他和另外几个轿夫把一位秀才抬上山后,问道:"相公,'令尊'是什么意思?"秀才作弄说:"这'令尊'二字是称呼人家儿子的。"说完偷偷地掩嘴而笑。

轿夫信以为真,就同秀才讲起客套话来:"相公家里有几个'令尊'呢?"秀才气得脸也发了白,但又不好发作,只好说:"我家里没有'令尊'。"

轿夫以为他真的没有儿子,很替他难过,便恳切地安慰道:"相公没有'令尊',千万不要伤心,我家有四个儿子,挑一个去做'令尊'吧。"

秀才曲解'令尊'以戏轿夫,而轿夫误解了'令尊',产生了一连串的笑话。

歧解是利用了言语的歧义性。换言之,言语的歧义性是歧解的基础。

歧解的构成常常有这样几种方式。

1. 利用同音词构成歧解

从前有一位先生想考一考学生,便问学生:"郑成功这个人熟悉吗?"许多学生一时答不出来,只有一个学生说了:"先生,郑成功这个人我不熟悉,郑成功的母亲我熟悉,她是失败,失败是成功之母。"学生听了都张嘴大笑起来。

这两个"成功"是同音词,词义相异,小品的作者正是利用了这一特点,故意曲解"成功"一词,使小品幽默诙谐。

2. 利用多义词构成歧解

妈妈叫儿子到食品商店买两斤鸡蛋,再三嘱咐:"要认真挑选,不要坏的。"不一会儿,儿子把鸡蛋买回来了,妈妈一看,吃惊地问:"怎么都打破了?"儿子说:"我怕有坏的,一个个都打开看了,没有坏的。"

"不坏"在这里可作两种理解。妈妈理解的"不坏"是指"不变质"和"不破损";儿子理解的"不坏"仅仅是"不变质",而忽略了"不破损",结果将蛋一个个打破了。

3. 利用句法关系的不确定性构成歧解

(1) 修饰关系。如"几个营的干部都来到前沿"。在语义上,由于表达的不严密可产生两种理解:第一,"几个"修饰"营",就可以理解成"几个营的干部(不一定是营级)来到前沿";第二,"几个"和"营"一起修饰"干部",则可以理解成"来到前沿的是几个营级干部"。

(2) 动宾关系。如"处分了你的班长"。如果"处分"和"你"构成动宾关系,就可以理解成"处分你的是那个班长";若"处分"和"你的班长"构成动宾关系,则可以理解成"受处分的是你的班长"。

(3) 并列关系。如"小李和小张的朋友"。该句有两种理解:a. 小李和一位朋友,这位朋友是小张的朋友;b. 这位朋友既是小李的朋友,又是小张的朋友。

(4) 介宾关系。如"关于鲁迅的著作"。"关于"所涉及的范围如果是"鲁迅",则可理解为"关于鲁迅生平事迹思想等方面的著作";如果"关于"涉及的范围是"鲁迅的著作",则可理解为"关于鲁迅自己写的著作"或"关于鲁迅自己拥有的著作"。

(5) 施受关系。如"反对的是他"。"他"作施事即表示"他反对";"他"作受事,则表示"他被反对"。

4. 利用句读构成歧解

有一位秀才应聘到财主家作私塾先生,秀才深知财主的吝啬,立契时写道:"无鸡鸭也可无鱼肉也可素菜一碟足矣。"东家听后大为高兴,即刻在契约上签了字,秀才应聘几天后,招待甚差,便持契约找财主论理:"契约上明明写着'无鸡,鸭也可;无鱼,肉也可;素菜一碟足矣。'怎么不按契约行事呢?"

秀才在立契约时,故意使用白文,即不加标点,并口头断句,让财主在契约上签字后,再作另一种断句,戏弄财主。

5. 在特定的语境中构成歧解

任何一种语言交际活动都是集体的,都离不开"何人何时对何人说什么语言",这种使用语言的环境就是语境。语境有小语境和大语境之分。小语境是指上下文或前后语,大语境是指语言表达时的具体环境,既可指具体场合,也可指社会环境。在特定的语言环境中可以构成歧解。

姐夫个性木讷寡言,与内向的姐姐正好是一对,婚前二人同事三年,彼此虽然有意,却没有勇气表白,后来在同事的安排下,他们开始约会了。姐姐羞怯怯地问道:"为什么每次我们四目相投的时候,我总觉得你的眼里有特别的东西。"

姐夫脸红红地回答:"哎呀!你怎知道我有沙眼的?不过请放心,医生说差不多已痊愈了。"

在特定的语境中,姐夫听到"你的眼里有特别的东西"的问话,心慌意乱地道出了自己曾患过沙眼病。

歧解法利用了言语的歧义性,这种歧义性可以表现于词、短语、句子、语境中。巧妙地运用歧解,能产生理想的交际效果,或造成幽默诙谐的言语特色,或活跃气氛,使谈话轻松愉快。

二、伸缩

四位考生想知道考试成绩如何,就前去算命,算命先生只说了一个字"一"。考试成绩公布后,有一位考生成绩不及格。有人问算命先生为什么算得那么准,"很简单。"算命先生说,"如果一位及格,就是一个及格;如果两位及格,就是一半及格;如果三位及格,就是一个不及格;如果全及格,就是一个也没有不及格。"

算命先生用"一"字概括了有可能发生的四种情况。在言语表达时,故意不把话说得绝对,理解上可上可下、可宽可窄、可此可彼,留有余地,这种修辞方法叫做伸缩。伸缩有两种情况。

一是用语义不确定的语句构成伸缩。如:

李子不一定落在李子树周围,
苹果不一定落在苹果树附近。
少言寡语不一定大智若愚,
谈笑风生未必就是不严肃认真。
美人儿不一定心灵空虚,
傻大姐不一定能有好命。
恋人儿不一定一帆风顺,
单身汉不一定永远不幸。
真正的爱情不一定就只有一次,
两次三次的爱情也有可能。
真理不总在长者手里,
年轻人的话有时也不妨听听。
金钱不一定带来不幸,
两手空空就值得高兴?

这首题为《不一定》的短诗使用了"不一定""未必""有可能""有时也不妨"等意义不确定的词语,分层阐述了可能发生的两种情况。这首诗用意义不确定的词语构成伸缩,全诗蕴含着丰富的生活哲理。

二是对要谈及的对象避而不谈。如:

"你干什么?写信吗?""是的,这封信真难写!我姨妈前几天寄来一件礼物,祝贺我的生日,现在我想写一封信感谢她,但我记不起她寄来的是什么礼物。""这有何难的?你这样写:亲爱的姨妈,谢谢你寄给我的极好的礼物。你给我的礼品正是我梦寐以求的,我真奇怪,你怎么知道我的心思?祝您健康!"

写信人要给姨妈回信,感谢她寄来的礼物,但记不起是什么礼物了,只好在信中避而不谈,用"极好的礼物"来搪塞以构成伸缩。

伸缩法的基础是利用了言语的模糊性。事物的大小、多少、高低、长短、快慢、粗细、深浅、宽窄、厚薄、浓淡、远近等是相对的,像早晨、上午、下午、傍晚这些表示时间概念的词语就没有严格的界限。客观事物的相对性带来了人们主观认识的模糊性。如"黄昏"一词,《现代汉语词典》和《四角号码词典》对它的解释就不一致。《现代汉语词典》解释为:日落以后,星出之前的时候。《四角号码词典》解释为：日落天将晚的时候。

客观事物的相对性和由此产生的认识上的模糊性为伸缩法的运用提供了基础。言语交际中既需要精确的表述，也需要模糊的表述，模糊表述在言语交际中起着不可忽视的作用。我们可以艺术地运用伸缩法，把话说得留有余地，或故意不把话说死，以达到特定的表达效果。

歧解与伸缩的区别：第一，歧解是有意或无意地歧解某些语句的意思，有意的歧解叫曲解，无意的歧解叫误解，两者的区分是以表达者的主观意图为依据的，伸缩是故意不把话说得绝对，理解上可上可下、可宽可窄、可此可彼，它是一种留有余地的表达方法；第二，歧解的基础是利用了言语的歧义性，伸缩的基础是利用了言语的模糊性。

三、婉曲

"交通安全周"期间，某市交通部门贴出标语："阁下驾驶汽车，时速不超过三十公里，可以欣赏本市的美丽景色；超过六十公里请到法庭做客；超过八十公里，欢迎光临本市设备最新的医院；上了一百公里，祝您安息吧！"

标语以婉曲的手法，告诫人们要按规定的时速行车，否则会引起不同程度的不良后果。在言语活动中，说话人有时故意不说出本意，只叙述与本意相关或相类似的事物，含蓄地道出本意，这种表述方法叫婉曲。婉曲分为暗示和折绕。

（一）暗示

这种辞格是用与本意相关的语句旁敲侧击，让对方猜得透本意。越剧《梁山伯与祝英台》中的《十八相送》里有这样一段唱词：

祝：（唱）出了城，过了关，但只见山上樵夫把柴担。

梁：（唱）起早落夜多辛苦，打柴度日也艰难。

祝：（唱）他为何人把柴打？你为哪个送下山？

梁：（唱）他为妻儿把柴打，我为你贤弟送下山。

祝：（唱）过了一山又一山。

梁：（唱）前面到了凤凰山。

祝：（唱）凤凰山上百花开。

梁：（唱）缺少芍药共牡丹。

祝：（唱）梁兄若是爱牡丹，与我一同把家归，我家有支好牡丹，梁兄要摘也不难。

梁：(唱)你家牡丹虽然好，可惜是路远迢迢怎来攀。

祝：(唱)青青荷叶满水塘，鸳鸯成对又成双，梁兄啊！英台若是女红妆，梁兄愿不愿配鸳鸯。

梁：(唱)配鸳鸯，配鸳鸯，可惜你，英台不是女红妆。

……………

幕后合唱：过了河滩又一庄，庄内黄狗叫汪汪。

祝：(唱)不咬前面男子汉，倒咬后面女红妆。

梁：(唱)贤弟说话太荒唐，此地哪有女红妆，放大胆子莫惊慌，愚兄打犬你过庄。

祝：(唱)眼前还有一口井，不知井水有多深？

梁：(唱)井水深浅没关紧，你我赶路最要紧。

祝：(唱)梁兄来，你看井底两个影，一男一女笑盈盈。

梁：(唱)愚兄明明是男子汉，你为何将我比女人？

幕后合唱：过一井来又一堂，前面到了观音堂。

祝：梁兄，可到堂前一拜呀？

梁：好哇！(唱)观音堂，观音堂，送子观音坐台上。

祝：(唱)观音大士媒来做，我与你梁兄来拜堂。

梁：(唱)贤弟越说越荒唐，两个男子怎拜堂？

祝英台女扮男装去杭州读书，"三载同窗情似海，山伯难舍祝英台，相依相伴送下山，又向钱塘道上来"。祝英台用暗示法向山伯吐露爱慕之情。一路上，英台不说本意，只涉及与之有关的事物情境，因境设问，缘事传情，旁敲侧击启迪山伯，"呆头鹅"梁哥哥竟启而不发，不明真情。

(二) 折绕

所谓折绕，就是在言语交际中，故意绕一个或几个弯子来托出本意。小幽默、小品文常常采用折绕法。如：

一位病人问医生："大夫，请告诉我，做什么样的练习对减肥最有效？"

"转动头部，从左到右，然后从右至左。"医生回答说。

"什么时候做呢？"

"当别人款待你的时候。"

病人向医生询问做什么练习对减肥最有效，医生完全可以用"节食"两个字来做正面回答，而医生没有这样做，却绕了两个弯子，"从左到右，然后从右至左"地转动头部即为摇头，摇头表示否定。什么情况下摇头呢？"当别人款待你的时候。"这两个弯子所托出的本意就是"节食",医生有意地折绕比正面回答更含蓄、更幽默、更耐人寻味。反之,如果医生直截了当地用"节食"二字来回答病人,这只能是病人和医生的简单对话,而不是幽默小品了。

四、讳饰

刘庸是乾隆皇帝的宠臣。一天,刘庸问乾隆:"万岁,今年贵庚?"乾隆回答:"朕今年四十有五,属马。你呢?"刘庸垂手回答:"臣也四十有五,属驴。"乾隆感到惊奇,又问:"朕属马,爱卿怎么属驴?"刘庸讨好地说:"万岁属马,臣怎敢同属,只好属驴了。"

刘庸自称"属驴"是因为讳饰的缘故。

讳饰又叫避讳,是指说话人碰到犯触讳的事物,不直接称说,而用其他话语来修饰和替换。

我国封建社会对于帝王和尊长之名,在言语表达上要有所避讳。当朝的皇帝和被尊为"至圣"的孔子之名全国避之,谓之国讳或公讳。祖先和父亲的名字全家要避讳,称为私讳或家讳。避讳的方法是改用音同或音近的字,或原字缺笔书写,或在姓和名中间加上"讳"字。

秦始皇名"政",与"正"同音,"正月"读作"征月",写作"端月"。汉文帝名"恒","恒山"改为"常山"。西汉吕后名"雉","雉鸟"改名为"野鸡"。唐太宗名为李世民,唐人行文中"世"用"代"字代替,"民"字用"人"字代替,观世音略称观音,"民部"改为"户部"。

宋时有个州官叫田登,自讳其名,州境之内皆呼灯为火。上元放灯,吏人书榜揭于市曰:"本州依例放火三天。"时人讥曰:"只许州官放火,不许百姓点灯。"

古人称孔丘,写着孔丘,读为"孔某",也是为了避讳。

不仅仅是古代,现代人也有避讳的心理和习惯,特别是对不吉利的事物往往要避而讳之。如:

> 有一个不善于说话的人,一天,邻居生了一个孩子,大家都前去祝贺,他也去了。主人见他来了,怕他说漏了嘴,赶紧让他进屋喝酒。他也自知口才不好,就光顾吃东西不做声,直到喝完了酒,他才对大家说:"你们听见了吧!我今天可什么也没说,这小孩要是死了,可别怨我!"气得主人目瞪口呆。

邻居对"死"非常忌讳,为了避讳,才将那"口才不好"的人打发去喝酒,谁知他无意之中竟冒出一个"死"字来,一字犯讳,令人啼笑皆非。

避讳不仅仅是汉民族的心理习惯,外族人也有避讳的心理和习惯。日本人对装饰着狐和獾图案的礼品是拒而不收的,他们认为狐狸意味着贪婪,獾代表着狡诈。在拉丁美洲国家,黑色和紫色是忌讳的颜色,手帕和刀剑都从不送人的,因为手帕和眼泪连在一起,而刀剑暗示友情的完结。

可见,避讳是一种民族心理现象,它同时反映在言语交际中。

婉曲和讳饰有联系,它们都不直接说出本意,而是换一个角度来说本意。但二者的区别也很明显,婉曲是用相关或相近的事物来暗示,或绕个弯子间接地托出本意,而讳饰是用其他的称谓取代犯忌的事物。

五、衬跌

有一个"伤心的故事",你听后准会发笑。

有三个人来到纽约度假。他们走进一座高层旅馆,订了一套房间,房间是在大楼的四十五层上。

傍晚,三个人外出看戏。回旅馆时已是夜深人静了。"真对不起,"旅馆服务员说,"今晚我们所有的电梯都出了毛病。若诸位不打算徒步回房间,我们会想点办法,给你们在大厅找个安顿的地方。""不必,不必,"其中一人说,"太谢谢您了,我们不想在大厅里过夜,自己走上去行了。"然后他转过身子对两位同伴说:"爬上四十五层楼,谈何容易。不过我知道怎样从难变易。一路上,我负责给你们讲笑话。然后安迪,你给咱们唱几支歌。还有你,彼得,给咱们讲几个有趣的故事。"

于是,三个人开始往上走。汤姆讲笑话,安迪唱歌,好不容易爬到三十四层。大家疲惫不堪,决定先休息一下。

"喂,"汤姆说,"现在该轮到你了,彼得。一路上笑话听过了,该给咱们讲个长一点的故事,情节要有趣味,最后来个让人伤心的结尾。"

"那我就照你们的要求,讲一个使人伤心的故事。"彼得说。

"故事不长,却使人伤心极了:我们把房间钥匙忘在下面大厅啦!"

这则故事之所以令人捧腹,是因为它运用了衬跌的表达方法。

所谓衬跌,是指不先说出正意,而是先用一句或几句话作陪衬,然后急速顿跌,说出正意,或者先将读者引入一个思路,然后突然一"跌",转入另一思路,产生"意料之外,情理之中"的言语效果。如上例,本来的思路是:汤姆要彼得讲个故事,要求有一个伤心的结尾,而彼得突然想起房门的钥匙忘在三十四层下的底楼,思路由故事跌入现实,真是使人伤心透了。

衬跌的运用,有这样三种情况。

(1) 衬跌作为情节安排的一种方法,常常出现于带有情节性的言语交际中,使情节曲折起伏,跌宕有致。如,有一篇短文题为《没有预告的电视剧》:

"爸爸,快来看!电视剧。"

爸爸听见儿子大惊小怪的叫喊声,赶紧跑进房间。

电视屏幕上,有一男一女正漫步在万紫千红的花园里。又在波光潋滟的湖里划船,两双眼睛脉脉含情,两个头慢慢靠近——他们又在阳光明媚的沙滩上奔跑,还是慢镜头,那红色的游泳衣起伏的线条,那轻烟般迎风飘起的长长黑发……确实美!音乐也异常动听。

"这是什么电视剧?"爸爸问。

"不知道,没有预告。"儿子的眼睛一眨不眨。

幸好,电视上的主人公说话了。

女:(柔媚地)今天是我的生日,我太高兴太愉快了!……

(他们已依偎在一块树木成荫的草地上了。)

男:(眼望远方)是的,真好……可我觉得失落了点什么。

女:(猛转头,声音粗了)什么?你丢东西了?

男:(摇摇头)

女:我知道了。(撅起嘴,不高兴地)你总忘不了你的那个她,她已经抛弃你了,现在早把你忘得干干净净,丢到脑后边去了。你还这么痴情,念念不忘地想她……

男:请原谅……

女:(愠怒地)你说!我哪点不好?(流泪)是没有她漂亮?还是没有她温柔?你说嘛,说出来,我一定改……

"飞飞!快!叫你妈别洗碗了,快来看电视剧!还有爷爷、奶奶!"

顷刻,一家老小坐在电视机前,聚精会神地盯着屏幕。

女:你为什么这么忧郁?说真的,你是不是还想她?

男:亲爱的,请原谅……我也说不清。也许,一个人永远也忘不了初恋时的情人。

(女的赌气地转过身,向着他)

男:(叹了口气)当初,和她在一起的时候,她总是很关心我的关节炎。她经常给我买天竹牌关节止痛膏,亲自给我敷贴。天竹牌关节止痛膏的疗效又快又好,它的生产历史悠久,工艺先进合理,质量稳定可靠,产品畅销国内外。电话23452,电报挂号8041……

这则短文很幽默地讽刺了一些电视广告为了吸引观众,乱加荒唐离奇的情节,读后逗人发笑又令人深思。其所以能产生如此强烈的艺术效果,是因为运用了衬跌法。银幕上开始出现的画面和对白把观众引入了一个充满爱情纠葛的电视剧情节里,突然一跌,变成了电视广告,一跌成趣。

(2) 衬跌出现在非情节言语作品中,形成思路的顿跌。如:

① 台风:12级,大风:8级,和风:4级,轻风:2级——耳边风:0级。

② 人们为一个军骡树立的墓碑上写着下列字样:军骡马吉葬在这里。在她的一生中,她踢过一个上将、两个上校、四个少校、十个上尉、二十四个中尉、四十个士官、二百二十二个士兵和一个炸弹。

例①从自然界的风跌及"耳边风"。例②由军骡马吉的乱踢人跌及踢炸弹,含蓄地道出了马吉的死因。

(3) 衬跌还可以借助言语表达的款式来体现。有这样一份《情书》:

最亲爱的吉米:

自从咱们解除了婚约以后,我心中巨大的痛苦是无法用言语表达的。恳求你,我们和好吧。你在我心中的位置是没有人可以代替的。请饶恕我吧。我爱你!我爱你!!!

永远属于你的玛丽

又:祝贺你中了彩票。

"情书"运用衬跌巧妙地讽刺了只重金钱不重爱情的人。信的正文表达了玛丽对吉米的爱恋之情,但信的附言却揭示了爱恋的真实缘由。

六、衬托

衬托,是为了突出主要的人、事、物,而用其他的人、事、物作陪衬。运用衬托法,能突出和渲染主体,使形象更加鲜明,给人以深刻的印象和感受。衬托分为正衬和反衬。

(一) 正衬

正衬是利用主要事物(本体)与陪衬事物(衬体)的类似,用衬体从正面衬托本体。如:

这一天很暖和。法国侦探小说家乔治·西姆农和他的合作者马塞尔·帕尼奥尔沿着圣日尔曼大道散步。西姆农忽然吹起口哨,叹道:"上帝,她一定非常可爱!"

"谁?"帕尼奥尔问道,"我只看到几个小伙子,而您能够看到她?"

"不,我看不到她。"西姆农微笑着回答说,"但我可以看到走过来的那些男人眼里的神色。"

西姆农没有直接看到本体即"她"的丰姿,而是通过衬体"那些男人眼里的神色"来推断"她一定非常可爱"。这是采用的正衬法。

(二) 反衬

反衬是指本体、衬体的特点相异,而用衬体从反面来衬托本体。

罗斯福夫人写了一篇短文,题为《丑小鸭》,抄录于下:

我童年时一直渴望别人注意我,因为有许多事使我觉得:我不能吸引人,不会有人对我倾心。别人说我是丑小鸭,像那些拜倒在我妹妹裙下的翩翩少年,我根本休想。我身上穿的是姑姑旧衣服改制的衣服;我跳舞或溜冰姿势都不如别的女孩那样美妙;我和别的女孩子不一样;我参加舞会,没人请我跳舞,但是有一次圣诞舞会上,一个男孩子过来请我跳舞。我心里对他感激,一直到现在都还记得。

那个男孩的名字叫富兰克林·罗斯福。

罗斯福夫人没有正面写她与罗斯福的爱情,而是从反面写自己如何丑陋。为了突出自己的丑貌,她用自己的妹妹和其他女孩子的美,来衬托自己的丑。这是采用的反衬法。

在言语表达中,有时正衬和反衬是同时使用的,如:

1837年,林肯在斯普林菲尔德从事律师工作的时候,有一位在美国革命战争中阵亡的士兵的妻子——一个年迈的寡妇蹒跚来到了林肯的律师事务所,哭诉一位抚恤分发吏在她领400元抚恤金时,竟索要200元的手续费。林肯听罢大怒,并立刻提起诉讼。在开庭前,林肯作了这样的准备:读一本华盛顿传记,一本革命战争史。这样大大加深了他对革命战争和烈士们的强烈思念,点燃了热诚的感情。在开庭的那天,林肯先追述了当初美国人民所遭受的压迫,描述了当年革命战争所经历的痛苦、饥饿、流血、牺牲……然后林肯怒斥那个习吏竟敢剥夺、克扣当年为国捐躯的兵士遗孀的一半抚恤金。林肯继而又说道:"时间已向前迈进,1776年的英雄已成为过去,那位士兵已经安逝长眠,现在他的遗孀年老体弱来到你我面前,请求为她申冤。她以前也曾是美丽的少女,她的步履轻捷,声音曼妙,但是现在她是贫穷无依,来向享受着革命先烈用生命换来的自由的我们,请求同情的帮助与人道的保护。我所要问的是我们应否援助她呢?"

当林肯讲完这一番话后,有的陪审员竟满眼含泪,他们一致认为那老妇人所应得的抚恤金分文不能少给。起诉胜利了。

林肯的起诉之所以获得成功,是因为他采用了衬托的手法,征服了陪审员。他追述当年革命战争所经历的难以尽述的困难,是为了衬托为国捐躯的兵士的伟大和崇高,这是正衬。他细致地描绘兵士遗孀的生活之苦,这是反衬。衬托法的运用,使人们一致认为那老妇人所应得的养老金分文不能少给,起诉终获胜利。

衬托常常在文艺作品中作为一种表现手法被运用。比如:

佐拉的小说《陪衬人》,描写了杜朗多先生利用美、丑衬托大发横财的故事。杜朗多先生有一天贴出广告,声称专为小姐淑女开设一个"陪衬人代办所"。这些"陪衬人"实际上都是廉价招募来的相貌丑陋的女模特儿,根据各人的特点分类出租。她们的服务内容主要是陪衬主顾,衬托其美貌。"代办所"门庭若市,生意兴隆。杜朗多先生用"衬托"手法赚了大钱,因此成为百万富翁。

七、对比

1860年,林肯作为共和党的候选人,参加了总统竞选。林肯的对手,民主党人道格拉斯是个大富翁。他租用了漂亮的竞选列车,在车后安上一尊大炮,每到一站鸣炮三十二响,加上乐队奏乐,声势之大超过了美国历史上任何一次竞选。道格拉斯洋洋得意地说:"我要让林肯这个乡下佬闻闻我的贵族气味。"

林肯没有专车,他买票乘车。每到一站,朋友们为他准备一辆耕田用的马拉车。他发表竞选演说:"有人写信问我有多少财产。我有一位妻子和三个儿子,都是无价之宝。此外,还租有一个办公室,室内有桌子一张,椅子三把,墙角还有大书架一个,架上的书值得每人一读。我本人既穷又瘦,脸蛋很长,不会发福。我实在没有什么可依靠的,唯一可依靠的就是你们。"

林肯竞选总统时的言行与道格拉斯形成鲜明的对比。对比手法的运用,是林肯获得民心民意的一个重要因素。

对比,又叫对照,是指故意把两种相反、相对的事物,或者是同一事物相反、相对的两个方面放在一起加以对比。对比法的运用,能将好与坏、真与假、美与丑、善与恶鲜明地揭示出来,通过对比给人以教育或启迪。

对比有两种类型。

(1)一体两面对比,即将同一事物的两个相反或相对的方面加以对比。如:

往年梅花开,哥哥玩纸牌。

今年梅花开,哥哥开山打石崖。

这是四川民歌中的四行诗,同是"哥哥",在"往年"和"今年"形成了"玩纸牌"和"开山打石崖"的鲜明对比。

(2) 两体对比:将两种相反或相对的事物进行对比。

有一篇题为《偏见》的短文,说的是外国妇女就业时,即使与男子做同样的工作,也往往受到人们不公正的对待。

他的办公室凌乱不堪:	她的办公室凌乱不堪:
显然他工作很勤奋。	是个缺乏条理的人。
他在桌上放了张家照:	她在桌上放了张家照:
噢,一个有责任感、热爱家庭的人。	哼,她工作时就想家。
他不在办公室:	她不在办公室:
他一定和顾客周旋了。	她肯定到女洗室去了。
他在与同事闲谈:	她在与同事闲谈:
他马上就会不谈了。	女人闲扯起来没完没了。
老板正在训他:	老板正在训她:
他会努力改进的。	她不会再好了。
他与老板共进午餐:	她与老板共进午餐:
他将被提升。	他们一定色色搭搭。
他结婚了:	她结婚了:
他更安心了。	怀孕后就会辞职的。
他将得到一个较差的待遇:	她将得到一个较差的待遇:
他会发火吗?	她会哭吗?
他因公出差:	她因公出差:
这对他的事有好处。	她丈夫会怎么说?
他在别处找了个更好的工作:	她在别处找了个更好的工作:
他真好运气。	人不可预言。

这里采用两体对比的手法,说明在同一件事情上,在人们心目中对"他"和"她"所产生的不同看法,反映了某些人对妇女的偏见和歧视。

对比有多种含义。①它可以作为一种方法论,如"有比较就有鉴别",这里的"比较"实质上是对比的同义语。②指文学作品中常用的一种艺术手法。如《范进中举》,通过对胡屠夫在范进中举前后的言行的对比,辛辣地嘲讽了他前倨后恭、卑鄙、势利的市侩嘴脸,绝妙地讽刺了科举制度。③由词语或句子表现的对比。如:"吴天宝人小,器量可大。"(杨朔《三千里江山》)"有缺点的战士

终究是战士,完美的苍蝇竟不过是苍蝇。"(鲁迅《战士和苍蝇》)

我们觉得,作为方法论的对比,它在认识论上具有普遍的指导意义,应属哲学的范畴。作为谋篇布局手段的对比手法,在文艺作品中,或渲染气氛,或表讽刺,或产生幽默感,对整篇作品的言语风格产生积极的影响,这种对比手法,应视为修辞的一部分。至于词语或句子表现的对比,理所当然是修辞的重要组成部分。所以,作为修辞所谈及的对比,是指文学作品中的艺术表现手法和用词语或句子表现的对比手法。

衬跌、衬托、对比的相同之处是:它们都既可以在文艺作品中作为艺术表现手法出现,又可在词语或句子中出现。

三者是有区别的。

衬跌不同于衬托。两者虽然都有"衬"的成分,但衬跌是不先说正意,而先作陪衬,将读者引入一个思路,然后突然一"跌","跌"出本意。而衬托是为了突出主要事物,用类似的事物或反面的事物作陪衬,它的作用是突出或渲染主要事物,给人以深刻的印象。

衬托也不同于对比。衬托有主次之分,衬体是用来衬托主体的。而对比是将同一事物的两个方面或两种相反或相对的事物进行对照,对比的双方无主次之分,而是相互依存的。衬托的重心在于"衬",而对比的重心在于"比"。

八、夸张

香港《大公报》曾刊载了一则故事,题为《称我江山有几多》,讲的是:

朱元璋当皇帝后,多次微服出巡。有一次,他出巡归来,到金陵郊外一个渡口等船渡江,正遇上一群来金陵参加进士考试的举子也在候船。

这里的风景十分壮丽,万里长江滚滚东流,苍茫的钟山似龙盘虎踞,偌大的采石矶屹立于岸。一个年轻的举子凝视着眼前的景色,脱口吟道:"采石矶兮一秤砣",举子们听了都一致称赞。

朱元璋听后却冷笑一声道:"这个句子的气魄是很大的,但恐后文难继吧!"

大家听了以后一想,不错,偌大一座采石矶仅仅是一个秤砣,那么秤杆、秤钩又是什么呢?纵使有了这么大的秤,又去称什么呢?……大家面面相觑,不知如何是好。

朱元璋见状大笑,说道:"待我试续一下,好吗?"说完,高声朗诵起来:

采石矶兮一秤砣,长虹作杆又如何?

天边弯月是挂钩,称我江山有几多。

果然厉害,竟把江山称为己物,举子们个个目瞪口呆。

朱元璋的四句诗采用了夸张手法,把采石矶比作秤砣,把长虹比作秤杆,把弯月比作秤钩,去称江山的分量,在比喻中夸大事物,气魄非凡。

所谓夸张,是为了表达强烈的思想感情,突出某种事物的本质特征,运用丰富的想象力,对事物的某些方面着意夸大或缩小。

夸张可分为夸大、缩小和超前三类。

(1) 夸大:是对事物的形象、特征、作用、程度等加以夸大。如《爱的徒劳》中有一段文字:

　　(爱情)它会随着全身的血液,像思想一般迅速地通过四肢百骸,使每一个器官发挥出双倍的效能;它使眼睛增加一重明亮,恋人眼中的光芒可以使猛鹰眩目;恋人的耳朵听得出最微细的声音,任何鬼祟的奸谋都逃不过他的知觉;恋人的感觉比带壳蜗牛的触角还要微妙灵敏;恋人的舌头使善于辨味的巴克科斯(希腊神话里的酒神)显得迟钝。

这段文字对爱情的作用加以夸大,显示了爱情的神奇力量。

(2) 缩小:就是对事物的形象、特征、作用、程度等加以缩小。

　　奥地利著名演员约翰·内斯特罗依常常用喜剧的形式针砭时弊,批评社会上的弊端陋习。

　　当时,维也纳烤制的小圆面包越做越小,居民大为不满。一天,内斯特罗依身着大礼服登上了大舞台。当人们发现他的衣服上缀着一粒粒用小圆面包做的纽扣时,不禁发出一阵哄笑,为此,内斯特罗依被判处48小时拘禁。

　　三天后,内斯特罗依在舞台上大谈在拘留所里吃面包的滋味。观众困惑不解:拘留所里从什么时候也吃上了小圆面包? 内斯特罗依解释道:"看守的女儿是个可爱的小姑娘,她常常来到我的囚室前,从钥匙孔里送来好些小圆面包。"

这里,内斯特罗依把面包往小里夸张,他用缩小夸张的方法绝妙地讽刺了当时现实的弊端。

(3) 超前:是从时间上进行夸张,把本来后出现的事物说成在先出现的事物之前,或两者同时出现。

　　1865年,马克·吐温写的《跳蛙》在全国许多报纸连载后,就以记者的身份前往夏威夷采访,途中认识了莉薇,并深深地爱上了她,后经过屡次挫折,1870年2月2日,三十岁的马克·吐温和她结为伉俪,从此,开始了三十四年的幸福生活。

马克·吐温在婚后不久写信给友人,幽默地说:"如果一个人结婚后的全部生活都和我们一样幸福的话,那么我算是白白浪费了三十年的时光。假如一切能从头开始,那么我将会在牙牙学语的婴儿时期就结婚,而不会把时光荒废在磨牙和打碎瓶瓶罐罐上。"

马克·吐温的这段话采用了超前夸张的手法,把结婚故意推向三十年前的婴儿时期,来表达与莉薇的相见恨晚之情,利用时间上的超前,艺术地夸大了他爱情、婚姻、家庭生活的幸福美满。

夸张有一定的界限,夸张要有真实感,做到夸而可信。20世纪50年代大跃进民歌中有"一朵棉花打个包,压得卡车头儿翘,头儿翘,三尺高,活像一门高射炮"的歌谣。它虽然也用了夸张的手法,但令人置疑,缺乏真实感。又如一首民谣:"队里花生大丰收,一颗能榨一缸油,豆壳拿来当军舰,十万军队装个够。"这种夸张不合事理,"夸而过节,名实两乖"(刘勰《文心雕龙·夸饰》)。

怎样鉴别夸张是否真实呢?先看一段文字:

伦敦有位老太太笨极了,她在伞上挖了个洞以便知道什么时候雨停。

新泽西州有个男孩发高烧,手里抓把老玉米能变成爆米花。

佛蒙特有个人高极了,刮胡子要爬上梯子才够得着。

伦敦的雾浓极了,人们用来填枕头;如果浇上墨再劈开来,可以当煤烧。

加利福尼亚的树高极了,松鼠采集果实时得带上氧气面具。

好莱坞有个妇女眼睛大极了,她眨一下眼睛,眼皮眨动的风能吹灭火柴。

孤立地看这段文字,有些夸张似乎是失实的,但联系特定的言语环境来考虑,它们出现在趣味性很强的《学英语日历》中,给英语学习者留下了深刻的印象,因此,应该承认这段文字夸张的合理性。

所以,夸张是否得体,要结合具体言语环境来考虑。如1985年春节文艺晚会中的一个相声节目是比吹牛,相声失实的夸张贯穿整个节目,引起了观众的阵阵笑声,让观众在笑声中得到启示。这些夸张在具体的言语环境中就是合理的,这是对失实夸张的有意运用,它能起到某种特定的讽刺效果。而我们讲的夸张失实是运用夸张时出现的语病,两者不能混为一谈。

夸张,作为艺术表现手法,古人早已运用,并有一系列的论述。王充《论衡·艺增》、刘勰《文心雕龙·夸饰》、范温《诗眼》对夸张都作过较详尽的论述,他们一致认为,夸张便是夸大,往大里说。

夸张,作为辞格,首见于唐钺的《修辞格》,后来陈望道《修辞学发凡》、张弓

《现代汉语修辞学》及近年来一些有影响的修辞学专著对夸张都有专述,这些专述除了继续保持着"夸张是夸大,往大里说"这样的观点外,在以下三个方面取得了新进展:①夸张不仅可以从多、重、大、高、长、深、强这些方面去夸饰,即往大里夸,而且也可以从少、轻、小、矮、短、浅、弱这些方面去夸张,即往小里夸。②夸张往往是利用词语或句子,对事物作扩大或缩小的描述。③夸张在音乐、舞蹈、电影、美术等艺术领域中都有出现,但不是辞格,只是一种艺术表现手法。

九、精细

病人:"我的记忆全部消失了!"
医生:"什么时候才开始消失的呢?"
病人:"去年8月12日上午8点。"

这则题为《记忆》的小幽默,故意让病人使用十分精确的时间,产生前言后语之间的矛盾。

在言语活动中,有时表达者打破常规,出人意料地使用十分精确的数据,给人以真实感或幽默感,这种言语表达方法叫做精细。

某中学的老师对吵闹不休的女生说:"两个女人等于两百只呱呱直叫的鸭子。"

不久,老师的妻子来校,一位女生忙向老师报告:"老师,外面有一百只鸭子找你。"

老师用精确的数据讥讽女生,女学生同样使用精确的数据戏谑那位老师,产生了幽默的言语效果。再如讽刺诗《一座新宿舍楼》:

话说有这么一座新宿舍楼,
面积不多不少整整三千平方米,
三年前就盖好最后一层,
两年前已装修全部完毕。
谁料到这楼房刚刚竣工,
立即生出一大堆棘手的难题:
无数只要房的手伸将过来,
而且都有"理直气壮"的道理——
施工部门说:是我盖的房子!
设计单位说:是我画的图纸!
某某公司讲:是我拨的水泥!

某某机关嚷：是我批的地皮！
还有七个局长的公子正等着办喜事：
需要一套房，最好是向阳；
还有八个处长年迈即将退休：
都得照顾呀，而且，务必三居室……
为此先后开了八八六十四次会议，
拢共扯了九百八十一回皮；
分房方案眼下硬是八字尚无一撇。
听说已经有人告到了法院里！
唉，多少无房户眼巴巴望着这座新楼，
无不为之愤慨、为之唏嘘：
至今全楼一百几十户"人家"，
户主嘛，统统姓"官"，名"气"！

作者采用了精细法，将概数具体化，使所叙之事更为真实可信，增强了讽刺的艺术效果。

十、换算

　　第一次世界大战期间，卓别林等几位电影明星应邀去华盛顿作美国第三次自由公债募购的动员演说。演说安排在华盛顿的一个足球场上，场内用一些粗制木板搭了个讲台，卓别林学着别人的姿势跳上讲台，面对成千上万的听众，不停地反复说着："德国人已经到了你们的大门口！我必须拦住他们！只要你们买自由公债，我们就有力量阻挡他们！记住了，每买一份公债，你们就救活了一个士兵，——一位母亲的儿子！我们就可以早日打胜仗！"演说很有鼓动性，可由于他说得又快又兴奋，一不留心，从台上滑下来，他一把抓住站在旁边的一位女影星，结果两人一起栽在一位身材高大年轻英俊的海军军官的头上。这位军官恰恰就是后来当选为美国第三十二任总统的富兰克林·罗斯福。

　　"每买一份公债，你们就救活了一个士兵——一位母亲的儿子。"这是采用的换算法。换算法的运用，是卓别林的演说产生极大鼓动性的因素之一。

　　所谓换算是为了表达的需要，故意把需要强调的数量或难记的数据、数字，从人们的可接受性出发，加以形象的兑算。

　　换算在通俗性的科技文章中是常见的，在"你知道吗？""信不信由你"之类的科技通俗文中，我们常常碰到换算法的运用。如：

① 激光的聚焦可以精确到能够从1600公里以外来加热一壶咖啡。

② 一个人一天平均走两万步,一年要走700万步。人活70岁,加起来要走5亿步,即38万4千公里。这个数字,正好是从地球到月球的距离。

③ 全世界海洋和湖泊中所含的盐分,如果全部提炼出来,足够给地球盖上一层30米厚的"白被单"。

④ 一根小学生用的普通铅笔,可以画出5600公里的线条。

⑤ 如果把大脑的新陈代谢转换成能量,它能点亮一只20瓦的灯泡。

⑥ 假如全世界50亿人同时说话,所产生的能量等于一个小型发电厂所产生的能量。

换算法和数学演算不同,先请看下例:

人们每天脱落约45根头发,多的可达60根,一个人一生将脱落150万根头发。

人的眼睛在黑暗处呆1分钟后,对光的敏感度将增长10倍;20分钟以后,增长6000倍;40分钟以后,增长25000倍,这时,人眼对光的敏感度达到极点。

这两例都没有运用换算法,而是数学演算。如何区分换算和演算?

演算是按原来事物的思路进行精确的推算,演算后的数字虽然精确,但仍枯燥难记,而换算是把甲事物和乙事物进行兑换,使数字形象化,给读者强烈的印象。换算后的数据有时形象生动,如例①、例②;有时化大数据为小数字,便于记忆,如例③;有时带有夸张意味,如例④;有时化抽象为具体,如例⑤;有时化精确为模糊,如例⑥。

当然,换算要以演算为前提,然后再与其他事物比较,在其他事物上体现出原来事物的质和量,如"把大脑的新陈代谢转换成能量,它能点亮一只20瓦的灯泡。"换算的过程是:a.演算出大脑新陈代谢转换成的能量数。b.演算出点亮一只20瓦灯泡所需的能量数。c.把a和b权衡——即换算,用语言生动形象地表达出来。

可见换算本身隐含了演算,不通过演算的换算是不存在的。至此,我们可以归纳出换算的特征:①以演算为前提。②变换角度加以表述。③表达上讲究可接受性。

夸张分往大里夸张、往小里夸张、超前夸张三种类型,其中往小里夸张和精细容易混淆。两者的区别是:

其一,缩小是将事物往小里夸张,以引起读者的注意,而精细是出人意料

地使用十分精确的数据,起到幽默诙谐的效果;

其二,缩小的基础是艺术的真实,必须给人以真实感,而精细是打破原有的言语风格,由一般的表述出人意料地转向精细表述。

精细也不同于换算:精细是为了达到幽默诙谐的效果而故意使用精确的数据,而换算是为了强调某抽象事物而故意用人们可以接受的事物来兑算,使人们能形象地接受。两者虽然都用了精确的数据,但目的不一,效果各异。

十一、象征

从前有一个流浪的爱尔兰老乞丐,他到一个农民家里要吃的,农民把他让进屋里,并让他坐下来吃饭。同桌还坐着一个德国人和一个法国人。农民说道:"你是最后一个到的,应当由你来分这只鸡。"爱尔兰乞丐表示同意,于是大家便把一只整鸡拿给他。他切下鸡头,送给那个农民,说道:"您是这儿的头,您应当吃这只鸡头。"他切下鸡脖子,送给农民的妻子,说:"您的地位仅次于头儿,所以你应当吃鸡脖子。"他切下鸡翅膀,分别送给农民的两个女儿,说道:"你们不久就要从家里飞走了,所以你们每人都应有个翅膀。"他又对法国人和德国人说:"你们这两个穷家伙还要赶很远的路才能到家。"说完,他便分给他俩每人一只鸡爪。然后又继续说道:"我是一个可怜的爱尔兰流浪汉,就吃剩下的吧。"

爱尔兰老汉巧妙地借用鸡的有关部位表示不同的象征意义,在一个一个地排除之后,终于使自己达到了吃"鸡身"的目的。

象征是以物征事,即用某种具体的事物表现某种特殊意义,"物"和"事"之间要有某些联系或相近相类似,能引起人们的联想。故事中的爱尔兰老汉,他将"鸡头"和农民联系,将"鸡脖子"和农民的妻子联系,将"鸡翅膀"和农民的两个女儿联系,将"鸡爪"和德国人、法国人联系,利用"物"的特点,巧言附会,象征事理。

象征,作为一种修辞艺术常常出现在言语作品中。如茅盾的《白杨礼赞》,通过对白杨树特点、品格的描述,热情讴歌了北方农民在民族解放斗争中表现出来的质朴、坚强、力求上进的精神,通篇以物(白杨)征事(讴歌北方农民的品质)。又如高尔基的《海燕》,全文以海燕、海鸥、企鹅象征着革命暴风雨来临前夕的几种人,赞颂了革命战士对革命暴风雨的渴求。

象征手法的特点是:它不重在对语言因素的利用,象征义贯穿于通篇,通常涉及全篇的艺术构思。但对全篇的言语风格有影响,应作为修辞艺术看待。

象征也可以通过语句来表现。通过语句来表现象征,一般有两种情况。

(1) 明征,即本体和征体都出现,并运用象征词。如:

纪念碑是一万七千块坚硬的花岗石和洁白的汉白玉砌成的,它象征着"先烈的丰功伟绩",标志着全国人民对先烈的怀念。(《人民英雄纪念碑》)

"它"(即纪念碑)是本体,"象征着""标志着"是象征词,"先烈的丰功伟绩""全国人民对先烈的怀念"是征体。

(2) 暗征,即只出现征体,不出现本体和象征词。如:

大雪压青松,青松挺且直,

要知松高洁,待到雪化时。

陈毅的这首《冬夜杂咏·青松》,"大雪""青松""高洁""雪化时"都分别具有象征意义,它们都分别是征体。本体和象征词都未出现。

十二、讽喻

英国著名戏剧作家萧伯纳访问苏联,一天早晨,他照例外出散步,一位极可爱的小姑娘迎面而来。萧伯纳叟颜童心,竟同她玩了许久,临别时,他把头一扬,对小姑娘说:"别忘了回去告诉你的妈妈,就说今天同你玩的可是世界上有名的萧伯纳!"萧伯纳暗想:当小姑娘知道自己偶然间竟会遇到一位世界大文豪时,一定会惊喜万分。

"您就是萧伯纳伯伯?""怎么,难道我不像吗?""可是,您怎么会说自己有多么了不起呢?请您回去后也告诉您的妈妈,就说今天同您玩的是一位苏联小姑娘!"

萧伯纳惊呆了,他意识到刚才太自以为是,态度也有些傲慢,不禁一时语塞,脸上顿时泛起了一片红晕。回国后,萧伯纳逢人便深有感触地说:"一个人无论取得了多大成就,都不应当自负、自夸,对任何人,不管男女老幼,都应该平等对待,要永远谦虚。这就是那位小姑娘给我的终身教育。她也是我的老师,我一辈子也忘不了她!"

这个故事通过萧伯纳和小姑娘的交谈,得出了"一个人不论取得多大成就,都不应当自负、自夸,对任何人,不管男女老幼,都应该平等对待,要永远谦虚"的结论,这里采用的是讽喻法。

在言语表达中,为了把话讲得明白、动听,或者有的话不可直说或明说,就用说故事的方法来说明道理,起初故事本身要求有讽刺意义,这也是讽喻定名的由来。现在要求不太严格,故事也可以不带有讽刺性。这种以事喻理的方法叫讽喻。钱钟书先生在他的小说《围城》中有一段文字:

天下只有两种人。譬如一串葡萄到手,一种人挑最好的先吃,另一种人把最好的留在最后吃。照例第一种人应该乐观,因为他每吃一颗都是吃剩的葡萄里最好的,不过事实上适得其反,缘故是第二种人还有希望,第一种人只有回忆。

钱钟书先生用吃葡萄的故事形象地说明两种人怎样对待希望和回忆。难怪人们说,钱钟书先生的作品素以善用妙喻而著称。

运用讽喻时,可以把故事夹在讲话和文章里,这叫引述。也可以编写完整的故事,独立成篇,来说明道理,这叫编写。

讽喻往往包含着丰富的哲理,它不是抽象的说教,而是通过故事来说明道理,寓教于乐,寓理于趣。如:

有一个小孩儿,不知道回声是什么东西,有一次,他独自站在旷野,大声叫道:"喂!喂!"附近的小山立即反射他的回声:"喂!喂!"他又叫"你是谁?"回声答道:"你是谁?"他又尖声大叫:"你是蠢材!"立刻又从山上传来"蠢材"的回答声。孩子十分愤怒,向小山骂起来,然而,小山仍旧毫不客气地回敬他。

孩子回家后对母亲诉说了这一切,母亲对他说:"孩子呀,那是你做得不对。如果你恭恭敬敬地对它说话,听听它的回声,肯定也是恭恭敬敬的。"

他的母亲说:"在生活里,不论男女老幼,你对人好,人便对你好;正如智者所说:'温柔的答话会消除愤怒。'如果我们自己粗鲁,是绝不会得到人家友善相待的。"

这则小故事,通过"回声"说明了生活中做人的道理:"不论男女老幼,你对人好,人便对你好。"深刻的哲理寓于通俗的故事之中。

象征和讽喻有相似之处,它们都是由具体的事物或故事抽象出某些道理,或赋予某种意义,但是,象征是以物征事,而讽喻是以事喻理。

十三、比喻

对艺术女性应当投之以艺术的眼光,古往今来,人们用各种各样的比喻来描绘艺术女性的美。人们常说,第一次把女人比作花的是天才,第二次把女人比作花的是庸才,第三次把女人比作花的是蠢材。在比喻的竞技场上,出现了许多上乘之作,朱自清的散文《女人》写得精彩极了:

我以为艺术的女人第一是有她的温柔的空气;使人如听着箫管的悠扬,如嗅着玫瑰花的芬芳,如躺着在天鹅绒的厚毯上。她是如水的蜜,如烟的轻,笼罩着我们;我们怎能不欢喜赞叹呢?这是由她的动作而来的;她的一举步,一伸腰,一掠鬓,一转眼,一低头,乃至衣袂的微扬,裙幅的轻舞,都如蜜的流,风的微漾……我最不能忘记的,是她那双鸽子般的眼睛,伶俐到像要立刻和人说话。在惺忪微倦的时候,尤其可喜,因为正像一对睡了的褐色小鸽子。和那润泽而微红的双颊,苹果般照耀着的,恰如曙色之与夕阳,巧妙的相映衬着。再加上那覆额的,稠密而蓬松的发,像天空的乱云一般,点缀得更有情趣了。而她那甜蜜的微笑也是可爱的东西;微笑是半开的花朵,里面流溢着诗与画与无声的音乐。

从节录的这段文字来看,这 275 字的片断,共用了 10 个比喻。这些比喻忽而把女人的温柔化成听觉感受——"箫管的悠扬",嗅觉感受——"玫瑰花的芬芳",触觉感受——"如躺在厚厚的天鹅绒上",通过比喻把温柔具体化,把抽象有形化;忽而把女人比作水、烟、蜜、风、鸽子、苹果、曙色与夕阳、乱云、花朵,从不同的角度设喻,突出了艺术女性的轻柔、伶俐、润泽、剔透……

所谓比喻,是指在描述事物或说明道理时,用与它有相似点的别的事物或道理来打比方。比喻从结构上分为本体、喻体、喻词。被比的事物或情境叫本体,作比的事物或情境叫喻体,标明比喻关系的词叫喻词。比喻的基础是相似点。比喻要有新意。

比喻有其悠久的历史。宋代陈骙在《文则》中将比喻分为十类:一曰直喻,二曰隐喻,三曰类喻,四曰诘喻,五曰对喻,六曰博喻,七曰简喻,八曰详喻,九曰引喻,十曰虚喻。随着语言本身的发展变化,人们对比喻进行了进一步的研究和归类,按照本体、喻体、喻词三部分阶段的隐现、异同和结合情况,比喻可分为明喻、暗喻、借喻、反喻、缩喻、扩喻、较喻、回喻、互喻、倒喻。

(一) 明喻

有一篇短文,题为《顽皮的河》,讲的是:

  希腊有一条奇特的河,名叫阿瓦尔,河水每昼夜四易流向,6 小时流向大海,后 6 小时又从大海里倒流,下 6 小时又流向大海,如此来来往往,天天如此,年复一年。科学家们认为,这条河之所以像一个顽皮的孩子,是因为受爱琴海潮汐的影响。

把阿瓦尔河比作"一个顽皮的孩子"是明喻。所谓明喻,是指本体和喻体同时出现,而喻词表示本体和喻体的相似关系。如把阿瓦尔河比作顽皮的孩子,是着眼于河的四易流向与孩子的顽皮有相似之处。明喻中的喻词,常用像、好像、如、比如、宛如、犹如、仿佛、好比、像……一样。

（二）暗喻

美国人组织了一支部队开赴西班牙,援助西班牙的反法西斯战争,但经费不足,一群年轻的战士向爱因斯坦求援。谈话是简短的:"我们有人,但是没有钱,而钱就意味着飞机、炸弹、汽车、汽油和战士的衣装,而这一切又意味着:西班牙的自由。"

爱因斯坦以什么样的方式给战士以援助,他是怎么援助的,我们可暂且不管,我们关心的是故事里的这样一段文字:"而钱就意味着飞机、炸弹、汽车、汽油和战士的衣装,而这一切又意味着:西班牙的自由。"这段文字是比喻中的暗喻。

暗喻的特征是:本体和喻体都出现,喻词常用是、就是、简直是、成了、成为、变成、意味着等。上例的暗喻里"钱"是本体,"意味着"是喻词,"飞机、炸弹、汽车、汽油和战士的衣装"是喻体,"这一切"是本体,"意味着"是喻词,"西班牙的自由"是喻体。

（三）借喻

法国国王路易·菲力普是漫画家所攻击的对象。他们发现了国王的脸形竟然与某种水果形状非常相似,于是便把他画成一个梨形。当时路易·菲力普比那些在漫画里讽刺他的人还要幽默几分。法国著名作家维克多·雨果在他的巨著《悲惨世界》中写道:"当路易·菲力普漫步走进城堡时,他突然发现一个小男孩正在墙上画梨。他走近那孩子,从口袋里掏出几枚金币(当时的金币上印有国王的肖像),递给那孩子,说道:'瞧,那上面就有几只梨呢!'"

"瞧,那上面就有几只梨呢!"这正是一个借喻。

借喻是以喻体代替本体,本体和喻词不出现,直接把本体说成喻体。"国王"是本体,"梨"是喻体。这里只出现了喻体"梨",而省去了本体和喻词。

（四）反喻

有一首佚名诗,题为《诗的自由》:

我不是火,
不能给你光和热;
同时,我也不是黑暗,
不能把你的光辉衬托。
我不是水,
不能润湿你干裂的唇;

我不是花，

不能点缀你寂寞的生活。

我是什么？我是什么？

像梦没有形，像空气没有颜色，

我只是想象中的银幕，

任你用生命的光影投射。

但倘若你自己心里的火，已经熄灭。

不要责怪银幕的荒漠。

这首诗的一、三、五、七行诗句运用的是反喻。所谓反喻，它是从所要说的事物的相反或相对的方面设喻，指出事物不具备某种属性，这种用否定形式构成的比喻就是反喻。如："我不是火，""我"是本体，"火"是喻体，"不是"是否定性的喻词，我不具有火的属性，因而不能给你光和热。

反喻有两种形式：一是否定性喻词出现在本体和喻体之间，如上例。二是在完整的比喻即"本体——喻词——喻体"的格局前出现否定性词语。如：

没有一条船能像一本书，

使我们远离家园，

也没有任何骏马，

抵得上欢腾的诗篇。

这是美国作家狄更生作的短诗《没有一条船能像一本书》中的四行诗。它运用了反喻法，否定词"没有"放在比喻句的开头。

（五）缩喻

"花园之国"瑞士，几乎是遍地的鲜花，对一些糟蹋花木的游客，当局在车站道旁用多国文字婉言相"警"。德文写着："严禁摘花"，英文劝告："请勿摘花"，法文提醒："爱山爱花"。

"花园之国"是缩喻，它省去喻词，把本体"国"和喻体"花园"直接组合成偏正关系的短语。

所谓缩喻，是比喻的紧缩，即将本体和喻体紧缩成偏正短语，让喻体修饰本体。又如：

生命是一张画布，展开在性格的画框上，由时间的画架支撑着。精神是你的调色板。在它上面，你调和颜料——那是你的思想。你的一言一行是你用来画画的画笔。

"性格的画框"是"性格像画框一样"的紧缩，"时间的画架"是"时间像画架"的紧缩。两者都是缩喻。

(六) 扩喻

作家刘绍棠在一次作报告时,有人递上一张纸条,上面写道:"共产党不是伟大、光荣、正确和战无不胜吗? 为什么连'现代派'和'存在主义'都要抵制,怕得不得了呢?"绍棠看后,"忽"地一下站起来问道:"你们说我身体好不好?"绍棠红光满面,体魄健壮,大家异口同声说他身体"棒"! 这时,他问道:"那么你们说,我为什么不能吞进苍蝇呢?"他用这个绝妙的比喻,说出了抵制资产阶级自由化倾向的意义,博得全场一片掌声。

这个比喻本身是一个扩喻,如果整理一下就是:伟大、光荣、正确的中国共产党要抵制现代派和存在主义这些资产阶级自由化倾向的影响,就像体魄健壮的人不能吞进苍蝇一样。

扩喻就是本体和喻体都是短句,他们常常组成平行句式,有类比的味道。扩喻有时用喻词,有时不用喻词。上例未用喻词,下面再看一个使用喻词的扩喻。

有一则小幽默,题为《比喻》:

爸爸发脾气,打了儿子一巴掌。儿子哭着说:"妈妈刚才骂了您一顿,您就拿我出气。这真像那句话。"

"什么话?"

"大鱼吃小鱼,小鱼吃虾米。"

如果把儿子的话讲完整,那就是:"妈妈刚才骂了您一顿,您就拿我出气,这真像大鱼吃小鱼,小鱼吃虾米。"这正是一个典型的扩喻。本体是"妈妈刚才骂了您一顿,您就拿我出气",喻体是"大鱼吃小鱼,小鱼吃虾米",喻词是"像"。作者借助本体和喻体之间存在的两件事的相似点,让充满稚气的儿子说出,起到了幽默诙谐的效果。

(七) 博喻

有一篇人物传记,题为《贺子珍》,在刊头上对贺子珍作了这样的评价:

她是叱咤风云的巾帼。她是敦厚善良的贤妻良母。她是璀璨夺目的星星。她是湮没太久而不为人知的明珠。

这句话连用四个比喻。对同一个本体,用连续打比方的方法铺陈叙述,这种方法叫博喻。严格地说,博喻是以若干个喻体从不同角度反复设喻去说明一个本体的方法,故又叫连比,它可以加强语言的气势。又如:

你有你的铜枝铁干,

像刀,像剑,
也像戟;
我有我的红硕花朵,
像沉重的叹息,
又像英勇的火炬。

舒婷《致橡树》

显然,这里有两个博喻,一个是"铜枝铁干像刀,像剑,也像戟"。另一个是"红硕花朵像沉重的叹息,又像英勇的火炬"。

(八)较喻、回喻、互喻、倒喻

较喻就是比喻兼比较。如:"那些又臭又长的文章恐怕连粪土还不如。""她的心比针尖还小。"在某一点上,本体和喻体相似,但本体又超过了(或不及)喻体。

回喻是先指出本体,接着对本体加以否定,最后引出喻体,如:"那两库水,它不是水,它是黄澄澄的粮食啊。"这里先提出本体"水",接着加以否定,最后引出喻体"黄澄澄的粮食啊。"

互喻是互相设喻,即两个比喻句,第一个比喻句先用喻体比喻本体,第二个比喻句再用本体比喻喻体。如:"远远的街灯明了,好像闪着无数的明星。天上的明星现了,好点着无数的街灯。"(郭沫若《天上的街市》)这里先用"明星"(喻体)比喻"街灯"(本体),再用"街灯"(本体)比喻"明星"(喻体)。

倒喻是颠倒了比喻,即本体和喻体前后位置颠倒,喻体在前,本体在后。如:"上海人叫小瘪三的那批角色,也很像我们的党八股,干瘪得很,样子十分难看。"(毛泽东《反对党八股》)

倒喻和正常的比喻,其区别主要是本体和喻体的位置不同。其实这是相对的,一般来说要看上下文中阐述的对象是什么,如果它是本体,那就是正常的比喻;如果阐述的对象是喻体,那就是倒喻。如《四重奏》:

法国作家司汤达曾把他的朋友、著名作曲家海顿早期的弦乐四重奏生动地比喻为四个人的谈话:"第一小提琴像是一位中年健谈的人,他总找话题来维持着谈话。第二小提琴是第一小提琴的朋友,他竭力设法强调第一小提琴的话中的机智,很少表白自己,参加谈话时,只支持别人的意见而不提出自己的意见。大提琴是一位庄重的人,有学问而好讲道理,他虽然简单,然而中肯的论断始终支持第一小提琴的意见。至于中提琴,则是一位善良而有些饶舌的妇人,她丝毫讲不出重要的意见,但是却经常插嘴。"

这段文字议论的中心是四重奏,本体分别是第一小提琴、第二小提琴、大提琴、中提琴,所以它是正常的比喻。如果以四重奏喻人,来议论人的各种品格,就成了倒喻。

运用比喻时,应注意以下几点。

1. 认清比喻的基础

比喻的基础是相似点,而不是相类相同,不能单从结构形式上去考虑。如:"这把刀像那把刀一样锋利。"从形式上看好像是个比喻,其实"这把刀"和"那把刀"没有相似之处,只是相类相同而已,只能说是比较。又如:"他低头不语,好像在想什么心事。"这里的"好像"是非动作性动词,在句中猜测判断,起说明作用,不是喻词。

既然比喻的基础是"相似",那么在言语表达中由于各人的出发点不一样,对同一事物可以从不同的角度设喻,打出各自不同的比方。如有一则题为《初步印象》的小幽默:

介绍人抽了一口烟,然后问道:"姑娘,你对那个男的初步印象如何?"
姑娘:"他说话时和你抽烟一样。"
介绍人:"自然,潇洒?"
姑娘:"不,吞吞吐吐。"

姑娘一开始是用了比喻中的明喻"他说话时和你抽烟一样",模糊地叙说对"他"的初步印象,这个比喻,可以使人联想到两种相似点:①自然潇洒,②吞吞吐吐。既可以理解为"他说话时和你抽烟一样自然潇洒",也可理解为"他说话时和你抽烟一样吞吞吐吐"。

2. 比喻要注意设喻的艺术

我们仍以艺术女性的设喻艺术为例来做具体分析。

对女性美的描述,可选择不同的本体,如女性的头发、眉毛、眼睛、牙齿、嘴唇、臂膀、脸蛋、风姿、服饰等都可以作为比喻的本体,然后根据相似点有原则地选择恰当的喻体和喻词,构成比喻,请看:

女性美在头发:她的头发乌黑、发亮,轻如丝,香如兰,美如波。
女性美在眉毛:她的眉毛又长又弯,如弓似柳。
女性美在眼睛:她那鸽子般的眼睛伶俐到像要立刻和人说话。
女性美在嘴唇:樱唇未启笑先闻。
女性美在牙齿:像从血红的葡萄树中望见的白夹竹桃花。

女性美在臂膀：她裸露的臂膀像冷澈的大理石。

女性美在脸蛋：她的脸蛋泛着青春的红色——有时光洁透亮，仿佛有闪电流过她的脉管。

女性美在风姿：她媚态娇羞，如芙蓉出水亭亭玉立。

女性美在服饰：火光照得她的脸发红，那件深红色的棉袄，便像蔓延着的火焰一样。

又如：她的一举步，一投足，一扭腰，一掠鬓，一转目，一低头；她衣袂的微扬，裙幅的轻舞；她肩的微颤，胸的微耸，颈的轻摇，身的轻蠕；她的双目謦謦，笑颊粲然，侧身重睐，张目嗔视，点额扶臂，都体现了女性的动态美；肤色的红润、细腻、弹性、光泽，发式中的长辫、高髻、散披、短齐、卷曲都能给人以静态美。这些都会引起我们美妙的联想。我们可以联想起与之相似的事物或情境，如形容眉美就会联想起柳叶、新月、卧蚕；形容目美，则联想到宝珠、丹凤、秋水、秋波；形容貌美，就联想到皎月、银盘、桃花、苹果、鹅蛋；形容臂美，外国人以"露"为美，则有"她裸露的肩膀和手臂像冷澈的大理石一般"的比喻，中国人传统上以"藏"为美，则有"她那纤细的臂膀像南岳风景区的藏经殿和方广寺那样深秀"的妙喻。

总之，只有发掘本体的千姿百态，才能联想起纷繁多姿的喻体，使比喻富有新意。

十四、借代

鲁迅五十岁才生海婴，他在与刚满周岁的海婴的合影照片上，题了"五十与一"四个字。

高尔基是俄国的伟大文学家，他在同孩子的合影照片上这样题道："高尔基和他的作品。"

"五十"代表五十岁的鲁迅，"一"代表刚满周岁的周海婴，这是分别用数字来代人，而高尔基则是用"他的作品"来代表孩子。这种表述方法，称作借代，借代又叫"换名"。

所谓借代，是在言语表达中不直说人或事物，而借用与它密切相关的人或事物来代替。被代的叫"本体"，替代的叫"借体"或"代体"，"本体"往往不出现。

借代有以下几种常见类型：①特征代本体；②普通与特定互代；③具体代抽象；④部分代整体。分别举例如下：

① 秃头站在白背心的略略正对面，弯了腰，去研究背心上的文字。

(鲁迅《示众》)

② 中国人民中间,实在有成千成万的"诸葛亮",每个乡村,每个市镇,都有那里的"诸葛亮"。

③ 地上潮湿寒冷,她蹲累了只好坐下来,一夜哪里合得上眼。(杨沫《青春之歌》)

④ 凡是愿意留下的再不许拿人家一草一木。(姚雪垠《李自成》)

例①中的"秃头"是借生理特征代人,"白背心"是借穿着代替人。这是以特征代本体。"诸葛亮"是三国时代的历史人物,在例②中以之代替有智谋的人,这是用特定代普通。例③"合得上眼"是"睡觉"的具体说法,是具体代抽象。例④用"一草一木"代替一切东西,是用部分代整体。

十五、比拟

有则小幽默,题为《铜臭惊人》:

甲、乙、丙三人打赌:看谁能在臊臭的狐狸洞里呆得最久。

甲进去不到一分钟,他便认输了——捂着鼻子跑出洞来。

乙也强不了多少,他只比甲多呆了一分钟。

丙进洞老半天了,还不见他出来。

突然间,一只狐狸窜出来大叫道:"这人真贪财,他的铜臭比我的狐臭更臭,竟把我熏出来了!"

这段文字把狐狸当作人来写,赋予狐狸以人的言语表达,这种方法叫比拟。

比拟,是根据表达的需要,故意把物当作人,或把人当作物,或把甲物当作乙物,或把抽象概念当作具体事物来描述。它分为两类。

1. 拟人

拟人是把人以外的事物当作人来描写,赋予它人的动作或思想感情。

拟人又分为三种情况。

(1) 把无生物拟人化。

皱纹走到一个人的跟前,对他说:"如果你笑,我就留在你的两眼边,如果你哭,我就躺在你的嘴角边。"

这人灵机一动,决计智胜皱纹:"我既不笑,也不哭,看你怎么办。"

"然而,他不能不思考。"皱纹想。结果他在思考的时候,皱纹便爬上了他的额头,接着出现在他的两眼旁和嘴角边。因为在思考的时候,他既有哭,也有笑。

"皱纹"本是无生物,这里把无生物拟人化,赋予皱纹以人的情感动作,它像人一样能说会道,能思考。

(2) 把有生物拟人化。

　　猎狗追赶着羚羊。

　　"你永远也追不上我的。"羚羊说。"为什么?"猎狗问。羚羊回答:"我奔跑是为了生存;你奔跑呢,只是为了讨好主人罢了。"

猎狗和羚羊都是有生物,这里把有生物拟人化,它们像人一样对话。

(3) 把抽象概念拟人化。

　　从前有个人,生活很快活,有一次,他忽然想要弯腰看看自己的欢乐在不在,可是,他一弯下腰,欢乐却不见了,于是他走遍山川河谷、森林和田野,去找自己的欢乐。别人的各种各样的欢乐他都见得不少,但就是看不到自己的欢乐。他弯腰曲背,找遍了每一个角落,失去的欢乐还是没有找到,这时他直起腰对自己说:"不找了,丢就丢了,有什么办法呢,难道要弯腰走一辈子吗?"但说也奇怪,当他一直起身子,只听得一声:"我回来了!"欢乐到了他的身上。

"欢乐"是个抽象概念,作者把它拟人化,使它像人一样地说出:"我回来了。"

2. 拟物

拟物是把人当作物来写,或把此物当作彼物来写。它也有三种情况。

(1) 把人当作物来写。

　　心弦、密吻、A姊、B妹、我的爱、死般的、火热的、温温地……颠而倒之,倒而颠之,写了一篇又一篇,写了一本又一本。

　　再写一些,好了,悲哀,苦闷,无聊……又是一大本。

　　然而终于自己也觉得有些单调了,于是骂人。

　　A是要不得的,B从前还好,现在堕落得不可救药了。再看C吧,我说到他就讨厌,他是什么东西!……这样那样,一凑,一凑又是一大本。

(刘半农《老实说了吧》)

A、B、C原都是指那些爱情作品中塑造的人物,这里说"C","他是什么东西"是把人当作物来写,即将人拟物化。

(2) 把此物当作彼物写。

　　① 不管怎样,且把这矛盾重重的诗篇埋在地下,它也许不合你秋天的季节,但到明春准会生根发芽……(郭小川《团泊洼的秋天》)

　　② 老支书直截了当地下达了任务:"让你带一队人马把黑龙潭的水

牵到山下的坝子里来。"

例①把"诗篇"比拟成能够生根发芽的植物，例②把"黑龙潭的水"当牲畜来"牵"，是把甲物比拟作乙物来写。

(3) 把抽象概念当作具体事物写。

　　我最珍惜时间。我愿意站在街角，手中拿着帽子，乞求过往行人把他们不用的时间扔在里面。(《乞讨时间的人》)

"时间"是抽象概念，这儿把它当作具体可感的东西来写，看得见，摸得着，并能放进帽子里。又如有一句名言："一两的身教等值于一吨的说教。""身教"和"说教"都是抽象事物，这里把它当作具体事物来写，可以用重量单位"两""吨"来称量。

比拟的分类是为了阐述的方便，在言语活动中，拟人、拟物常常是融为一体的。如，有一首短诗：

　　微风发出轻轻的呼唤，
　　吻它淘气地搅碎的漪涟；
　　西天的云霞紫光灿烂，
　　被落日吻得羞红了脸；
　　火焰毕剥地窜过树干，
　　为了痛吻另一朵火焰。
　　而杨柳，柔枝低低弯垂，
　　去回吻那多情的河水。

第一至四句是拟人，把无生物拟人化。"火焰毕剥地窜过树干"是拟物，把此物当彼物写。第六句和第八句是拟人，把无生物拟人化。

十六、仿拟

　　"先生，您知道世界上最尖锐最锋利的是什么吗？"
　　"不知道。"
　　"就是您的胡子呀。"
　　"为什么？"
　　"因为我发现您的脸皮已经够厚的了，它们居然能破皮而出。"

"破皮而出"是模仿"破土而出"而产生的一个新词语。在言语活动中，故意模仿现成的词语句篇而仿造新的词语句篇，这种手法叫仿拟。仿拟能使事物形成矛盾对立，使言语犀利明快。仿拟有三种。

1. 仿词

仿词是指仿现成的语词而临时产生的新词。它在现成的语词的对举下,更换语词的某个词或语素,临时仿造新词。如:

怪,我一个拉板车的,要知道那些干嘛,未必知道什么李白李黑,莎士比亚"泥"士比亚的,我的车就轻了?见鬼!(方方《大篷车上》)

"莎→沙→泥",多么奇妙的一波三折啊!"'泥'士比亚",它不仅显示出说话人的粗俗无知,更使整个表达诙谐轻松,充满情趣。

仿词大多具有偶发性。(有人因此将仿词看成拈连的一种——反连),比如:

阴谋——阳谋	大众化——小众化
新闻——旧闻	老头子——小头子
先进——后进	文化人——武化人
女士——男士	一哄而散——一哄而集
公理——婆理	人道主义——兽道主义
流寇——流官	一筹莫展——半筹莫展

这些词语是言语活动中出现的偶发词语,它们的产生和存在,与具体而特定的修辞目的密切相关,与表达者个人的言语技巧也有着密切的联系,它们最突出的特点就是"偶发性"。有些偶发词语,对具体的言语环境依附性极强,脱离了具体的语境或上下文,往往不为人们所理解,不为社会所接受。如"大老细"是靠"大老粗"的对举而存在的,没有"大老粗"作对举,"大老细"就不为人们所理解和接受。

偶发词语在言语交际中有一种使用频率日益增大的趋向,并且有些偶发词语也无须对举即可单独使用。如:"大中城市年轻人,超前消费成'负翁'。"这里的"负翁"即仿照"富翁"而来。

2. 仿句

故意摹拟,仿造既成的句法格式叫仿句。如《厨师的情书》:

年轻厨师给女友写情书:"亲爱的,无论在煮汤或炒菜的时候我都想念你!你简直像味精那样缺少不得。看见蘑菇,我就想起你的圆眼睛;看见猪肺,想起你红润柔软的脸颊;看见鹅掌,想起你的纤长手指;看见绿豆芽,想起你的腰肢。你就如我的围裙,不能没有你。答应嫁给我吧,我会像侍候熊掌般侍候你。"

女友给他写了回信:"我也想起过你那像鹅掌的眉目,像绿豆芽的眼睛,像蘑菇的鼻子,像味精的嘴巴,还想起过你那像雌鲤鱼的身材。我像鲜露笋那样嫩,未够火候,出嫁还早哩!顺便告诉你,我不打算要个像熊掌的丈夫。其实我和你就像蒸泥鳅鱼放姜那样。相信你明白我的意思。"

厨师给女友的情书以烹调用语作比,表示了对女友的爱恋,读来引人发笑。女友模仿厨师的语调,同样以烹调用语作比,明确答复了厨师。模仿句法,颇具情趣。

3. 仿篇

故意模仿现成作品的结构和语言即仿篇。如鲁迅先生的《我的失恋》:

我的所爱在山腰;
想去寻她山太高,
低头无法泪沾袍。
爱人赠我百蝶巾;
回她什么:猫头鹰。
从此翻脸不理我,
不知何故兮使我心惊。

我的所爱在闹市;
想去寻她人拥挤,
仰头无法泪沾耳。
爱人赠我双燕图;
回她什么:冰糖壶芦。
从此翻脸不理我,
不知何故兮使我胡涂。

我的所爱在河滨;
想去寻她河水深,
歪头无法泪沾襟。
爱人赠我金表索;
回她什么:发汗药。
从此翻脸不理我,
不知何故兮使我神经衰弱。

我的所爱在豪家;
想去寻她兮没有汽车,
摇头无法泪如麻。

爱人赠我玫瑰花；
回她什么：赤练蛇。
从此翻脸不理我，
不知何故兮——由她去罢。

鲁迅先生的这首诗仿张衡《四愁诗》而作，在创作上采用了仿篇的手法。《四愁诗》原文是：

我所思兮在太山，
欲往从之梁父艰，
侧身东望涕沾翰。
美人赠我金错刀，
何以报之，英琼瑶。
路远莫致倚逍遥，
何为怀忧，心烦劳！

我所思兮在桂林，
欲往从之湘水深，
侧身南望涕沾襟。
美人赠我金琅玕，
何以报之，双玉盘。
路远莫致倚惆怅，
何为怀忧，心烦伤！

我所思兮在汉阳，
欲往从之陇阪长，
侧身西望涕沾裳。
美人赠我貂襜褕，
何以报之，明月珠。
路远莫致倚踟蹰，
何为怀忧，心烦纡！

我所思兮在雁门，
欲往从之雪纷纷。
侧身北望涕沾巾，

> 美人赠我锦绣缎,
> 何以报之,青玉案。
> 路远莫致倚增叹,
> 何为怀忧,心烦惋!

鲁迅先生还曾仿拟过崔颢的《黄鹤楼》作了这样一首诗:

> 阔人已骑文化去,此地空余文化城。
> 文化一去不复返,古城千载冷清清。

这首诗在创作上同样采用了仿篇的方法,原诗是:

> 昔人已乘黄鹤去,此地空余黄鹤楼。
> 黄鹤一去不复返,古城千载空悠悠。

人们对借代和借喻往往发生混淆,特别是当喻体或代体都表示事物而不表示性状、行为、动作时,难以将两者区分清楚。

传统的区分方法是:①借喻可以改为明喻,借代则不能;②借喻重在"喻",即比喻,借代重在"代",即换名。

要区分借代和借喻,主要看意义。借代的本体和代体之间有比较实在的关系,能相互代替,而借喻的本体和喻体之间无实在关系,只是比喻的关系,不能代替。同时以"借喻可改为明喻,而借代则不能"的鉴别方法作为辅助手段。如:"五十与一"是用年龄来代人,"五十"代五十岁的鲁迅,"一"代一岁的海婴,它不能换成明喻,不可以说成"鲁迅像五十,海婴像一"。而"那上面(指印有国王肖像的金币)就有几只梨"就是比喻的说法,可换成明喻"国王的肖像就像梨"。再如,有一则笑话,题为《被子和裤子》,讲的是:

> 从前有个姓钱的人,整天在外赌钱,越输越赌,越赌越输,输得家里只剩下两块门板了。晚上睡觉时,上面盖一块,下面垫一块。实在吃不消,就扛起门板往弟弟家求援。到弟弟家时,看到弟弟没穿裤子,手拉着没底的缸站在地下。原来弟弟也是一个赌鬼,连裤子都输掉了。这时,他又羞又愧,猛地大吼一声:我恨不得搬起我的"被子"砸掉"你的裤子"。

最后一句,采用的是借喻法,本体和喻体之间的联系不是实在的,只存着比喻关系。

借喻和借代是有联系的,形式上,分别出现"喻体"和"代体"。意义上,都有"借"的性质,因而难以区分。有人曾提出,取消借代,将借喻和借代合并称为喻代。

比拟和比喻都以"比"为基础,关系非常密切,但是,比拟和比喻的区别也是比较明显的。①比拟重在"拟",即将甲事物当作乙事物来写。而比喻的重点在"喻",即以乙事物"喻"甲事物,形象地说明一件事,一个道理。甲、乙两事物一主一从。②比喻反映的是事物之间的相似关系,不论哪种类型的比喻,都一定要出现喻体。而比拟反映的是事物之间的交融关系,比拟中始终不出现"拟体",只出现"本体"。如"礁石变成这个样子,是叫浪花咬的",在这个比拟中,本体是"浪花","咬"是将无生物当作有生物来写,拟体是指人或其他动物,它们在比拟中无须出现。

比拟和仿拟都有"拟"的成分,而比拟是将物当作人来写,将人当作物来写,将甲物当作乙物来写,或将抽象概念当作具体事物来写,而仿拟重在模仿现成的词、语、句、篇,以仿造新的词、语、句、篇。

比喻也不同于讽喻,虽然两者都有"喻"的成分,比喻是打比方,目的是使表述具有生动性和形象性。讽喻是用故事、典故来说明一个道理,目的是使表达具有说服力。

十七、倒反

大哥和大嫂是对令人羡慕的夫妻,彼此感情很好,但就是喜欢抬杠。某日大哥带大嫂去买衣服,大嫂从六点出门,一直逛到九点多,总看不上一件,每次征求大哥的意见,大哥总是说好看。最后大嫂很不耐烦地说:"你这个人就是这样随随便便!"

大哥答道:"当初我就是这样随随便便地挑上了你。"

大哥对大嫂开了个玩笑,并以"随随便便"作为戏言。大哥选用这个词不是取它的本义,而是正话反说。这种言语表达方法叫倒反。倒反有两种情况:

(1) 运用跟本义相反的词语来表达本义,只有戏谑的意味,没有嘲讽的意味。有人将它看成是"倒辞"。正确地运用它,能使表述生动活泼。如王汶石在《新结识的伙伴》中有一段文字:

最后,张腊月无可奈何地笑骂道:"我现在才认识你,你是个顶坏顶坏的女人啊!"她们俩人,虽说只相处一天,可她们的友谊是那样诚挚深厚。

这里的"顶坏顶坏"实际上是"顶好顶好"的意思,张腊月这样正话反说更能体现出她的性格。

(2) 运用与本义相反的词语来表达本义,含有嘲讽意味。有一则小幽默,题为《男人的好处》。

男人婚前的好处很多:看电影为你买票,坐车为你开门,上馆子为你夹菜,写情书为你解闷,表演"此情不渝"的连续剧让你观赏。

男人婚后的好处也很多。他看你总心不在焉,使你省下许多化妆费。

他使你成为烹饪名家。"那天在馆子里吃的那道菜好吃极了,哪天你也烧来尝尝。"你不得不看三百多个食谱,才找到这道名菜。

他锻炼你的能力。"怎么连插头也不会修?怎么连保险丝也不会接?怎么连路也不会认?怎么连……"最后你什么都会了。

他培养你各种美德。给微少的家用教你"节俭",用"结了婚的女人还打扮什么"教你"朴实",用"死盯着别的女人不放"来教你"容忍"。

简直可以说女人的完美是男人造就的。

这里讲了男人婚后的四条好处,实际上这四条并非好处,而是正话反说,讥讽了一些男人的大男子主义。

十八、双关

爱喝酒的职员K君两天不上班,经理留下"7954"四个数字在他办公室桌上,职员回来,不明究竟,就去请教秘书小姐。她说:"经理说的是国语,说你吃酒误事。"

K君于是在数字后面画了一只"蝉"送还经理,经理笑笑:"孺子可教也。"

过了些时,职员故态复萌。经理在"蝉"的尾部加了一道"白烟"仍交给他。职员又去请教秘书小姐。她说:"前次经理责怪你'吃酒误事',你说'知了',现在你醉酒如故,经理骂你知了个屁。"

这是题为《哑谜》的幽默故事,"7954"表面看是数字,经理利用同音近音的关系责怪K君"吃酒误事",这种表述法称为双关。

所谓双关,是在一定语言环境中,利用语句的多义和同音的条件,使语句具有双重意义,言在此而意在彼,双关分为语意双关和谐音双关。

(1)语意双关,是借用可用两种或多种理解的语句来表达双关的意思。如:

"雅"要地位,也要钱,古今并不两样的。但古代的买雅,自然比现在便宜,办法也并不两样。书要摆在书架上,或者抛几本在地板上,酒杯要摆在桌子上。但算盘要放在抽屉里,或者最好放在肚子里。(鲁迅《病后杂谈》)

这里鲁迅先生利用"算盘"的本义和转义巧妙地构成双关,表面是说具体的算盘,实际是指"心机",讽刺意味较浓。

(2)谐音双关,是利用同音或近音的条件构成的双关。如:

李鸿章有个远房亲戚,不学无术,却去参加考试。试卷到手,他一个字也答不出来,焦急中,他连忙在试卷上写上"我是当朝中堂大人李鸿章的亲戚",无奈又不会写那个"戚"字,竟写成了:"我是李中堂大人的亲妻!"主考官阅卷后,批道:"所以我不敢娶(取)!"

"娶"和"取"构成同音双关。

十九、拈连

美国影片《戴斯蒙医生的十三个牺牲品》在奥地利放映后,某评论家在奥地利《快报》上发表了一则影评。总共一句话:"我是第十四个。"这一句话的影评被众人称妙。影评家利用拈连手法,顺着片名,说作为观众的他是第十四个牺牲品。既含蓄、风趣,又有力地讽刺了那部糟糕的影片。

在言语表达中,甲乙两个事物连在一起叙述时,把本来适用于甲事物的语词拈来用于乙事物,或根据上文出现的词,仿造一个反义词语用于下文,这种手法叫拈连,拈连习惯上分为顺连、反连、义连。

(1)顺连:是顺着甲事物的意思向下连贯,用于乙事物。它是顺势建立的一种巧妙联系,甲乙双方互为联系,又互为映衬。

① 一九二九年一月,著名戏剧团体"南国社"应晓庄师范陶行知的邀请,在田汉带领下前往晓庄演出。当晚,全体师生和周围农民举行欢迎会。陶校长致辞说:"今天我以'田汉'的资格欢迎田汉。晓庄是为农友而办的学校,农友是晓庄师生的朋友,我们的教育是为种田汉而办的教育。所以我是以一个'种田汉'代表的资格在这儿欢迎田汉……"田汉答辞:"陶先生,他是以'田汉'的资格欢迎田汉,实不敢当。我是一个假'田汉',陶先生是个真'田汉',我这个假'田汉'能够受到陶先生这个真'田汉'以及在座的许多真'田汉'的欢迎,实在感到荣幸!"陶先生的欢迎辞和田汉的答辞博得全场的热烈掌声。

陶先生用顺连的手法,就田汉的名字顺引"我是种田汉","我以种田汉的资格欢迎田汉",致辞巧妙,情真意切。而田汉答辞时谦称自己是个假田汉,称陶先生和农友是真田汉,答辞自如,意味深长。

② 甲乙两个偶然一起吃咸蛋,甲奇怪地问道:"我过去吃的蛋都是淡的,这个鸭蛋怎么是咸的呢?"

乙不懂装懂地说:"这事我最清楚,幸亏你问我。这个咸鸭蛋是咸鸭子生的呗!"

"咸"本来用于"蛋",这里顺手拈来用于"鸭子",说是"咸鸭生的",拈得自如,错得滑稽。

③ 于是,我打开了抽屉,不仅是打开了抽屉,我打开了我的心。(巴金《随想录》)

"打开"是拈词,本来是用于抽屉的"打开",这里巧妙地用在"打开了我的心"。

④ 滚圆的月亮,滚圆的诱惑,滚圆的温馨,滚圆的欢乐。(中流《滚圆的诱惑》)

"滚圆"充当拈词,从"滚圆的月亮"顺手连到"滚圆的诱惑""滚圆的温馨""滚圆的欢乐",这些超常搭配,极具新意,极富形象性。

(2)反连:根据前文用于甲事物词语的意思,在后文连出意义相反或相对的词语来,即仿词(内容见前文仿拟中的仿词部分)。

(3)义连:就是将表示甲事物的词语,用来和乙事物连接,产生意义上的巧妙联系。如有一段文字,题为《中学影视》。

课堂提问:《哑女》《哑姑》

老师来了:《这里的黎明静悄悄》

班主任:《垂帘听政》

教学课:《R4之谜》

化学课:《精变》

语文课:《老北京的叙说》

外语课:《天方夜谭》

美术课:《赤橙黄绿青蓝紫》

生物课:《血疑》

自习课:《大闹天宫》

考试前:《顾此失彼》

考试后:《莫斯科不相信眼泪》

宣布成绩:《悲惨世界》

家长会后:《今夜有暴风雪》

转学后:《勿忘我》

这里用十五个不同的片名与目前中学里发生的若干种不正常现象相连,产生意义上的关联,由于联得巧妙,让人感到新鲜、活泼,增强了语言的表现力。

倒反和双关的区别比较明显:

倒反是正语反说,或戏谑,或讽刺。而双关是在一定的言语环境中,利用语句的多义和同音的条件,或借用可作两种或多种理解的语句,使语句具有双重意义,言在此而意在彼。

双关不同于拈连。

(1) 拈连是利用上下文的联系,把用于甲事物的词语巧妙地用于乙事物,它的特点在于"词语的巧妙移用"。如"长长的线儿来回飞舞……缝啊缝啊,春风绕着长线荡漾,暖流跟着针眼流淌。这破洞曾收进了多少风寒,此刻,又缝进了多少温暖!"(王宗仁《缝》)"温暖"是不能缝的,这里从上文拈来连在下文中,让"缝"同"温暖"巧妙地连在一起,表现了军民的深厚情谊。与双关不同,双关的特点在于含蓄地"影射"出另一件事物,言在此而意在彼。

(2) 从形式上看,拈连的甲乙两事物,甲事物往往是具体的,在前,如"线儿",乙事物是抽象的,在后,如"温暖"。而双关指一语二义,有一箭双雕之妙。

二十、顶针

小妹讲话一向拐弯抹角,常常令人生厌,爸妈一直想改掉她这个坏习惯,却没办法。

有一天,爸爸妈妈终于想出了一个办法:妈妈要小妹和她下棋,若输了,小妹就要立誓讲话不再绕来绕去。若击败妈妈,则加发一个礼拜的零用钱。正如所料,小妹立刻要求爸爸做她的军师。

下到半局时,小妹节节失利,急忙求助军师,但爸爸只说一个字:"千!"小妹不解,再度求援,爸爸还是老话:"千!"最后小妹被妈将死,小妹大叫道:"不公平,我的军师背叛。"爸爸道:"背叛?我说'千','千'就是窃,窃者比于我老彭,彭即彭祖,彭祖活了八百年,八百年只不过是铁拐李打个盹,打盹就是睡,睡就是眠,眠就是死,死于帝王为崩,于诸侯为薨,于平民为卒,怎么说我背叛呢?"小妹哑口无言,乖乖地痛改前非。

"军师"的话首尾蝉联,在言语表达上采用了顶针的方法。顶针又叫顶真或联珠,它用前句的末尾作后句的开头,首尾相连,使邻接的语句或言语片断首尾蝉联。顶针的运用能使句子结构整齐,语气贯通,环环相扣。再看几例:

例(1)

楚山泰山皆白云,白云处处长随君。

长随君;君入楚山里,云亦随君渡湘水。

湘水上,女罗衣,白云堪卧君早归。

例(2)

断肠人寄断肠词,词写心间事。

事到头来不自由,自寻思,思量往日真诚志。

　　　　志诚是有,有情难似,似俺那人儿!

　　例(1)是唐代大诗人李白的《送刘十六归白云歌》,这首诗运用顶针法给人以一气呵成之感,收到流畅如行云的艺术效果。例(2)是元人小令中无名氏的《小桃红情》,这支小令以自述口气,描写一个年轻妇女对爱情的忠贞不渝。小令运用了顶针,句与句之间连绵而下,很好地表现了主人缠绵不断的满腔柔情。

　　顶针有宽式和严式之分,共同的特点是:前句和后句首尾相同。区别在于:严式顶针中,相同的部分一定在前句句尾和后句句首。而宽式顶针,相同的部分,位置可以略有变更,只要是在前句的结尾部分和后句的开头部分即可,如例(2)的"不自由"和"自寻思"。

二十一、回文

　　一位佚名作者在广东某地的一座观山古寺壁上,题了这样一首回文诗:
　　　　悠悠绿水傍林偎,日落观山四望回。
　　　　幽林古寺孤明月,冷井寒泉碧映台。
　　　　鸥飞满浦渔舟泛,鹤伴闲亭仙客来。
　　　　游径踏花烟上走,流溪远棹一蓬开。

　　这首诗可顺读,可倒读,顺读倒读都是一首盎然有趣的写景诗:山上孤寺,山下绿水,林木相偎,明月高照,渔舟轻泛,仙鹤伴客。这种以字为单位,顺念回念都可成文的手法叫回文。回文具有"来复美"。

　　据刘勰《文心雕龙》所载,回文诗最早由道原所创,但今已失传。现在人们能够见到最早的回文诗中,最有影响的要算东晋前秦作家苏惠的《回文璇玑图》,诗共841字,题于一块八尺见方的锦缎上,纵横往复,皆可成句。此后,回文诗就流传下来。如清代张奕光有一首《岳武穆王墓》回文诗:
　　　　今古垂芳遗庙立,拜瞻空恨一秦奸。
　　　　森森柏树枝南向,凛凛忠魂夜北看。
　　　　心赤负冤沉狱死,草青埋骨痛碑残。
　　　　钦徽是日无家返,深怨谗书封蜡丸。

　　此诗采用了回文法,全诗不论正读倒读均可成诗,那种沉郁悲愤、痛恨奸臣、敬仰忠烈之情溢于字里行间。回文法在词中也有运用,如苏轼《菩萨蛮》词:
　　　　雪花飞暖融香颊,颊香融暖飞花雪。
　　　　欺雪任单衣,衣单任雪欺。
　　　　别时梅子结,结子梅时别。

归不恨开迟,迟开恨不归。

除了诗词采用回文手法外,幽默故事、文字游戏也运用回文法。如有一则科学幽默小品,题为《末日》:

末日
(美)弗雷德里克·布朗

琼斯教授多年一直在研究时间。

"我终于发明了一台机器。"他对女儿说,"它可以把我们带回到过去。"

他按了一下机器的电钮,并说:"机器能让时间往回走。"

"走回往间时让能器机":说并,钮电的上器机下一了按他。"去过到回带们我把以可它。"说儿女对他,"器机台一了明发于终我。"

间时究研在直一来年多授教斯琼

朗布·克里德雷弗[美]

日末

这则科学小品,采用了回文法,但它不仅仅是依字倒读,而是用回文的格局来产生幽默感。

二十二、回环

有一则名人轶事,题为《差别》:

有人问亚里士多德:

"你与多数人的差别是什么呢?"

"他们活着是为了吃饭,而我吃饭是为了活着。"他回答说。

这句名言"他们活着是为了吃饭,而我吃饭是为了活着。"采用了回环法。所谓回环,就是利用词语回环往复,即用上句末尾作下句的开头,下句的末尾正好又是上句的开头。"吃饭"系上句的末尾,又用于下句的开头,下句的末尾"活着"又用于上句的开头。如:

① 问题的愚蠢,愚蠢的问题;

② 来者不善,善者不来。

③ 科学需要社会主义,社会主义更需要科学。

④ 总理为人民,人民爱总理。

这四例正好说明了回环的四种类型:例①是依词回环,前后两句的词语排列次序依次相反。例②是错综回环,词语错综开来。例③是增词回环,为了强调,回文在回变时,增加了一个"更"字。例④是换词回环,将"为"换为"爱"。

回环和回文是有区别的:

① 回文是利用读音来复的特点,即以字为单位(或以外语的字母为单位)顺念回念都可成文;而回环是利用词语来复,即上句与下句的词语次序正好相反。

② 回文在回念时,只能依字回念,次序是固定的,而回环的次序是交错的,只有"依词回环"可以依词回念,而"错综回环""增词回环"和"换词回环"均不能回念成文。

回环和顶针不同,先看一例:

天刮大风,一个抽烟的人在路上走着走着,烟瘾上来了,他掏出一盒火柴,迎风划火,一边划一边给自己立下规定。

"抽烟不过三,过三不抽烟!"

三根火柴划过了,烟没有点着,于是他大声说:"抽烟不过七,过七我不吸!"

又划了四根火柴,烟还是没有点着。他轻轻地安慰起自己来,"管他三七二十一,啥时点着啥时吸!"

"抽烟不过三,过三不抽烟"是回环,上句的尾和下句的头相同,均是"过三"。下句的尾和上句的头相同,均是"抽烟"。而"抽烟不过七,过七我不吸"是宽式顶针,上句的尾和下句的头相同。

回环和顶针的区别是:①回环要求上句的尾和下句的头相同,同时下句的尾和上句的头相同。而顶针只要求上句的尾和下句的头相同。②回环的结构是"甲——乙,乙——甲",顶针的结构为"甲——乙,乙——丙……"。

二十三、对偶

新婚之夜,苏小妹欲试新郎秦少游胸中之才,将秦拒之门外并出对曰:闭门推出窗前月,月明星稀,今夜断然不雨。

秦少游左思右想不得其对,徘徊长廊。苏东坡见状,虽替妹夫焦急,却又不便代劳。悄悄拿石子向荷花池中一投,秦少游一看灵感来了,答出了下联:投石击破水中天,天高气爽,明朝一定成霜。

苏小妹闻声大喜,急忙迎进新郎。

"霜"字谐"双",有"一定成双"之意,被世人传成佳话,千年不衰。

对偶又叫对联,或称联,在诗词中又称对仗,它是汉语所独有的传统言语表达形式。一对句子,需字数相同,音韵各异,平仄协调,对偶工整。所谓对偶,是指用一对结构相同或相似,字数相等或基本相等的语句来表达一个内容相对称的意思。有时对偶的两句上加横幅。

根据不同的标准可以将对偶分出不同的种类。

(一) 严式对偶和宽式对偶

对偶从形式上可分为严式对偶和宽式对偶。

1. 严式对偶

严式对偶要求上下两句字数相等,结构相同,词性相对,平仄相对,不能重复用字。严式对偶又叫工对或工整对。

相传爱国英雄于谦少年时,才思敏捷。一次,有人出难题要他属对,上联为"半夜二更半"。这一句五字,首尾要用同样的字,这是第一难;第二字是名词,第一字和第二字要构成偏正式的复合词,这是第二难;第三字必须是数字,与第四字又要构成偏正式的复合词,这是第三难;对句和出句必须平仄相对,如"半夜"为仄仄,对句要平平,这是第四难。于谦略加思考,就工整地对出了"中秋八月中",真是奇思巧想!

于谦年幼时,母亲把他的头发梳成双。一天,一个叫兰古春的僧人看到他这副模样,戏道:"牛头喜得生龙角。"于谦应道:"狗嘴何曾出象牙。"于谦回到家对母亲说:"今后不可梳双了。"

过了数日,兰古春恰好路过学堂,见于谦头发梳成三岔,又戏道:"三角如鼓架。"于谦对道:"一秃拟擂槌。"

2. 宽式对偶

和严式对偶相比,宽式对偶要求不太严格,它一般只要求结构大致相同、声韵基本协调。

一个外号叫"酒葫芦"的失业轿夫,每天必进杏花村酒店。一天,有两位诗人在喝酒,看到"酒葫芦"坐到他们桌边,就对他讲:"你这位不速之客竟敢前来喝酒,咱们先来吟诗作对,你若赢了就让你喝三杯。""酒葫芦"不甘示弱:"不妨试试。"于是诗人甲先高声吟道:"天上飞凤凰,地下走绵羊,桌上放《春秋》,两旁站梅香。"

诗人乙对道:"天上飞斑鸠,地下走黄牛,桌上放《礼记》,两旁站丫头。"

"酒葫芦"对道:"天上飞鹞子,地上走豹子,桌上放亮子,两旁站小子。"并解释道:"鹞子展翅赛凤凰、斑鸠,豹子开口食绵羊、黄牛,亮子放火烧《礼记》《春秋》,小子发狂戏梅香、丫头。"

"酒葫芦"三杯酒下了肚。

这里的两副对联,诗人甲和诗人乙对了一副,诗人甲与"酒葫芦"也对了一副。这两副对联都是宽式对偶,只求字数相等,结构大致相同,允许在出句和对句中有相同的字词(如"天下""地下""桌上""两旁")出现。

(二) 正对、反对、串对

对偶还可以根据出句与对句之间的意义关系,分为正对、反对、串对。

1. 正对

正对是指出句和对句在意义上相似、相补、相衬。

李鸿章、翁同龢都是光绪皇帝的庞臣,一个做文化殿大学士,相当于宰相,合肥人;一个曾做过户部尚书,是司农,常熟人。这两人官高势大,人们写了副对联讽刺他俩"宰相合肥天下瘦,司农常熟世间荒"。

这副对联利用二人的籍贯巧作对联,两句意义上相似、相补、相衬,揭露了他们残酷剥削百姓的罪恶行径。

有一年春节前夕,纪晓岚应一乡亲邀请,替乡亲写对联,他了解到,这户人家有三人,都是光棍,老大是个卖爆竹的。于是出了上联"惊天动地门户"。老二是个集市经纪,是专管买卖粮食过斗的,于是出下联"数一数二人家"。老三是个卖烧鸡的,根据他先杀鸡又卖烧鸡的特点,于是出了横幅"先斩后奏"。

这副对联上联和下联意义相补、相衬,是正对。

2. 反对

反对是指出句和对句在意义上相反或相对。

有位尚书大人闻知解缙出语不凡,想试探一下他的本领,便命人邀他到府上相见。但却中门紧闭,让他从偏门入。解缙坚不从命,声言:"正门未开,非迎客之礼!"尚书闻报,便出门对曰:"小犬无知嫌路窄。"解缙应声答道:"大鹏展翅恨天低。"

尚书见解缙身着绿衣,便挖苦道:"出水蛤蟆穿绿袄。"解缙见尚书老态龙钟、身穿红袍,立即反唇相讥:"落汤螃蟹着红袍。"

尚书见解缙对答如流,便大开正门以上宾待之。

解缙共对成两副对联,出句和对句意义相反、相对。

3. 串对

串对是指出句和对句在意义上相关联,表示承接、连贯、递进、因果、假设、条件等关系的对子。

一年,周渔璜任浙江主考。他初到杭州,一些考生听说他是蛮子,便认为他没有什么真才实学,就将他围住,借欢迎为名,故意为难他。其中一位考生高声问道:"洞庭八百里,波滔滔,浪滚滚,宗师由何而来?"周渔璜凛然答道:"巫山十二峰,云重重,雾霭霭,本院从天而降!"这群考生听了,顿时目瞪口呆。

串对的特点是:上下两句的意思互相依存,不能割裂开来,只有结合在一起,才能形成完整的语义表达。如柳亚子《浣溪沙》词:"不是一人能领导,哪容百族共骈阗?"上句表示原因,语意未尽,是偏句,只有将偏句和正句结合起来,才成为一个完整的因果复句。用串对构成的对偶句,其文势并非双峰并峙,而是一水奔流。上下句不但在语义上,有时在句法上也彼此相对,因此也有人称串对为流水对。

(三)四字对、五字对……

根据字数的多少,可将对偶分为四字对、五字对、六字对、七字对、八字对、九字对、十字对、多字对。分别举例如下:

① 山明水秀,政通人和。
② 春来红日丽,雨过紫琅新。
③ 七尺甘为红烛,一生愿作春蚕。
④ 冷灰尚想尽微热,烬烛不忘献寸光。
⑤ 紫琅山边莺歌燕舞,通杨河畔人寿年丰。
⑥ 牛去虎来虎虎气盖世,物换星移星星火燎原。
⑦ 声声爆竹纷传四化喜讯,朵朵梅花争报改革佳音。
⑧ 坚持改革上上下下条条块块行行业业轰轰烈烈扎扎实实干四化,再展宏图家家户户男男女女老老少少兢兢业业认认真真建文明。

对偶中常常含有其他言语技巧,如歇后、镶嵌、回文、双关、拆字、叠字、同异、反复、顶针、比喻、比拟、夸张等。现略举数例:

相传吕蒙正未做官前家贫如洗,他曾在门口悬挂一联:

二三四五

六七八九

横批是:南北

什么意思?原来这副对联用的是歇后寓意法。上联缺"一",谐音"缺衣",下联少"十",谐音"少食"。横批的寓意是缺"东西"。此联幽默风趣,但也流露了贫士的清苦。

京剧名旦程砚秋初由上海到北京登台,萧群撰联云:"艳色天下重,秋声海上来。"

此联嵌进了"艳秋",这是用的镶嵌法。从对联本身来看,所嵌之字可以是第一字、第二字或第三字,但以嵌第一字为常见,习惯上称它为"鹤顶"。

昔日报载一对联:"普天同庆,当庆当庆当当庆;举国若狂,且狂且狂且且狂。"这副对联采用的是反复法。

杭州西湖有副对联:"山山水水处处明明秀秀,风风雨雨时时好好奇奇。"这是采用的叠字法。

梅兰芳生前最喜欢的一副对联是"看我非我,我看我,我也非我;装谁像谁,谁装谁,谁就像谁"。这副对联同时采用了顶针法、回文法和回环法,将表演的技巧描绘出许多层次来,因而深得京剧艺术表演家梅兰芳的喜爱。

除了运用各种言语技巧之外,有时对联中还出现一些文字游戏,此类对联有时也能给人以启发和思考。

对联有着悠久的历史,两千多年前,我国民间就有着把桃枝插在门上避鬼魅的习惯(现在有些地区的农村在春节期间还保留着这种习惯),桃枝后来演变成桃符,即用两块桃木板,上面写一些类似狂草的字(据传桃木板上常写上"神荼"和"郁垒",均为捉拿凶魔恶鬼的门神),并将两块木块挂在两边的门上,以避邪妖。把画桃符变成在木板上写字,进而成为对联,是五代的事。据《宋史·蜀世家》载,蜀主孟昶亲自写了一副春联挂在皇宫里:"新年纳馀庆,佳节号长春。"相传这是我国最早的一副对联。唐代今体诗的形成对于对联的广泛使用产生过重要影响。后来的文人学士突破了诗词的范围,撰写对联,或题咏,或馈赠,或自勉,或状景,或抒怀。

创作对联,除了要注意思想内容健康,具有时代精神外,还要符合对联的格式和特点。

首先是确定主题,然后根据主题立意。一副对联使用的对象(何人、何事、何物、何地),是属对的主题,上下联或各自抱定一个主题而各自独立为意,独立为境,或合拟一个意境,整体独立。

其次是用字遣词注意字数相等,结构相同。工对还要求词性相对,而宽对不要求词性相对,只要结构大体相同,甚至允许上下联中词语有时相同。

再次,协调平仄声。汉字的阴平、阳平为平声。上声、去声为仄声。对联的字数从四字对到多字对均可,然而上下联同位排列的字必须平仄相对。

对联的形成比较复杂,各类对联都有各自具体的要求。对联利用词义、词性、声韵等的巧妙配合,短短两句,含义深刻,意境优美,韵味隽永,尺幅千里,既有实用价值,又给人美的享受,给人们的生活增添光彩。

二十四、排比

列夫·托尔斯泰在《战争与和平》中写道:

> 胆大而不急躁,迅速而不轻佻,爱动而不粗浮,服从上司而不阿谀奉承,忠于职守而不刚愎自用,胜而不骄,喜功而不自炫,自重而不自傲,豪爽而不欺人,刚强而不自傲,谦虚而不装假,认真而不迂腐,活泼而不轻浮,直爽而不幼稚……

这段话用排比的手法,从各个不同的侧面告诫人们应该怎样加强自身的修养。所谓排比,是指用结构相同或相似,语气一贯的一连串语句,把相似或相关的内容表达出来。排比可以用来叙事、抒情或议论。

(一) 排比的形式

排比的形式有两种。

1. 短语排比

> 当你坐上早晨第一列电车走向工厂的时候,当你扛上犁耙走向田野的时候,当你喝完一杯豆浆、提着书包走向学校的时候,当你坐到办公桌前开始这一天工作的时候,当你向孩子嘴里塞着苹果的时候,当你和爱人悠闲散步的时候……朋友,你是否意识到你是在幸福之中呢?(魏巍《谁是最可爱的人》)

这段话由六个介词短语组成排比。

2. 句子排比

有一则短文,题为《遗憾》:

> 人生的遗憾在于最美好的时刻不能重现;生喉炎的遗憾在于等你痊愈以后,才能向人谈起你的病;成功的遗憾在于等你把它弄到手后,它好像没有以前那样堂皇;扩音器的遗憾在于能扩大你说话的声音,而不能扩大你的观点;微波烤炉的遗憾在于饭已经做好而饭桌还没有摆好;身体健康的遗憾在于要保持健康使你精疲力竭。

这六个句子形成排比,叙说六种"遗憾"。

(二) 排比的特点

(1) 构成排比的一组语句,一定要包含三项或三项以上的内容,它们的关系是并列的。

(2) 排比常常带有提示语,提示语常常通过反复的形式来连接,结构紧凑,文意贯通,语势强劲。

有一次，有人问俄国杰出的军事家亚·瓦苏沃罗夫(1730—1800)，在他看来，一个真正的英雄应该具有哪些品质，他回答说：

一个真正的英雄应该是：

要勇敢，但是不能急躁；要行动迅速，但是不能轻举妄动；要机灵，但是要有决断；要服从，但是不能卑躬屈膝；要能统率，但是不要盛气凌人；要做胜利者，但是不能贪图虚荣；要气度高雅，但是不能骄傲自负；要亲切和气，但是不能虚情假意；要坚定，但是不能固执己见；要谦虚，但是不能言过其实；要招人喜欢，但是不能举止轻浮；要博得别人赏识，但是不能施展权术；要善于洞察，但是不能诡计多端；要坦率，但是不能疏忽大意；要和蔼可亲，但是不能转弯抹角；要为人效劳，但是不能图谋私利；要坚决果断，但是不能顽固不化。

有人将这段话称为"一个真正英雄的十七个'但是'"。这十七个用了"但是"的句子形成排比，告诫人们作为一名"英雄"在十七个方面应该怎样有分寸地处事为人。十七个排比句中都用了转折连词"但是"，这个提示语反复出现，增强了语言的气势。

古人云："文有数句用一类字，所以壮气势，广文义也。"这是讲的排比的作用，排比在表达中能加强语势，使语意畅达，节奏和谐。

在运用排比时，不要生硬地拼凑，要做到语意上相关，范围性质相同，结构力求相似，整齐匀称，并可重复某些词语，而且数量不少于三个。

二十五、层递

应修人有一首诗，题为《小小儿的请求》：

不能求响雷和闪电底归去，
只愿雨儿不要来了；
不能求雨儿不来，
只愿风儿停停吧！
再不能停停风儿呢，
就请缓和地轻吹；
倘若要决意狂吹呢，
请不要吹到钱塘江以南。
钱塘江以南也不妨，
但不要吹到我家底家乡；
还不妨吹到我家，

千万请不要吹醒我底妈妈!
妈妈醒了,
伊底心就会飞到我底船上来,
风浪惊痛了伊底心,
怕一夜伊也不想再睡了。
缩之又缩的这个小小儿的请求,
总该许我了,
天呀?

诗歌一层退一层,愿望"缩了又缩",请求风"不要吹醒我的妈妈",这种表述方法称为层递。

所谓层递,是按照事物性状的大小、长短、高低、轻重、远近、难易、深浅等差别,有层次地叙述,表达客观事物的层级性,或逐层递增,或逐层递减。

层递可分为两种形式:递升和递减。

1. 递升

把事物按由小到大,由短到长,由低到高,由轻到重,由近到远,由易到难的顺序叙说下去,就像阶梯式的升高,这叫递升,又叫阶升。如:

某甲买了包五香豆边走边吃,乙向他讨豆吃,甲知道他熟悉历史,便说:"要吃豆可以,但有个条件:你只要说出一个古人,就给你一粒豆。"乙同意。他说:"刘、关、张桃园三结义。"甲就给了他三粒豆。

乙接着说:"八仙过海显神通。"甲又给了他八粒豆。

乙又说:"梁山泊一百零八将。"甲只得把剩下的豆全给了乙。

乙对甲说:"你要是豆多的话,我还要说曹操八十万人马下江南呢!"

在这则笑话中,乙讲了四句话,数量上一层进一层。这是数量上的递升。

2. 递降

把事物按由大到小,由长到短,由高到低,由重到轻,由远到近,由难到易,由深到浅的次序说下去,这种方法叫递降,又叫阶降或递减。

原联合国秘书长德奎利亚尔,在一份题为《八十年代的青年状况》的报告中指出:"亚洲青年人数在世界青年总数中比例最大,约为60%,以后的顺序是:非洲11%,南美洲9%,欧洲8%,北美洲5%。"这种排列是采用的递减式,它是根据青年人占的百分比按由大到小的顺序排列的。

我们把递升和递减分开,是为了叙述的方便。事实上,在言语表达中,递升和递减是结合在一起使用的。如:

有一则幽默故事,题为《恭维》:

某甲擅长恭维。一天,他请了几位小有名气的人来家中吃饭,准备施展一下自己的专长。他临门恭候,等客人们接踵而至的时候,挨个儿问道:"您是怎么来的呀?"

第一位客人说:"我是坐小汽车来的。"某甲立即用感叹加赞美的语调说:"啊!华贵之至。"

第二位客人听了,一皱眉头打趣道:"我是坐飞机来的!"某甲赞曰:"高超之至!"

第三位客人眼珠一转:"我是坐火箭来的!"某甲大喜曰:"勇敢之至。"

第四位客人坦白地说:"我是骑自行车来的。"某甲话锋一转脱口而出:"朴素之至!"

第五位客人老实地说:"我是步行来的。"某甲立刻大加赞赏:"健康之至。"

第六位客人故意出难题:"我是爬着来的。"某甲真是词汇丰富,立即恭维:"稳妥之至!"

第七位客人讥讽地说:"我是滚着来的!"某甲并不脸红,哈哈大笑:"啊,周到之至!"

第一位客人说坐汽车来的,第二位客人说坐飞机来的,第三位客人说坐火箭来的,后者比前者逐层升格,这属于递升。第四位客人说是骑自行车来的,第五位客人说是步行来的,第六位客人说是爬着来的,第七位客人说是滚着来的,从方式程度上来说是递降。

二十六、反复

有一首短诗,题为《但是不管怎样还是应该……》:

人们有时会缺乏理智,逻辑混乱,唯我独尊;
但是不管怎样,还是应该去爱他。
如果你勤勉向上,有人会指责你别有用心谋取私心;
但是不管怎样,还是应该去力争成功。
诚实和坦率会使你易遭伤害;
但是不管怎样,还是应该诚实坦率。
你今朝的善行,世人会在明晨淡忘;
但是不管怎样,还是应该多做好事。
胸怀大志的伟人往往失势于目光短浅的庸夫;

>但是不管怎样,还是应该胸怀大志。
>人们虽然常常怜悯失意的弱者,却总是附炎于得志的权势;
>但是不管怎样,还是应该去扶助某些弱者。
>你多年建树的业绩可能毁于一旦;
>但是不管怎样,还是应该努力建树。
>献出你的全部精华去造福于人类,可能会使你陷入困境;
>但是不管怎样,还是应该献出你的精华。

这首诗运用了反复的方法,让"但是不管怎样,还是应该"在诗中反复出现。

所谓反复,就是为了强调某个意思或表达某种感情,有意重复某个词语或句子。在言语交际中,反复的作用是不能忽视的,它能突出思想感情,分清层次脉络,加强节奏感,增添旋律美。

反复分为隔离反复和连续反复。

隔离反复是把相同的语句隔离开来使用,中间插进别的语句。

秦兆阳有一首《无题》诗:
>最应该记住的最容易忘记,
>谁记住母乳的甜美滋味?
>最应该感谢的最易忘记,
>谁算过先行者的无数血滴?
>最应该惊奇的最易忘记,
>谁惊叹大地的无限生机?
>参天树为什么要深深扎根?
>是为了繁茂它绿色的生命。
>历史的河流啊,长流不息,
>流的是历史的深沉的思维。

这首无题诗选自秦兆阳的《大地》,诗中的"最应该××的最易忘记"在诗中形成隔离反复,几个"谁"也形成隔离反复。

>组织得好的石头能成为建筑;组织得好的社会规划能成为宪法和政策;组织得好的思想能成为好的逻辑;组织得好的词汇能成为好的文章;组织得好的想象和激情能成为好的诗篇;组织得好的事实能成为科学。

在这段文字中,"组织得好的"反复出现,这种反复也属隔离反复。

连续反复是把相同的语句连续不断地使用,中间不插入别的语句。吴敬梓的《儒林外史》中有一段文字:

从浦口山上发脉,一个墩,一个炮;一个墩,一个炮;一个墩,一个炮;弯弯曲曲,骨里骨碌,一路接着滚了来。

这里的"一个墩,一个炮"反复出现,是连续反复。又如:

巴尔扎克为《巴黎杂志》创刊号写了一篇小说,但还有一个人物的名字没有定好,他和戈日一同在街上看招牌,想从中得到点启发,就在最后的一条路上,巴尔扎克盯着路旁一扇歪歪斜斜、又狭窄又破旧的门,他突然大叫一声:"有了……有了!有了!你念念!你念念!你念念呀!"

戈日念了:"马卡!马卡!马卡!好了!"

这里的"有了""你念念""马卡"分别形成连续反复。

传统修辞学上,有所谓"同字"格,从传统的"同字"定义来看,所谓同字是把相同的字放在三个以上的句子的开头或结尾。如有一篇短文,题为《生活的艺术》:

一个明智的人早晚总会发现,生活是欢乐与悲哀、成功与失败、给予与获得的聚合体。

他知道能不为琐事而大动肝火对于成功是至关重要的。

他懂得不善于驾驭自己情绪的人总会有所失。

他理解任何行为总会像甩出的飞镖一样落回来。

他理解沉溺于说长道短地议论他人最能使自己信誉扫地。

他懂得去尊敬每一个人。

他知道一个"早安"和一个微笑能使人获得一天的快乐。

他知道用肯定和赞许去振奋别人的精神的同进也是在振奋自己的心灵。

他懂得当他落难或失败的时候,世界上并不是末日,新的一天和新的机会总在面前。

他觉得听往往比说更重要,让别人诉出心中的烦闷总能结交更多的朋友。

他知道每个人都会有烦恼,他不会因别人的怨尤而消沉。

他相信一个地方的人并不比另一个地方的人难相处,相处得和睦与否98%取决于他自己的所作所为。

用"同字"的眼光看,这里的十一个"他"都在句子的开头,这与其说是同字,不如说是反复,是由"他"构成的隔离反复。此外,"知道""懂得"亦属隔离反复。

二十七、同异

某作家与朋友有这样一段对话：

　　朋友：文人的胃口真好，在你们笔下什么都能吃，吃苦、吃力、吃醋、吃官司、饮泣、饮恨、食言、啃书本、喝西北风、咬文嚼字……还有什么不能吃的？

　　作家：不吃软，不吃硬，不吃眼前亏。

在吃苦、吃力、吃醋、吃官司中"吃"是"同"的成分，而苦、力、醋、官司是"异"的成分。在不吃软、不吃硬、不吃眼前亏中，"不吃"是"同"的成分，软、硬、眼前亏是"异"的成分。

在相对称的语言单位（可以是词、短语）中，同中有异，异中有同，通过鲜明的对照产生丰富的联想，这样的表达方法叫同异。同异有三种情况。

（1）"同"的成分往往是从复合词中提取的一个语素。有这样一首诗：

　　新莺始新归，新蝶复新飞。
　　新花满新树，新月丽新辉。
　　新光新气早，新望新盈抱。
　　新水新绿浮，新禽新听好。
　　新景自新还，新叶复新攀。
　　新枝虽可结，新愁讵解颜。
　　新思独氤氲，新知不可闻。
　　新扇如新月，新盖学新云。
　　新落连珠泪，新点石榴裙。

这是六朝诗人鲍泉作的一首题为《奉和湘东王春日》的诗，内容空泛，但从形式来看，由"新"字组成的十七个复合词中，"新"为相同的语素，其他为异的成分。通过同异对比，给人耳目一新之感。

（2）"同"的成分往往是联绵词中一个相同的音（或声同或韵同）。

联绵词在使用时，也会出现同异现象。如南北朝著名诗人庾信有一首诗，题为《示封中录》：

　　贵馆居金谷，关扃隔稿街。
　　冀君见果顾，郊间光景佳。

联绵词是指由于两个音节连缀成义而不能分割的词，或有双声叠韵的关系，双声是指每个字的声母相同，如辗转、参差、踌躇，叠韵是指每个字的韵母相同，如窈窕、绸缪；或没有双声叠韵的关系，如蜈蚣、妯娌；或同音相重复，如匆匆、津津。

《示封中录》这首诗的用字,是双声关系,在庾信时代,声母都是 g,这是"同",余下的韵母是"异"。

(3)"同"的成分可以是汉字中的一个偏旁或部首。

明朝天启元年,宰相叶向高路过神州,留宿新科状元翁正春家中,翁即兴出对曰:

宠宰宿寒家,穷窗寂寞。

叶向高见联中全是宝盖头的字,先是一惊,接着和道:

客官寓宫宦,富室宽容。

这副对子用了同异法,"同"的成分是每个字全用了宝盖头儿。

同异的特点是:在具有对应性的语言单位中,有相同的成分,它侧重于语言单位之间的同异对比,产生同中有异、错落有致的效果。

排比不同于对偶:

(1)排比由三项或三项以上的语句构成,而对偶仅限于上下两句;

(2)排比不拘泥于字数,而对偶要求字数相等;

(3)排比的各句以出现同形词为常规。

排比与反复的联系和区别如下。

两者的相同点是:有些排比句在固定的位置反复用了同形词语,这样的排比可视为词语的隔离反复。这是排比和反复的兼用。

两者的区别有以下两个方面。

(1)着眼点不同。排比着眼于结构相似,语气贯通,多项并举;反复着眼于语句字面的重现,语义表达的重心在反复出现的那些语句上。

(2)作用不同。排比的作用主要是加强语势;反复的作用是为了强调某种思想感情,或增强节奏感。

层递与排比的区别:层递和排比都具有三个以上结构相同或相近的语句;但排比具有平行性,只是在同一平面上扩展和延伸,不管有多少语句排列,总是在同一层次上。而层递是有层次的,大小、高低、深浅、轻重等的排列可顺可逆,因而具有层级性。层递讲究词语的层级性和使用范围,而排比讲究语句的重现。

同异不同于反复:同异出现在相对应的字、词和短语中,着重于语言单位之间的同异对比,产生同中有异、错落有致的效果;而反复可以是同一个词的反复,同一个短语的反复,同一个句子的反复,语义重心落在被反复的语言单位本身,通过反复起强调作用。

二十八、易色

一位自命为"中国通"的教授,在中文课上讲:"中国人把物品称为'东西',例如桌椅、电视机等,但有生命的动物就不称东西,例如虫、鸟、兽、人……所以,你和他都不是东西,我自然也不是东西。"

在汉语中,"东西"这个词有三种感情色彩:①褒义的,特指所喜爱的动物或人,如"这个小东西真顽皮";②贬义的,特指所憎恨的动物或人,如"这老家伙不是东西";③中性的,泛指各种具体的或抽象的事物,如"语言这东西不是随便可以学的"。

"我自然也不是东西",这里的"东西"本来是贬义的,而被"中国通"误认为是中性的。故事的编者正是利用"东西"的不同色彩,来构成"易色",产生幽默诙谐的讽刺效果。

易色,顾名思义,就是色彩的变易。在文章中有时为了表达的需要,临时变易词语感情色彩,将褒词贬用或贬词褒用,这种修辞手法,就是易色。

词语的色彩,分为感情色彩和语体色彩,因此易色法也相应地分为两种情况。

(一) 变换词语的感情色彩

词语(虚词除外)在表达人们对客观事物的概括认识的同时,有时还能够表达人们对该事物的爱憎意味或褒贬评价。也就是说,有些词除了表示一定的意义外,还明显地带有感情色彩,这种色彩反映着人们的主观态度。

词语的感情色彩大体有褒义、贬义、中性三种,有些词带有喜爱、赞扬、崇敬或者表示肯定的感情色彩,这些词就是褒义词;有的词带有憎恨、鄙视、谴责、讽刺或表示否定的感情色彩,这些表示贬斥意义的词就是贬义词;还有些词,本身不带有褒贬色彩,这类词叫中性词。比如成果、后果、结果这三个词,都有事情发展所达到的最后状态和结局的意思,但三个词感情色彩不同,"成果"是褒义词,"后果"是贬义词,"结果"是中性词。

在言语表达中,利用词语的感情色彩,有时故意褒词贬用或贬词褒用。如:

纪昀是清朝乾隆时的才子,博学多智,能言善辩。

有一次,纪昀在皇宫翰林院率众编汇《四库全书》。当时正值盛夏,体胖的纪昀难忍酷热,便脱衣光背,把辫子盘在头上,伏案阅稿。忽然,他发现乾隆皇帝从前面向院里走来,穿衣服已经来不及,他一猫腰,钻入案下,并将桌布拉好,准备皇帝一走,再出来继续工作,谁知,这一切都被皇帝看到了。乾隆皇帝直奔纪昀案旁,坐了下来,并示意四周惊慌失措的众编辑安静下来。

  肥胖的纪昀此时在通风不良的案下热得实在受不了,倾听屋内又发觉确无异常动静,以为乾隆帝走了,便撩起桌布露出脑袋问:"老头子走了吗?"这句话惹恼了一直坐在案旁的乾隆帝,怒道:"纪昀,别的罪可恕,你凭什么叫我老头子?如果讲不出道理来,立刻赐死!"

  谁知此时纪昀却不慌不忙,从容笑道:"'老头子'这三个字是大家公认的,非臣臆造,容臣详说。皇帝称万岁,岂不为老?皇帝乃国家之首,岂不为头?皇帝乃真龙天子,岂不为子?'老头子'三字乃简称缩写也。"乾隆听了,哈哈大笑,说道:"好个能言善辩的纪昀,虽苏秦、张仪再生所不及也,朕赦汝无罪,起来吧。"

在汉语中,"老头子"本来是带有贬义色彩的,纪昀为了保全性命,故意对"老头子"一词进行曲解,使之带上褒义色彩,因而获得了乾隆皇帝的欢心。

(二)变换词语的语体色彩

  语体色彩,即一般所谓的语体风格。词语的语体色彩一般有口语和书面语之分。

  (1)口语色彩:月亮、小伙儿、伙计、吊儿郎当。

  (2)书面语色彩,又细分为四种。

  ① 政论体的:国体、独裁、专制、复辟。

  ② 文艺体的:春色、秋光、乳莺、残阳。

  ③ 科学体的:定理、具体、临床、开方。

  ④ 事务体的:签发、电复、批示、撰写。

  语体涉及政治、经济、法律、军事、科学、文化领域或各个行业,在这些领域或行业中,都有一系列反映该领域或行业色彩的词语。

  言语表达时,可以将甲语体的词语故意运用到乙语体中。有一则短文,题为《八十年代情话录》:

  "我得到一条信息:你爱我,是吗?"

  "这条信息反馈得真快!"

  "太好了!我——我恨不得——恨不得承包——"

  "承包什么?"

  "承包您的全部爱情。"

  "妈妈原来说由我自己做主的,就怕到时不给我落实政策。"

"我们不需要父母的赞助。"

"小声点!你的喉咙立体声似的,又不是做广告,要搞得人人皆知。"

"不会有人听到的,这儿是公园里最幽静的地方,是恋爱的特区!"

这则短文,在对话中使用了"信息""反馈""承包""落实政策""赞助""立体声""广告""特区"这些充满着新时代气息的新词,作者故意将这些新词用于谈情说爱,产生幽默诙谐的效果。

变换词语的语体色彩,常用的方法有两种。

(1) 在言语表达中故意将分量重的、大的词语当做一般词语来使用。如钱钟书先生的小说《围城》有这样一段文字:

事实上,一个人的缺点,正像猴子的尾巴,猴子蹲在地面的时候,尾巴是看不见的,直到它向树上爬,就把后部供大众瞻仰,可是这红臂长尾巴本来就有的,并非它们爬高了的新标志。

(2) 变换词语的语体色彩,还可以故意将某些专业用语转用到一般言语交际中。如:

冠军运动员因患感冒卧床不起,医生告诉他发烧了,他问道:"体温多少度?"答:"41 ℃。"运动员忙又问:"那么世界纪录是多少?"

"世界纪录"本是用于体育比赛的词语,专业性较强,这里降用到体温上,令人发笑。

又如有一则题为《法律之家》的小幽默:

律师的儿子又回家晚了,邻居问他:"你回家晚了,会挨爸爸的打吗?"

"不会的,我爸爸是律师,如果要打我,我母亲就会申请缓刑,再向我祖母提出上诉,就可以宣判无罪。"

"缓刑""上诉""宣判"为法律用语,一般用于庄重严肃的场合,这里运用到日常生活中,寓谐于庄,产生幽默的效果。

在修辞学界,一般认为变易词语感情色彩的用法叫易色,"由于表达的需要,偶尔把一些分量大的词语降作一般词语用,也就是词语的降级使用,这种词语活用叫降用"。

我们认为,这里讲的易色和降用可以合并统称为易色。词语的色彩既包括感情色彩,又包括语体色彩,"易"是变换,易色就是变换词语的感情色彩和语体色彩。"降用"的命名也不够全面,词语的降用不仅仅是将分量重的、大的词语降作一般词语用,它也可以将一种语体的词语平级移用到另一种语体,这

---

① 倪宝元《修辞》,99 页,浙江人民出版社,1980 年 6 月。

时很难看出它"降"的意味。

二十九、转品

有一年,一位好莱坞的电影经纪人为了扩大影响,吸引观众,在美国好莱坞城主持举办了一场别开生面的"模仿卓别林竞赛"。许多来自各地的选手竞相登台表演。他们穿上卓别林式的服装,装扮成卓别林的模样,表演得惟妙惟肖,令观众倾倒,比赛场上盛况空前。

卓别林听到这个消息,也悄悄来到好莱坞。以一个模仿者的身份登台参加竞赛,谁知他只得了个第三名,后来获得第一名的选手知道了艺术大师卓别林本人竟屈居第三名,深感不安,执意要与他互换一下名次,卓别林坚决不同意,他诚恳地对这第一名选手说:"你是卓别林的模仿者,却战胜了真正的卓别林,证明你比卓别林还卓别林,这第一名理当是你。"

在"比卓别林还卓别林"中,第二个"卓别林"本是名词,但它为了某种特殊的修辞目的,这里用为形容词,这种言语现象叫做转品。传统的"品"指的是词性,转品就是在言语表达中,凭借上下文条件有意转化词或短语的性质,一般是把名词当做动词或形容词来使用,以增加辞趣。(陈望道《修辞学发凡》原称"转品",1976年上海人民出版社重印本改称"转类"。)

有一则小幽默,题为《学问难成》,讲的是初学造句的小朋友,常常会造出意想不到的语句:

难过——我家门前的大水沟很难过。

如果——罐头如果汁营养丰富。

天真——今天真热,是游泳的好日子。

十分——妹妹的数学只考十分,真丢脸。

从容——我做事情,都是从容易的做起。

这则小幽默利用了转品的特点,读来幽默风趣。"难过"本来是个形容词,要求在所造的句子中也要出现这样的形容词,但造出的句子,将"难过"变成了动宾关系的短语了。"如果"是个连词,造句者只求字面同形,而忽视了词语的用法。"天真"是形容词,造句时只注意字面相同,而不顾词性和词义。"十分"是副词,而句子中出现的"十分"却是数量词。"从容"是形容词,所造的句子中虽然嵌进了这个词,但忽视了该词的词义和词性,只求字面同形。作者运用转品法有意改变这些词的词性,大大增加了言语表达的效果。

转品不仅在小幽默中出现,它也常常出现在文学作品和日常生活的言语表述中。如:

① 这个连长太"军阀"了！年纪不大,脾气可不小！(曲波《山呼海啸》)

② 在他心的深处,他似乎怕变成张大哥第二——"科员"了一辈子,以至于对自己的事都一点也不敢豪横。(老舍《离婚》)

③ 但是他对妙斋越来越冷淡。他想把妙斋"冰"了走。(《老舍短篇小说选》)

例①的"军阀"是名词当形容词用,是"军阀作风太严重"的意思。例②是名词当动词用,是说"当了一辈子科员"。例③的"冰"是缘"冷淡"而将名词活用为动词的。

转品与词类的误用,有一定界限。

转品是随情应景地让词语活用,使表达具体而形象,新鲜而活泼;而词类误用是在表达时将甲类词误作乙类词使用。前者是言语表达的一种方法,后者是言语表达时出现的一种语病。

三十、飞白

黄宗英《小丫扛大旗》中有这样一段描写:

她一见秀敏就说:"秀敏同志,你那发言稿哪?""啥镐?""讲话的稿。""讲话还带镐?""不用稿也得有个提纲吧?""啥缸?""拿张纸把你要说的内容大概写下来,提防忘了,说溜了。"秀敏一听说"写",愣了。她抗着脖子:"我不会写。"

"镐"是"稿"的白字,"缸"是"纲"的白字,这里用飞白法描写说话人不懂什么"发言稿"和"提纲"。飞白法往往起到滑稽、揶揄、增趣的作用。

所谓飞白,是为了特殊的表达需要,将明明知道是错误的字、词、句、篇故意如实记录或仿效。这里的"白"本来是指白字,我们可以将它扩大到有语病的词语句篇。飞白的构成有以下四种情况。

(一)利用白字构成飞白

以前,我国古代书写习惯都是竖写。有个州官写字十分潦草。一天他写了一张字条,要衙役给他买猪舌头,"舌"字的上半截写得老长老长的,衙役把"舌"字看成"千口"两个字了。

为了购买这一千口猪,衙役们倾巢出动。整整忙了三天三夜,好不容易才凑足了一千口的数。他们赶着猪,向州官交差说:"报告老爷,你要的一千口猪已经全部买到!"

州官吃惊地说:"我没让你们买猪呀!"衙役们把字条递上去说:"给,这是你亲笔写的,还会有错?"州官说:"你们这群混蛋!我写的是猪舌嘛,怎么看成是'买猪千口'呢?"

衙役们被骂得面面相觑,哭笑不得。有个小衙役在下面小声咕噜说:"你给老太爷写信的时候,可不要把'爹'写成'父多'啊!"

这里的"千口"是"舌"的白字,"父多"是爹的白字,"飞白"手法的运用增添了故事的情趣。

(二)利用词语构成飞白

如,马烽《刘胡兰传》中有一段对话:

玉莲不懂什么是持久战,她悄悄地向金香问道:"金香,顾县长说的是什么吃酒战?"

"你真是个笨蛋!连个'吃酒战'也不知道。"金香自以为是地说道,"就是喝醉酒打架嘛!喝了酒打人最厉害了,我后爹喝醉酒,打起我妈来没轻没重。"

金香并不知道什么是"持久战",却自以为是地把"持久战"理解成"吃酒战",可以说"吃酒战"是"持久战"的飞白。

(三)利用有病的句子构成飞白

无论说话还是写文章,人们都不愿在言语活动中出现讨厌的病句,但在文艺作品中,为了塑造人物形象,刻画人物的某种性格,表现人物的某种感情,作者往往在人物语言中有意地运用一些病句或不太规范的句子。

电视连续剧《黑十字架》中有一位海关人员,被走私集团利用,后来在同志们的帮助下,终于觉醒了,当公安人员布置他打入走私集团内部侦察时,他非常激动地表示:"我一定使劲儿侦察。"这种回答,近于孩语,这是成年人在强烈的感情支配下所道出的孩语,并且在特定的背景下由那位悔悟觉醒后的海关人员讲出,显得真实自然。

又如电影《御马外传》中,有人来找亮亮的妈妈,亮亮从屋里走出来说:"我妈妈说,家里没人。"亮亮的话本身是引人发笑的,因为它明显违背了逻辑事理,但从亮亮的口中说出,就自然妥帖。

散文作家秦牧在《艺海拾贝》中说:"在某种场合,'不合逻辑'的语言有时比合乎逻辑的语言更有力量。"在文艺作品中,这种"不合逻辑"的句子是作者将它作为某种艺术手段而有意运用的,它完全服务于文艺作品刻画"这一个"的需要。

（四）利用篇章构成飞白

在文艺性的小品文中常常采有这种方法。有一篇文艺小品文,题为《奇文共欣赏》,文中介绍了国民党山东省主席韩复榘的演讲词。

诸位,各位,在齐位。今天是什么天气? 今天就是演讲的天气。开会的人来齐了没有? 看样子大概有五分之八了,没来的举手吧! 很好,很好,都到齐了,你们来得很茂盛,敝人也实在是感冒。今天兄弟召集大家来训一训,兄弟有说得不对的,大家应该相互原谅。你们是文化人,都是大学生、中学生、留洋生。你们这些乌合之众是科学科的,化学化的,都懂得七八国英文,兄弟我是大老粗,连中国的英文都不懂。你们是从笔筒里爬出来的,兄弟我是从炮筒里钻出来的。今天到这里讲话,真使我蓬荜生辉,感恩戴德。其实我没有资格给你们讲话,讲起来嘛就像就像……对了,就像对牛弹琴。

今天不准备多讲,先讲三个纲目:

蒋委员长的新生活运动,兄弟我举双手赞成。就一条,"行人靠右走"实在不妥,实在太糊涂了。大家想想,行人都靠右走,那么左边留给谁走呢?

还有件事,兄弟我想不通,外国人在北京东郊民巷都建了大使馆,就缺我们中国的,我们中国为什么不在那儿建个大使馆? 说来说去,中国人真是太软弱!

再一件事,你们校的总务长太不像话了,要不是他贪污了,那学校为什么这样穷酸? 十来个人穿着裤衩抢一个球像什么样子,多不雅观! 明天到我公馆再领笔钱,多买几个球,一人发一个,省得再你争我抢。

韩复榘原是国民党山东省政府主席,齐鲁大学校庆时他作了此演讲。该演讲词病句甚多,堪称奇文,当然该文亦经后人的夸张加工。加工者采用飞白法,夸其病,讽其庸,具有独到的讽刺效果。

飞白就是故意使用有病的字、词、句、篇,但是我们所理解的"病"应包括语法、修辞和逻辑诸方面的毛病。

前几年,《人民文学》曾刊载了一篇《大问题》的小品文,现录于下:

同志们:

我今天准备给大家讲一个问题。这个问题,本来没有什么问题,但是,问题终究是问题,你越不讲它就越成问题,最后,可能发展成为无可救药的问题。

那么,这个问题究竟是什么问题呢?这个问题是一个不简单的问题,同时也是一个难于解决的问题。如果我这个问题讲来讲去你们听不出什么问题,那么就说明我这个问题中还存在问题,也许你们的耳朵有问题,这样大家都有问题。

　　但我希望,我讲完这个问题之后,大家要从我这个问题中多多提出问题,并且深入分析我这个问题。这样做,我一定没有问题,但我坚信,大家一定能解决我这个问题中所存在的问题,把它变成一个没有问题的问题。

　　讲到这里,我的问题已成为越讲越多的问题,大家会感到是一个十分荒谬可笑的问题。不过,我还要郑重地指出:我这个问题是一个非常特殊的问题,大家听后满意也好,不满意也好,始终会在你们的印象中留下一个不三不四的问题。这样一来,我所讲的问题就成为一个非常遗憾的大问题。

　　最后,祝大家身体没有问题!

这则讽刺小品,它以讲话稿的形式讽刺了一些喜欢拉官腔的人。语法、逻辑上基本没有"病",只是修辞上以辞害意(单调地重复三十六个"问题"),内容空洞无物,形式呆板累赘。作者正是运用了飞白法写成了这样的讽刺小品。

三十一、释语

培根论爱情时这样写道:

　　所谓情话,就是热情冲动时所说的话,正如做梦时说出的呓语,并不是正常生活里的东西。

　　所谓永恒的爱,是从红颜爱到白发,从花开爱到花残。

这里解释"情话"和"永恒的爱"都采用了释语的方法。

释语,是用形象生动的言语对某个词语艺术地进行解释。它不同于一般的词语解释,虽然它在运用过程中要借助某些词语解释的方法。

释语的方法有这样两种。

(一) 以本语释本语

"本语"指普通话,"以本语释本语"就是用普通话语词来做形象生动的解释。如:

　　立春:立是见,春是蠢动,是植物开始有生机的意思。
　　雨水:雨水将多。
　　惊蛰:春雷响动,惊动万物。从这一天起冬眠生物将醒。

春分:分就是半,春季九十天的一半叫春分,这一天昼夜平分。
清明:明洁的意思,从这一天起,草木萌芽。
谷雨:雨生百谷之意,这一天雨水加多。
立夏:夏天开始。
小满:指麦种有芒。
夏至:至是极,是日影长到终极之意。
小暑:气候炎热,但还是没有热到极点。
大暑:炎热到极点。
立秋:秋是植物快成熟之意,从这一天起秋天开始。
处暑:处是停止,指暑气将于这一天结束。
白露:地面水气凝结为露呈白色。
秋分:秋季九十天的一半,这一天昼夜平分。
寒露:露光白而寒,是气候逐渐转冷的意思。
霜降:下霜。
立冬:冬是终了的意思,作物收割后要起来。
小雪:开始降雪,但还不多。
大雪:雪将由小而大。
冬至:日影已短到极点。
小寒:天气寒冷,但还没有冷到极点。
大寒:冷到极点。

这里是用本语释本语的方法,对二十四个节气作了通俗形象的解释。这类释语要求生动、形象,注意可接受性。如果把"立春"解释为"每年2月4日前后太阳到达黄经315度时的节气",把"雨水"解释为"每年2月19日前后太阳到达黄经330度时的节气",则是对词语进行科学的解释。

(二) 异语

用普通话语词对非汉语普通话语词(包括外语词、兄弟民族语言的语词、汉语方言语词、行业语的语词)进行生动形象的解释。有人称之为"异语"。如:

① PET 是正电子放射层扫描机(positron emission tomography)的简称。它是在曾获得1978年诺贝尔医学奖的 CT 机(计算机控制的断层体层 X 射线扫描机)的基础上发展得来的一种最新技术。(《光明日报》)

② 西藏拉萨河畔有个叫王丽梅的北京下乡知识青年,藏族同胞总是

亲昵地称她"格拉"。(藏语"格拉",意思是老师。)(《北京日报》)

③"作家"——湖南人叫种地的为"作家"。这个名称的双关意义也很好,这是说,写作也和耕种一样,是要勤于劳动的。湖南人又叫地多的为"大作家"。(《人民文学》)

例①如果只写PET,而不写此语词的汉语翻译和简称的原文,读者就不能了解该扫描机的性能。这种利用外来语的异语,是适应科学技术的发展和国际交流的需要而产生的。例②用了藏语的语词,表达了藏族人民对王丽梅的亲切之情,若直接用"老师"而不用"格拉"转译,这种亲切感就不能充分地表达出来。这种用兄弟民族语言的语词构成的异语,民族色彩很浓,有独到的表现力。例③是用方言词构成的异语,它对方言词加以解释而引申出新意,给人以新颖别致之感。

异语的使用,要能把握住分寸。即外来语、兄弟民族词语、方言词的运用,在语言作品中不宜太多。运用这些词语的好处是:能增强词语的表现力,生动形象,亲切感人。如果滥用,往往会影响言语交际。比如周立波的《山乡巨变》和冯志的《敌后武工队》都过多地运用了方言词。《山乡巨变》中的湖南方言"莫逗要方了""大崽""耕白水""晏了"等等,《敌后武工队》中的北方方言"不赖歹""干的戥""卖谄""栽不楞"等等都不同程度地影响了文学语言的表达效果。

释语不同于词语的解释。释语的方法只有两种,一种是本语释本语,一种是用异语作解释。

而解释词的方法是多种多样的。

(1) 利用同义词或同义短语来解释。

拭——擦;畏惧——害怕。

(2) 利用反义词或者在反义词前加"不"。

丑恶——不美好;调和——不斗争。

(3) 解释字义。

跋涉——爬山蹚水,形容旅途艰苦。跋,爬山;涉,蹚水。

(4) 交代异称。

参差——文言词,不整齐的意思;俺——方言,我,我们。

(5) 举例。

呈现——显出,露出的意思。多指景象、状态之类的显露。如到处呈现出一片生气勃勃的景象。

(6) 说明类属。

象形——六书之一,描摹实物形状的造字法。

（7）交代背景，指出它是什么时代、什么社会的产物，是同什么背景联系在一起的。

连坐——反动统治时代，一个人触犯了当时的令，连带亲属也治罪，叫连坐。坐就是犯法。

（8）两相对照。

利润——商品生产的赢利。在资本主义生产中，利润是工人所创造而为资本家所剥削的剩余价值的转化形式；在社会主义制度下，利润是劳动创造出来的纯收入的一部分，是社会资金积累的主要来源。

（9）描绘解释。

棒棒——形容野草树木丛生的样子。

释语常常借助词语解释的某些方法，但最终的目的不一样，释语是为了使表达生动形象，亲切可感，而词语的解释是为了揭示词语的语义。

三十二、节缩

　　志若黄河奔沧海，形似珠峰刺青天。
　　借问英灵今何在？花潮湿诗震人间。

这首诗选自童怀周《天安门诗抄》，诗中"珠峰"是珠穆朗玛峰的节缩。因为在诗中出现全称会影响诗的对称和简洁。

所谓节缩，是为了使语句简明，或节拍协调，或实现其他的修辞目的，把一些音节过多的词语加以删节、压缩和归并。

节缩常见的形式是简称和数词缩语。

（一）简称

简称是事物的全称简化了的称谓。简称的出现是为了用语的经济。简称是和全称相对而言的，简称具有全称在表义上的明确性。

简称的构成方式有如下几种。

（1）取全称中每个词的第一个字。如：政治委员——政委。北京大学——北大。

（2）取全称中第一词的第一个字，取第二个词的第二个字。如，战争罪犯——战犯。师范学院——师院。

（3）取全称中的前一个词。如，师范学校——师范。清华大学——清华。

（4）取全称中的最后一个词。如，中国人民解放军——解放军。中国人民志愿军——志愿军。

（5）取全称中每个词的一个字，再将具有类别性质的词附在后面。如，少年先锋队——少先队。支部委员会——支委会。

（6）取全称中具有代表性的两个字。如，鞍山钢铁公司——鞍钢。中国作家协会——作协。

（7）取全称中的第一个字，并与另一个全称中的第一个字连用。如，中华人民共和国、朝鲜民主主义共和国——中朝。英吉利大帝国联邦、法兰西共和国——英法。

（8）简称中字的顺序打破了原称中字的顺序。如，国营第五棉纺织厂——国棉五厂。第四女子中学——女四中。这种简称法更具有区别性，前例突出一个"棉"字，以区别于一般工厂。后例突出一个"女"字，以区别于一般中学。

简称不同于"代称"，代称一般是用一个字来代替原名称，它不是对全称的简缩。如，"湘"称代湖南，是因为该省境内有湘江，上海市用"沪"，是根据上海县东北的沪渎水（即今之吴淞江）来代称的。河南省的代称是"豫"，是因为河南是古九州之一的豫州。代称所用的字来源于该地区具有代表性的事物。

（二）数词缩语

数词缩语有两种情况。

（1）将"百花齐放、百家争鸣"简缩为"双百"。这类数词缩语，数词的数额取决于全称中相同词的多少。又如，反贪污、反浪费、反官僚主义简称为"三反"。初伏、中伏、末伏简缩为"三伏"。

（2）将蚊子、苍蝇、臭虫、老鼠缩简为"四害"。这类数词缩词前部分数词的数额取决于全称中词的多少，后部分的词是全称中各个词语所代表的事物的共同属性。又如，喜、怒、爱、恶、惧、欲简称为"七情"。酸、甜、苦、辣、咸简缩为"五味"。

简缩在言语交际中，不需详细解说其内涵，因为它是约定俗成的，因而简缩语常可以独立运用。如：

他们有高度的革命觉悟，可贵的革命干劲，一心为公的"十不"精神，"三老四严""四个一样"的革命作风。

简缩有临时和约定俗成之分，后者以前者为基础。如，把感情、激情、抒情称作"三情"，把摄取力、理解力、概括力、分析力称作"四力"，这都是临时节缩，但"五讲""四美"现在看来就是约定俗成的。任何简缩都有从临时向约定俗成转化的过程，在转化过程中，有些被淘汰，有些被保存了下来。因此作为简称和数词简缩语在使用时应注意两点：①在郑重的场合少用或不用。如正式文件中尽量少用或不用节缩语，要用也要注意节缩语的约定俗成性和全民性。②局部通用的简称，应加上注解。如巴金《我们会见彭德怀司令》一文，用了通行于志愿军内部的"志政"，就附上了注解："志政，即中国人民志愿军政治部。"

三十三、镶嵌

有一次，纪晓岚陪伴乾隆皇帝到南方巡游。乾隆皇帝坐在龙舟上，面对"滔滔长江万重浪，苍苍江堤万里蛇"的深秋迷人景色颇有感慨，即命纪晓岚当场吟一首七绝，来描述这一壮丽动人的景色。纪晓岚站起身来，把手一背，在龙舟甲板上来回踱步沉思，不一会儿，朗声吟道：

一篙一橹一渔舟，一个艄头一钩钩；

一拍一呼还一笑，一人独占一江秋。

韩隆皇帝听后，拍手称绝，佩服地说："怪不得人们称你为'纪才子'，果然名不虚传！"

纪晓岚所吟七绝，嵌进了十个"一"字，这种手法叫镶嵌。它是为了表达的需要，故意加进一些字、词、句。镶嵌有两种情况。

（1）为了言语的音节对称或便于吟唱，故意加进几个无关紧要的字来衬托紧要的字，这叫衬字，如王实甫《西厢记》中的《长亭送别》，其中的一些唱词就采用了衬字法，为的是便于吟唱。

　　恨相见得迟，怨归去得疾，柳丝长玉骢难系，恨不得倩疏林挂住斜晖。马儿的的行。车儿快快的随，却告了相思回避，破题儿又早别离，听得道一声"去也"，松了金钏。遥望见十里长亭，减了玉肌；此恨谁知。

　　见安排着车儿、马儿，不由人熬熬煎煎的气。有什么心情花儿，粉儿，打扮得娇娇滴滴的媚。准备着被儿，枕儿，只索昏昏沉沉的睡。从今后衫儿、袖儿，都揾做重重叠叠的泪。兀的不闷杀人也么哥！兀的不闷杀人了么哥！久已后书儿，信儿，索与我凄凄惶惶的寄。

这两段唱词的加点部分都是衬字，当时加上这些衬字是为了便于吟唱，衬字之外的字都是正字。

（2）有时把能表达内心真情实意的词语巧妙地嵌进言语段落中去，或表达真情，或表示讽刺。

封建军阀袁世凯，篡夺辛亥革命果实，窃居总统职位，王凯运作对联加以讽刺：

　　民犹是也，国犹是也，何分南北；

> 总而言之，统而言之，不是东西。

这副对联中嵌进了"总统不是东西"。

又如《天安门诗抄》有一首诗：

> 江河湖海浪涛起，亿万人民悼总理。
> 青山绿影低下头，滚滚泪浪哀声起。
> 靠着泰山心难移，谁料星损日月泣。
> 边防战士继遗志，誓和白骨斗到底。

在"四人帮"横行时期，人民失去了言论自由，这首诗采用镶嵌法，嵌进了"江青靠边"。曲折而巧妙地表达了作者的爱憎。

不仅是词语、句子可以嵌入言语段落中，有时嵌进的文字可以成为一个完整的篇章。如：有一个小伙子非常爱一个姑娘，但姑娘的父亲却不喜欢他，也不想让他们的爱情发展下去。小伙子很想给姑娘写一封情书，然而他知道姑娘的父亲会先看，于是他给姑娘写了这样一封信。

> 我对你表达过的热爱，
> 已经消逝。我对你的厌恶
> 与日俱增，当我看到你时，
> 我甚至不喜欢你的那副样子，
> 我想做的第一件事就是
> 把目光移向别处，我永远不会
> 和你结婚。我们的最近一次谈话
> 枯燥乏味，因此无法
> 使我渴望再与你相见
> 你心中只有自己
> 假如我们结婚，我深信我将
> 生活得非常艰难，我也无法
> 愉快地和你生活在一起，我要把我的心
> 奉献出来，但绝不是
> 奉献给你，没有人能比你更
> 苛求和自私，也没有人比你更不
> 关心和帮助我。
> 我诚挚地要你明白
> 我讲的是真话，请你助我一臂之力，
> 结束我们的关系，别试图

<u>答复此信，你的信充满着</u>
　　使我兴味索然的事情，你也不可能怀着
　　<u>对我的真诚关心，再见，请相信</u>
　　我并不喜欢你，请不要以为
　　<u>我仍然爱着你。</u>

　　姑娘的父亲看了信以后，非常高兴地把信交给女儿，姑娘看罢信也非常快乐，小伙子仍然爱着她。

　　小伙子的情书，采用镶嵌手法，将奇数行连缀成文，表示对恋人的忠贞不渝，你不妨读一读信中加横线的文字。

　　易色不同于倒反，也不同于双关。易色是变换词语的感情色彩和语体色彩，而倒反是说反话或戏谑讽刺，双关是一语二义，言此而意彼。

　　转品不同于飞白，转品是故意改变某个词的词性，飞白是故意使用有病的字、词、句、篇。

　　释语不同于词语解释，释语力求通俗形象或具有可接受性，而词语解释是阐述词语的语义，力求准确性；释语和解释词语的方法也各不相同。

　　节缩也不同于释语，节缩是对全称的简缩，是为了言语的经济、表达的方便，释语是通过通俗形象的解释，让对方易于接受。

三十四、拆字

　　有个财主少爷出外游玩，见一年轻貌美的村妇在木桥边，便生歹意。于是凑到村妇跟前嬉皮笑脸地说："有木便是桥，无木也念乔，去木添个女，添女便为娇，阿娇休避我，我最爱阿娇。"说完，眼睛直勾勾地盯着村妇。

　　村妇听了他的下流言词，看着他摇头晃脑的丑态，非常生气，回敬他说："有米便为粮，无米也念良，去米添个女，添女便为娘，老娘虽有子，子不敬老娘。"

　　少爷受了才思敏捷的村妇的回击，灰溜溜转身便走。

　　财主少爷把"桥"字拆开，几换偏旁变为"娇"，调戏村妇，而村妇同样采用拆字法将"粮"字几换偏旁变为"娘"，回击恶少。

　　所谓拆字，是为了表达的需要，把所用的字故意拆开，这种方法能增强趣味感。

　　有一副对子：冻雨洒窗，东两点，西三点；切瓜分客，上七刀，下八刀。

　　这副对联，出句巧拆"冻""洒"两字，语意自然，饶有意趣，对句巧拆"切""分"两字，浑然天成，入情入理。

　　又如，某村有个白吃的人，雅号"圣贤愁"，八仙中的吕洞宾、铁拐李到此约他前到酒店试试,并有言在先"行令做诗,令成饮酒"。于是三人排了先后,并规定各用"圣""贤""愁"三字中的一字为令,吕洞宾说:

"耳口王,耳口王,壶中有酒我先尝。盘里无肴难下酒,割下耳朵尝一尝。"

圣字的繁体字是"聖",吕洞宾吟完诗,就割下了自己的一只耳朵放在盘中,然后喝酒。接着铁拐李说:"臣又贝,臣又贝,壶中有酒我先醉。盘中无肴难下酒,割下鼻子配一配。"说完,割下了自己的鼻子,喝了一口酒。白吃笑呵呵地吟道:"禾火心,禾火心,壶中有酒我先斟,盘中无菜难下酒,拔根毫毛表寸心。"说完拔下一根毫毛。吕洞宾、铁拐李说白吃真不讲义气。

那白吃喝够了酒,笑道:"正是你二位我才拔下毫毛,要是别人,我还一毛不拔呢!"

吕洞宾、铁拐李和白吃把圣、贤、愁拆开分别为令,这也是采用了拆字法。

这里讲的"字"是个传统概念,它包括今天的字和词,即拆字除了合体字可以"化形拆字"外,为了表达需要,也可以把多音词临时拆开使用(有人称之为拆词)。如:

① 我们现在革了船主的命,可不能革大海的命。大海一变脸,岂不是照样兴风作浪,伤害人命么?(杨朔《海市》)

② 他虽然借父亲的光,有一个贫农成分,但他本人当初既不"贫"又不"农",而是从小走南闯北,闯荡江湖。(张天民《创业》)

③ 不懂得路就问路,不认得的事物就请教。谦而不虚,采取老实的办法,狂而不妄,采取认真的态度。(徐迟《向着二十一世纪》)

例①将"革命"一词拆开,活泼自然,带有浓厚的生活气息。例②将"贫农"拆开,并加上否定副词,比"并不贫穷,也不务农"要显得生动。例③将"谦虚"和"狂妄"分别拆开,也是为了表达的需要。

总之,一个字有它的定型性,一个多音词也有其凝固性,一般不能拆开使用,如果为了表达的需要,将这些字或词拆开使用,这种字、词的活用就是拆字法。

有人认为,"从语言发展看,拆词有前途,而拆字没有前途"①。其实这是一种误â,拆字在日常的言语活动中,特别是在幽默故事中是非常有生命力的。汉字虽然可以简化,但像"谢"字这类由几个部分组成的合体汉字是众多的;要在短期内将这些合体字简化到不能拆的地步,是不可能的。既然有大量的合体字存在,拆字又是一种古老的而又为群众喜闻乐见的言语技巧,可以预

---

① 濮侃《辞格比较》,92页,安徽教育出版社,1983年9月。

测,拆字和拆词一样,在今后相当长的历史时期内都将保持着旺盛的生命力。

三十五、叠字

一位老师讲解虚词"而"字,对学生说:"这个'而'字,可解作'但''与''如'……是一词多用的常用字。"

第二天,一个学生写了一篇文章,不管三七二十一地乱用"而"字。老师看后,极为生气,便在文章上批道,"该而而不而,不该而而而,而今而后,已而已而,应而便而,不应而不而……"

学生看了这批语,不禁赞叹说:"我写了一百七十个字的文章,才用了十几个'而'字,他写了二十多个字的批语,却用了十多个'而',怪不得他能当老师!"

老师的批语,用叠字法,将几个"而"重叠使用,这是故事的编者故意用叠字法来嘲讽封建老学究的陈腐教学。叠字法的运用可使故事幽默风趣。

叠字,是把同一个字或词接连叠用,这种方法如果用得恰当,还能增强言语的音乐美,加强言语表达的形象性。如宋代女词人李清照的词《声声慢》:

寻寻觅觅,冷冷清清,凄凄惨惨戚戚,乍暖还寒时候,最难将息。三杯两盏淡酒,怎敌他,晚来风急!雁过也,正伤心,却是旧时相识。满地黄花堆积,憔悴损,如今有谁堪摘?守着窗儿,独自怎生得黑?梧桐更兼细雨,到黄昏,点点滴滴。这次第,怎一个"愁"字了得!

这首词是李清照晚年所作的名篇之一。词一开头连下十四个叠字,层层铺叙,表现了寂寞、悲凉、凄怆的心境。

又如宋代诗人陆游的《钗头凤》一词:

红酥手,黄藤酒,满城春色宫墙柳。东风恶,欢情薄,一怀愁绪,几年离索。错!错!错!

春如旧,人空瘦,泪痕红鲛绡透。桃花落,闲池阁,山盟虽在,锦书难托。莫!莫!莫!(陆游《钗头凤》)

世情薄,人情恶,雨送黄昏花易落;晚风干,泪痕残,欲传心事,独倚斜栏,难!难!难!

人成各,今非昨,病魂常似秋千索;角声寒,夜阑珊,怕人询问,咽泪装欢,瞒!瞒!瞒!(唐婉和词)

陆游三十出头,到山阴禹迹寺南的沈家花园去游玩,恰好与十年前的爱妻唐婉相遇,本来陆游与唐婉情投意合,夫唱妇随,生活美满,后因陆游为母亲所逼,休了爱妻。迫于家命,陆游另娶了王氏,唐婉嫁给赵士程。此时两人相遇,旧情藕断丝连,唐婉命家僮给陆游送了一份酒肴,陆游想起十年来的人事变迁,吞下苦酒,于是在一堵粉墙上题了这首伤心断肠的《钗头凤》小词。

《钗头凤》词,分别将"错!错!错!"和"莫!莫!莫!"作为词的上下阕的结句,它们采用了叠字的方法。当然,这里的字也是个传统概念,古代指单个的字,今天也可以指词,如翻译成现代汉语的"不该!不该!不该!"和"不行!不行!不行!"就是典型的叠词了,为了照顾传统的"字"的说法,统称为"叠字"。

三十六、炼字

一个男子要到某地去办事,他在机场告别了妻子便乘飞机走了。十天后,事办完了,他买好回家的机票,然后往邮局去给妻子发电报。他拟好电文,交给一位女营业员,说道:"算算要多少钱?"

她讲了个数目。他清点了自己所有的钱,发觉不够。

"把'亲爱的'从电文中去掉吧。"他说,"这样钱就够了。"

"不",那姑娘说,并打开自己的手提包,掏出钱来,"我来为'亲爱的'这几个字付钱好了,做妻子的,可需要从她们的丈夫那儿得到这几个字眼呢。"

"亲爱的"这几个字之所以不能省,是因为"做妻子的可需要从他们的丈夫那儿得到这个字眼呢",女营业员的话不是没有道理。事实上,在言语表达中,有的字可以省,有的不能省,字的选用,的确有一个比较、选择和提炼的问题。

炼字,本来是指我国古诗文中锤炼言语的一种传统方法。皮日休所谓"百炼为字,千炼为句"。杜甫所谓"吟安一个字,捻断数茎须"。王安石《泊船瓜洲》:"春风又绿江南岸,明月何时照我还?"被公认为是炼字的典范。这个"绿"字好就好在它含义丰富而又深邃,既表现了春天来得迅速,又描绘了江南欣欣向荣的新春景象。"绿"字并非顺手拈来,而是作者反复推敲、锤炼、修改的结果。洪迈在《容斋续笔》中谈到这首诗的修改过程:起初写作"春风又到江南岸",后将"到"改为"过",后又将"过"改成"入",而后又将"入"改为"满",共换了十几个字,最后才定为"绿"。从这个具体过程可以看出,所谓炼字,就是选用最恰当的字来表情达意。

炼字的"字",其范围比较宽泛,但是宽到什么程度,这是一个值得讨论的问题。在语言学界有一种看法:所谓炼字就是在提炼作品内容的基础上,对词句进行比较、分析和挑选,使作品的内容通过精选得来的词句得到更充分的表现。[①]

[①] 越克勤《古汉语修辞简论》,商务印书馆,1983 年 3 月。

很明显,这里所讲的"字"是指词句,而事实上"字"的范围不能太广,因为"句"不能包含于"字"。"句"是言语表达的动态单位,而"词"是言语表达的静态单位,言语过程是组词成句的过程。我们所讲的"字"是指词或短语,不包括"句",炼字的实质就是词语的选用,它不限于古诗文,在现代文中,高明的作者都是注重炼字的。如:

① 婵娟:宋玉,我特别恨你!你辜负了先生的教训,你这没有骨气的无耻之人。(郭沫若《屈原》)

② 孔乙己着了慌,伸开五指将碟子罩住,弯下腰去说道:"不多了,我已经不多了。"直起来又看一看豆,自己摇头说:"不多不多!多乎哉?不多也。"(鲁迅《孔乙己》)

③ 没有生,死就不见;没有死,生就不见;没有上,就无所谓下;没有下,就无所谓上。没有祸,无所谓福;没有福,无所谓祸。(毛泽东《矛盾论》)

例①中的"你这"原作"你是",把表示判断的动词"是"改成指示代词"这",不仅句子形式变了,句子的语势也加强了,"你是没有骨气的无耻文人!"一览无余,话好像说尽了,而"你这没有骨气的无耻文人!"却包含着丰富的潜台词。例②中的"乎""哉""也"都是文言词语,鲁迅先生用在这里,非常生动地表现了旧知识分子那种迂腐可笑的性格。例③用"生、死""上、下""祸、福"这三组反义词,揭示了事物之间相互联系又相互对立的关系。

炼字的过程是一个综合运用言语技巧的过程,选用何种词语,要考虑多方面的因素。

1. 声音优美

炼字要选用上口、中听、声韵优美的词语,充分表现音乐美。以适应情调,增强表达效果。古人在诗文中运用"响字"有两层意思,一是声音的响亮,二是意活。这体现了内容与形式的统一。如贾岛的"鸟宿池边树,僧敲月下门",是用"推"好还是用"敲"好?仔细比较后选定一个"敲"字,"敲"当然要比"推"好。从所谓的"响字"上来分析:①"推"属十灰韵,为合口呼,"敲"字属三肴韵,开口呼,理当择其响者而用之。②从意义上看,"敲"不仅传达诗人的动作,而且传达出了这个动作发出的"咚咚"的响声,衬托出万籁无声的寂静。

2. 确切合理

确切合理是言语表达的立足点,有了合理的内容,没有确切的言语,往往会以辞害理,以辞害意。清代戏剧理论家李渔说:"琢句炼字,虽贵新奇,亦须新而妥,奇而确,妥与确总不越一理字,欲望句之惊人,先求理之服众。"(《窥词管见》)李渔的意思是说,用字贵"新奇",但须注意"妥"与"确"建立在合理的基础之上。

合理的内容是先决的,确切的言语是表达是否合理的关键,两者相辅相成。通过貌似不合理的言语来表达极合理的内容,正是言语艺术的魅力所在。如:"云破月来花弄影"表面看来是不合理的,月亮怎么会破?又怎么会被云弄破?花儿又怎会戏弄自己的影子呢?可是当一丝浮云缠在月亮上,遮住部分月亮时,月亮好像破了一样,但大部分却依然明亮,所以花才有影,花儿在依然明亮的月光下,微风吹拂,摇摆不停,花影也随之摇曳起舞,不正像花儿在逗弄自己的影子吗?这句诗把静物动写,在特定的情境中,用字显得合理确切。

3. 形象鲜明

"红杏枝头春意闹",是宋祁《玉楼春》里的诗句。《玉楼春》描绘的是春的景色,一个"闹"字,使景物从静态变成了动态,从无声变成了有声,从平面变成了立体,给人以春风扑面,春意盎然,一片欣欣向荣的鲜明形象。王国维《人间词话》中曾赞叹"着一闹字而境界全出"。宋祁也因此而被后人誉为"红杏枝头春意闹尚书"。

4. 适应情境

炼字并不是搜求那些艳丽、奇特、冷僻、深奥的字眼,它妙就妙在把极普通的字放到特定的情境中便能传神,这是"炼字"的功力所致,这并非刻意模仿雕饰所能企及的。如:

一天,财迷同一位朋友去散步,不慎掉进河里去。路人见了,连忙伸出手对他说:"把手给我!"谁知财迷听了,只把头往上浮了一下,说什么也不把手伸出来,那人又喊了一次,仍然是这样……

这时纳斯雷丁路过这里,连忙对财迷说:"把我的手快拿去!"这一回,财迷反应很快,连忙伸出手来,让纳斯雷丁拉上岸来。纳斯雷丁对大家说:"那落水的财迷你叫他'给',他不去理你,你叫他'拿',他比谁都快!"

纳斯雷丁用"拿"代替"给",收到了明显的效果。"拿"和"给"都是极其普通的字眼,在特定的情境中显得情趣无穷。

炼字,作为锤炼言语的方法,有着悠久的历史,在运用炼字法时,除了要考虑"声音优美""确切合理""形象鲜明""适应情境"之外,还要注意避免重复,顾及篇章,体现风格。运用炼字法时,没有"两句三年得"的精神,决不会有"一吟双泪流"的效果。古人所谓"一字千金"并非过分,前人对于点题之字,总是呕心沥血,千锤百炼的。

三十七、图示

在不少国家的纸币或硬币中都有＄。＄符号的产生,与西班牙"本洋"银币中的一种图案有关。这种"本洋"银币由当时西班牙属地墨西哥城铸造。由于银币上的图案有两根柱子,因此人们又称之为"双柱币"。直布罗陀地区原来是连在一起的,后来被希腊神话中的大力士赫格里斯把它拉开了。古人为了纪念这段传说,就在银币中设计了两根柱子的图案。现在货币上的＄符号,就是由此演变而来的。

以上所引为《＄的由来》中的一段文字,＄是个符号,用文字不能很好地说明,这里用图示的方法,表达既清楚又形象。所谓图示是指在言语表达中,有些事物难以用文字表达清楚,就让符号、图形、字形等直接参与言语表达。

图示法可以分为三种类型。

（一）符号示意法

利用现成的、人们所熟悉的符号来表达意思。如：

"被动的＋主动的＋自觉自愿的(怕老婆)＝模范丈夫"就是日常生活中的可能出现的玩笑话。（何炳章《"模范丈夫"格调不高》）

这里作者连用了"＋"和"＝"两种符号,组成一个数学计算的形式,用来评论电影《模范丈夫》中所赞扬的"模范丈夫"不具有典型性,以这样的"怕老婆"作为讴歌的对象,立意太浅。

又如,黄宗英在《固氮蓝藻》中有一段文字：

过核桃垭。停车,司机小憩,准备越天险。真是山高一丈,冰厚一分,指路标又纷至沓来：

N——大转弯。

)(——屏息擦过摩天岭。

▲——溜过羊子岩。

这段文字用N、)(、▲这些路标符号,形象地描绘了山路的崎岖险恶,给读者以深刻的印象。

（二）图形示意法

利用图像或简单的图案来表达意思,如曲波在《林海雪原》中有一段文字：

剑波根据他的报告在地图上标了一个8字形的蓝线表。按着刘勋苍、孙达德的报告,他又标上了不同周度的两个8字线条,三个8字线加起来,形成了一朵☆形的花。此时,小分队的位置已在正北那个8形的红点处。

这里的☆和8是图形示意,少剑波用它来记周围的环境和小分队的位置。

(三)字形示意法

利用文字的形貌来表达意思。如:

① 正屋和锅屋有一堵墙合用,这两间屋形成了"丁"字形。(卢群《有这么一个地方》)

② 他们登完了石级转一个弯便到了钓台,那是用石头造的,临湖一带"亚"字栏杆,栏杆前面是一长排石凳。(巴金《春》)

例①中的"丁"字,清楚地告诉读者那正屋和锅屋的方位,为故事情节的展开提供了极大的方便。例②中的"亚"字,形象地勾勒出钓台临湖一带栏杆的形貌。这栏杆下平上也平,中间则是"亚"形花格子,朴素美观。

以字示意时,所用的汉字都是一些醒目的笔画少的字。但是也有用拉丁字母来示意的。如:

一九五八年,尼克松拜访丘吉尔时,这位七十九岁高龄的英国前首相已是步履维艰,不得不借助两名助手的搀扶,但他坚持把尼克松送到门口。"他看上去像具僵尸。"尼克松写道,"到了前门,当我们都被打开的耀眼的摄影灯光照得睁不开眼睛时,他在灯光下直立着……下腭猛向前伸去,目光灼灼,举起双手做了个人们所熟知的象征胜利的V形手势。"

因无法用言语来描述丘吉尔的手势姿态,这里用拉丁字母"V"来图示,言简意明。

用来作图示的符号、图形、字形,在言语表达时不是可有可无的,而是言语作品的有机组成部分。

图示法的特点和作用是:①醒目,有极强的直观性和形象性。②节省文字。③可表达复杂的事理。

图示不同于文字画。文字画只是一种图画,是指早期的象形文字,这种文字保存着较为浓厚的图画色彩。而图示除了有图形、符号、字形,还常常伴随着文字说明,图示法往往为了使表达简洁,直观可感。

三十八、桑槐

你变成了巴黎公社时期的法国画家杜米埃一幅画中的人物。狱卒摸着一个死囚犯的脉搏,对刽子手法官说:"现在这个人可以释放了,他再没有危险了。"

你呀,副司令员,"四人帮"就是这样把你"释放"了,亲爱的首长,人家把你放了,你为什么不再睁开眼睛,看看这,和太行山、和朝鲜、和延安相连的蓝天、白云?你为什么不再看看我们?……杜米埃呀,你是多么的残酷。(刘真《哭你彭德怀副司令员》)

从以上例句你会发现,作者表面上斥责的是法国画家杜米埃,而实际上是在斥责"四人帮",怨恨"四人帮"。杜米埃的画与"四人帮"导演的悲剧多么相似啊!作者这样写感情更加深沉。

那么,这个例子就是桑槐格。所谓桑槐格就是表面上斥责甲,而实际上斥责的是与甲有相似点的乙的修辞手法。

桑槐格多用于小说、戏剧、影视、诗歌、曲艺等文学作品中,其他体裁的文章中也有运用,但比较少见。值得指出的是,桑槐格里的"桑"和"槐",必须有相似之处,指桑是形式,是表象,骂槐才是目的,是根本。名在指桑,实在骂槐,指桑是为骂槐服务的。

成功地运用桑槐格,能深化文章的思想内容,增强文章的表现力和感染力。例如:

有日月朝暮悬,有鬼神掌着生死权。天地也!只合把清浊分辨,可怎生糊突了盗跖、颜渊?为善的受贫穷命更短,造恶的享富贵又寿延。天地也!做得个怕硬欺软,却原来也这般顺水推船!地也!你不分好歹何为地!天也!你错勘贤愚枉为天!哎,只落得两泪涟涟。

该段选自关汉卿的《窦娥冤》,明为怨天、怨地,实际上怨的是当朝的贪官污吏,怨的是黑暗的社会。

桑槐格里的桑和槐可以互换。

成功地运用桑槐格能深刻地揭示事物的本质,能增强语言的表达效果和艺术魅力。又如:

把你这东皇太一烧毁了吧!把你这云中君烧毁了吧!你们这些木偶木梗,你们高坐在神位上有什么德能?你们只是产生黑暗的父亲和母亲。

这段选自郭沫若的《屈原》。这里,屈原表面上在斥责"木偶木梗",实际上,在怒斥楚国的当权者。这里,"木偶木梗"与楚国当权者之间有相似处——居高位却腐朽昏庸。又如:

秀儿娘:老天爷啊,你为何不长眼睛,为何如此狠毒,害得我们这般凄惨啦!

秀儿:娘……　　　　　　　　　电视连续剧《青天衙门》

这里,秀儿娘的表白表面上骂天老爷狠毒,不长眼睛,而实际上在骂封建制度、清王室家族和福晋。

桑槐格里的指桑多指老天爷、上帝、菩萨、神灵等被人们信仰崇拜的人或物。骂槐多指现实中给人带来痛苦和灾难的制度、恶势力、恶环境或恶人等。两者之间一定要有相似性。

桑槐格不同于双关。双关是利用词语的音义条件,构成词语的双重意义,表里二义间没有相似处。桑槐格以句子组成"骂",表和里(也就是桑和槐)之间有相似点。没有相似点就不能构成桑槐格。

三十九、列锦

枯藤老树昏鸦,小桥流水人家,古道西风瘦马。夕阳西下,断肠人在天涯。(马致远《天净沙·秋思》)

这首小令,起势连用九个常见名词构成了一幅秋天傍晚萧瑟苍凉的图画,表现出天涯游子的彷徨愁苦的心境。枯藤攀缠,老树衰颓,昏鸦瑟缩,万物肃杀,了无生机。此句既是工笔实景,又是铺陈心绪。面对如此凄清之情境,羁旅天涯的游子如何不赶归途啊!然而古道坎坷漫长,秋风萧瑟凄冷,坐下瘦马如柴,归家的路途还迢迢千里……诵读至此,游子思乡盼归的哀伤之情怎不让人肝肠寸断、潸然泪下!一曲小令既非清词丽句,也无奇崛境象,仅几个简单的名词组合,却让人咀嚼不已,百感交集。

像这种将几个名词或名词性短语排列起来构成句子的一种修辞手法就是列锦。句中没有谓语成分,却能表达复杂的思想感情,多角度地描绘事物。谭永祥先生在《修辞新格》中说:"古典诗歌作品里面,有一种颇为奇特的句式,即以名词或用以名词为中心的定名结构组成,里面没有形容词谓语,却能写景抒情;没有动词谓语,却能叙事述怀。这种语言现象……我们把它叫做'列锦'。"

例如"落叶他乡树,寒灯独夜人"(马戴《灞上秋居》),"乱山残雪夜,孤烛异乡人"(崔涂《除夜有作》),"燕子来时新社,梨花落后清明。池上碧苔三四点,叶底黄鹂一两声"(晏殊《破阵子》),"烟杨画柳,风帘翠幕,参差十万人家"(柳永《望海潮》),等等。

构成列锦的心理基础是联想。诗人常常借助事物之间的某种联系,将几个相互关联的词语罗列起来,构成意象的组合与叠加,营造特定的情景和境界,让读者去感知画面之间的流动和联系,从而把握作者所描绘的复杂事物和抒发的复杂情怀,窥斑见豹,见木思林。

如宋代词人贺铸的《青玉案》中的妙句:"试问闲愁都几许?一川烟草,满城风絮,梅子黄时雨。"这组佳句,借用相似联想,连用三喻,将本是无情之物的风雨草絮进行诗人独特的审美加工,而后叠加复合,以实拟虚,把作者纷乱的愁情形象生动地描摹出来。你看:那一腔愁绪,仿佛遍地如烟的青草,连绵弥漫,无边无际;又像那满城随风飘舞的柳絮,蒙蒙一片,遮天盖地;更似那江南黄梅时节的霏霏细雨,淅淅沥沥,飘飘洒洒。整个句子就由三个名词性短语设喻而成,通过内在的愁思将三个各自独立的意象、三个不同的画面巧妙地组合起来。将主观的情绪、心境移注到审美客体上,使无情之景物人格化、情感化;反过来,又通过读者的想象、赏鉴、品味,起着烘托、渲染、强化主体的作用。

同样,温庭筠的《商山早行》中也有这样的佳句:"鸡声茅店月,人迹板桥霜。"全句由十个纯名词构成六个意象,叠映出商山黎明之前的一幅完整的画面:残月高悬,雄鸡清声,茅房客舍,思归心切的客人早早地起来赶路,谁料,板桥横渡,冷霜冽冽,一行足印,真是"莫道君行早,更有早行人"了。整句诗仅由叠加的六个意象来突出"早行"二字,不着一闲词,尽得"早"之风流韵味。正如李东阳《怀麓堂诗话》所言:"二句中不用一二闲字,止提掇出紧关物色字样,而音韵铿锵,意象具足,始为难得。"

在古代诗词中诸如此类的佳言妙句还很多,像"七八个星天外,两三点雨山前"(辛弃疾《西江月》),"杨柳岸晓风残月"(柳永《雨霖铃》),"楼船夜雪瓜洲渡,铁马秋风大散关"(陆游《书愤》)等。

但值得注意的是,运用列锦修辞方法不是古典诗词的独有现象,古代其他文体和现代作品中也时可看见,如"巍巍天山,浩浩长江;骏马西风塞北,杏花春雨江南;故园的竹篱茅舍,童年的如豆青灯……"(袁鹰《〈海天·岁月·人生〉序》)。运用列锦辞格的语句除了其自身的辞格特点和修辞效果外,还往往与比喻、对仗、排比、借代等叠用,以增强表达的效果。因此,在赏鉴时就需要我们仔细地去咀嚼品评。

四十、舛互

初入草原,听不见一点儿声音,也看不见什么东西,除了一些忽飞忽落的小鸟。(《草原》人教版六年制第九册)

对于这样的句子,有人曾提出是病句,理由是"既然听不见一点儿声音,也看不见什么东西",就不应该有小鸟。其实,这里是运用了舛互的修辞手法。

舛互("舛",读 chuǎn,意为"违背")这一修辞格,是 1983 年 10 月中国修辞学会华东分会编的《修辞新格》(福建教育出版社,谭永祥主编)一书中首先提出来的。所谓舛互,是指对某一事物既全部肯定又部分否定,或者既全部否

第七章 辞格的运用

定又部分肯定。肯定,是为了衬托、强调否定部分;否定,是为了衬托、强调肯定部分。例如:

① 三百来户都欢天喜地。只有老王太太跟她俩小子没有挑到好牲口,牵了一匹热毛子马。(《分马》)
② 室中更无人,惟有乳下孙。(《石壕吏》)
③ 才到房门,只见赵姨娘和周姨娘两个人来瞧宝玉。宝玉和众人都起身让座,独凤姐不理。(《红楼梦》)
④ 万事俱备,只欠东风。(《三国演义》)
⑤ 绝无仅有(成语)

这里的①先是整体肯定,后个别否定。先说翻身农民都为尝到了土地改革的胜利果实而欢天喜地,后又用"只有"强调老王太太的不满意,强调这是分马中唯一的美中不足,同时引出下文的"换马"风波。

②先整体否定,后个别肯定。先是全部否定室中没有(成年)人,后又强调只有一个"乳下孙",这是为了突出家中已经没有(成年)男子能应征"河阳役"了。

③也是先全部肯定,然后局部否定,以突出凤姐与众不同的身份和性格。

④所说的"万事",是指"破曹"的"一切军事上的条件和保障",也是先全部认定,"只欠东风",就是在先全部认定的前提下,单提出个相反情况,借以突出、强调"东风"的必不可少乃至决定性的作用。

⑤是行文上较为简单的成语,前两字"绝无"是先全部肯定,其目的是突出强调后者——局部的"仅有"的内容。

这类运用舛互修辞格的句子在学生的作文中也常发现。如:"阅览室里肃静无声,只听见大家翻书报的声音。"写连翻书报的声音都听得见,有效地强调了阅览室里的"静",突出了大家专心致志看书看报的学习气氛。又如:"今天,全班都去看电影了,只有小王一个人去了图书馆。"写全班都去看电影了,是为了突出小王更喜欢看书。因此,这些句子都不能算病句。

不过,运用舛互写成的句子,要写得含蓄、巧妙一点,尽量用一些模糊语言,不能说得太过直露,否则读者是难以接受的。像上面一句,如果说成"全班所有的人都去看电影了,只有小王一个人去了图书馆",就把话说死了,让人接受不了。如果说成"同学们都去看电影了,只有小王一个人去了图书馆",则比原句更好,因为"同学们"不等于"全班(同学)",是一种模糊说法。

在群众语言中,这种修辞手法也常有体现。如:"有什么可不能有病,没什么可不能没钱。"这是说健康和必要的经济保证是人类生存的最基本的要素。又如:"下什么可别下岗,上什么可别上当。"这也反映了当今社会存在的有一定普遍性的社会问题。

判断一个句子是否运用了舛互修辞格,方法很简单,像比喻句具有比喻词一样,这类句子最明显的特征词是"……都……只有(只、只是)……""都……唯独……"因为只有这些词才能体现舛互辞格既全部肯定又部分否定,或既全部否定又部分肯定的特点。

作为修辞格的舛互与一般的逻辑矛盾是有区别的。这种看似矛盾的表达手法,其实并不是真的自相矛盾。逻辑矛盾是需要排除的,而作为修辞格的舛互中出现的看似前后矛盾的"矛盾",却相互映衬,相得益彰,有着很强的表达效果。

四十一、示现

利用想象力,将过去、未来或无法亲眼目睹的事物,凭借文字的描述,呈现在读者的面前,就称为示现修辞法。

示现修辞法可分为追述示现、预言示现、悬想示现三种。

(1) 追述示现——将过去发生的事物,凭借想象力追叙描写出来。如:

① 读到此处,在晶莹的泪光中,又看见那肥胖的青布棉袍,黑布马褂的背影。(朱自清《背影》)

通过对父亲背影的追述,直接抒发对父亲的怀念之情,余音袅袅,情思绵绵,让人回味无穷。

② "在家时你干什么?"

"帮人拖毛竹。"

我朝他宽宽的两肩望了一下,立即在我眼前出现了一片绿雾似的竹海,海中间,一条窄窄的石级山道,盘旋而上。一个肩膀宽宽的小伙,肩上垫了一块老蓝布,扛了几枝青竹,竹梢长长的拖在他后面,刮打得石级哗哗作响……这是我多么熟悉的故乡生活啊!(茹志鹃《百合花》)

从小战士的话语中勾起了对故乡生活的深深怀念,把人物的思想感情形象地再现了出来,字里行间倾注着人物的深情,让读者感到如见其人。

③ 在初夏阳光渐暖时你去买一支小船,划去桥边荫下躺着念你的书或是做你的梦,槐花香在水面上漂浮,鱼群的唼喋声在你的耳边挑逗。(徐志摩《我所知道的康桥》)

这一段文字其实只是作者追述自己的经验罢了,但他却要你去买一支小船,去桥边荫下躺着,念你的书,做你的梦,去闻槐花的香味,去听鱼群的唼喋声。这是触觉、视觉、嗅觉、听觉多方面的追述示现,十分引人入胜。

(2) 预言示现——把未来的事情说得仿佛发生在眼前一样。

① 君问归期未有期,巴山夜雨涨秋池;何当共剪西窗烛,却话巴山夜雨时。(李商隐《夜雨寄北》)

诗人预言在某个晚上,夫妻团聚了,同坐在家中的西窗下,侃侃而谈。谈到今夜的情景,说异乡的思归,说接到信后的感受……由于谈得久了,所以一次次剪去了烛花。诗人将想象与现实交织在一起,真切地写出了远地相离者的心情。

② 多情自古伤离别,更那堪冷落清秋节!今宵酒醒何处?杨柳岸晓风残月。(柳永《雨霖铃》)

诗人想象出"杨柳""风""残月"这三种最能触动离愁别绪的意象来预言酒醒的场景,遂成为千古名句。

(3) 悬想示现——把想象的事物说得好像真的在眼前一般,与时间的过去或未来无关。

① 我在这里吃雪,正是为了我们祖国的人民不吃雪。他们可以坐在挺豁亮的屋子里,泡上一壶茶,守住个小火炉子,想吃点甚么就做点甚么。(魏巍《谁是最可爱的人》)

通过悬想祖国人民温馨的生活图画,表现了战士们朴实的信念追求,以及他们对祖国人民的爱。

② 独在异乡为异客,每逢佳节倍思亲。遥知兄弟登高处,遍插茱萸少一人。(王维《九月九日忆山东兄弟》)

诗人悬想:远在故乡的兄弟们今天登高时身上都佩上了茱萸,却发现少了一位——诗人不在内。好像感到可惜的不是自己,而是故乡的兄弟;不是自己因未能和故乡的兄弟们共度佳节而遗憾,反倒是兄弟们佳节未能与自己团聚而遗憾。不说自己在想念故乡的兄弟,反过来说故乡的兄弟们在佳节挂念自己,这正是对"倍思亲"感情的深化。

四十二、跳脱

因为特殊的情境,如语意的含蓄、心思的急转、事象的突出,等等,有时故意中途断了语路。这就是跳脱的修辞手法。它又分为急收、遮断和突接三种。

(1) 急收:说到半路突然中断,不肯说尽,使人得其意于言语之外。

① 七斤自己知道是出场人物,被女人当大众这样辱骂,很不雅观,便只得抬起头,慢慢地说道:"你今天现成话,那时你……"(鲁迅《风波》)

② 没有吃过人的孩子,或者还有?救救孩子……(鲁迅《狂人日记》)

(2) 遮断：一个人的话说到中途被另一个人的话遮拦打断。

那和尚便道："师兄请坐，听小僧……"智深睁着眼道："你说，你说！""在先敝寺十分好个去处，田庄又广，僧众极多……"（施耐庵《水浒传》）

(3) 突接：折断语路突接前话，或者突接当时的心事，因此把话折成了上气不接下气。

① 幸而我的母亲也就进来，从旁说："他多年出门，统忘却了。你该记得罢。"便向我说："这是斜对门的杨二嫂，……开豆腐店的。"（鲁迅《故乡》）

② 我钻进氧气罐的阀门当值守，不怕被人说贪婪。那腌在老醋坛子里的榴莲，像发酵了的酒酿团子，莫名其妙后的感叹，有一种三遍茶般的甜。你确实是万年历里的星期九……（张黎明《喝干的茶用来做枕头》）

运用跳脱的修辞手法，可以真实地表现出说话时的特殊情境，有衔接上文和使上文完整的效果。

四十三、通感

我在朦胧中，又隐约听到远处的爆竹声联绵不断，似乎合成一天音响的浓云。（鲁迅《祝福》）

音响是用听觉器官来感受的，而作者却把这听觉的感受形容成"音响的浓云"，使读者对新年的祝福爆竹声不仅能听到，而且还能见到。借此，把祥林嫂在祝福声中悲惨死去的气氛烘托得愈见凄凉。

在日常经验中，眼耳鼻舌身这五种感官获得的视觉、听觉、嗅觉、味觉、触觉往往可以互相沟通。颜色似乎会有温度，声音似乎会有形象，冷暖似乎会有重量，这种把甲种感官获得的感觉，说成仿佛是乙种感官的感觉的修辞方式叫通感，又叫移觉。

朱自清先生在散文《荷塘月色》中，也用了通感的修辞方式。

层层的叶子中间，零星地点缀着些白花……微风过处，送来缕缕的清香，仿佛远处高楼上渺茫的歌声似的。

"清香"只能用嗅觉来感知，"歌声"只能用听觉来感受，但作者却巧妙地以"高楼上渺茫的歌声"比拟荷的"缕缕清香"，收到了声色俱佳的绝妙艺术效果。请体会，歌声来自"远处"，又出自"高楼"，自然不会听得真切，但它毕竟是歌声而不是窃窃私语，所以它缭绕断续的余音还能似有若无地在耳边萦绕；风是轻轻吹过的，香是缕缕飘来的，尽管它不浓烈扑鼻，但它毕竟是香气，所以它那断断续续的幽香虽淡，然而还不时能嗅到，这是确定无疑的。可是，香气的感受程度意会之尚可,言传之则不易。故而作者移之以歌声,这样,就声味相移地使人意会到香的浓淡醇薄,联想到风的疾徐刚柔,并给人留下歌声萦绕,可以想象捉摸的余地。

月光是隔了树照过来的,高处丛生的灌木,落下参差的斑驳的黑影;弯弯的杨柳的稀疏的倩影,却又像是画在荷叶上。塘中的月色并不均匀;但光与影有着和谐的旋律,如梵婀玲上奏着的名曲。

这是视觉与听觉的相通。因为"梵婀玲"(小提琴)有着高低起伏的音律和轻重缓紧的节奏,拉得好,旋律就悦耳动听;光和影也有疏密起伏和轻重浓淡之分,调得好,色彩就悦目动人。但是,光和影是否和谐相称,是很不容易传达的;琴声是否和谐好听,却是可感可辨的。所以,作者利用人们积累的经验,去揣度难懂或难论的事物,就很容易产生感觉转移的修辞效果。

值得注意的是:一种感觉与另一种感觉之间在心理反应上的相似点,是通感的条件,也是这一修辞方式的原则。从上面我们所举的例句中可以看出来,"新年的爆竹声联绵不断,汇合成一天的音响",这是听觉;而"浓云"也可以是"一天汇合"的,因此浓云虽是视觉所感,但在心理反映上同汇合成一天的音响是相似的。"渺茫的歌声"与"缕缕清香",也都存在心理反映上的相似点。因此这种不同感觉是可以转移的。如果不存在这一条件,任意运用通感,就是错误的。

第四节　辞格的综合运用

在具体言语活动中,有的是某种修辞格单独使用,有的在一句话或一个语言片段中不只一次使用了修辞格或不止使用了一种修辞格,这些修辞格搭配使用,就叫修辞格的综合运用。修辞格的综合运用情况复杂多变,常见的有兼用、套用、连用三种类型。

(一)修辞格的兼用

修辞格的兼用是指一种语言表达形式兼用两种或两种以上的辞格,也称兼格。兼格的特点是从某一角度看是这种辞格,换个角度看,又是另一种辞格。几种辞格相互依存,水乳交融,其修辞效果比单一修辞更突出。例如:

① 红花岗,是他们的刑场,是他们的战场,也是他们举行那庄严而高尚的婚礼的礼堂。(齐怀《刑场上的婚礼》)

② 蓝海靠在车椅背上打盹。一根根铁丝般的胡子在饱经风霜的脸上竖着,就像是一排钢筋。(苏叔阳《旅途》)

③ 可是在中国,那时是确无写处的,禁锢得比罐头还要严密。(鲁迅《为了忘却的记念》)

例①的"是他们"领起三个句子结构相似,语气一致,是排比。同时,"是他们"也间隔反复出现了三次,是反复。这句是排比兼反复。例②的"就像是一排钢筋"兼用了比喻和夸张。例③的最后一句是比喻和夸张的兼用。

(二) 修辞格的套用

修辞格的套用是指一个主要修辞格中又包含着其他辞格,形成大套小的包容关系。辞格的套用特点是一句话或一个语言片段总的看来是用了甲修辞格,其中又包含着乙修辞格。几种辞格互相配合,使大辞格有所借助,小辞格有所依托,大小辞格分层次结合。例如:

① 桃树、杏树、梨树,你不让我,我不让你,都开满了花赶趟儿。(朱自清《春》)

② 风如马,任我跨;云如雨,随我踏。(郭小川《大风雪雨歌》)

③ 看吧,狂风紧紧抱起一层层恶浪,恶狠狠地将它们甩到悬崖上,把这些大块的翡翠摔成尘雾和碎末。(高尔基《海燕》)

例①总的看来是比拟,其中"你不让我,我不让你"是回环。例②从总的结构看是对偶,但"风如马"和"云如雨"是比喻。例③整个句子是比拟,而"这些大块的翡翠"是借喻。这是比拟中包含着比喻。

(三) 修辞格的连用

修辞格的连用是在一段话中接连使用同一辞格或不同辞格的综合修辞。连用是辞格一个接一个地运用,各辞格之间是平行的并列关系。例如:

① 他长着一对阴阳眼,左眼的上皮特别长,永远将眼珠囚禁着一半,右眼没有特色,一向是照常上班。(老舍《离婚》)

② 泪水模糊了我们的双眼,灵车割断了我们的视线。敬爱的周总理啊!我们多么想再看一看你,再看一看你啊!(《敬爱的周总理永垂不朽》解说词)

③ 我麻木的神经在清醒,我滚滚的热血在沸腾! 奇耻大辱,大辱奇耻,如毒蛇之齿,撕咬我的心!(李存葆《高山下的花环》)

例①是两个比拟的连用。例②是对偶、呼告、反复三个辞格的连用。例③是对偶、回环、比喻的连用。

在实际的语言运用中,往往把兼用、套用、连用一起使用,发扬各自的优势,增强话语的表达效果。例如:

① 那沉甸甸的稻谷,像一垄垄金黄色的珍珠;炸蕾吐絮的棉花,像一厢厢雪白的珍珠;婆娑起舞的莲莲,却又像一盘盘碧绿的珍珠。(谢璞《珍珠赋》)

② 海在我们脚下沉吟着,诗人一般。那声音仿佛是朦胧的月光和玫瑰的晨雾那样温柔,又像是情人的密语那样芳醇,低低地,轻轻地,又像微风拂过琴弦;像落花飘零在水上。(鲁彦《听潮》)

例①总的看是排比,排比中套用三个比喻,最后一个比喻又套用了比拟。例②总的是连用,第一句是比喻套用比拟。第二句中第一个分句是移觉套用移就,第二个分句用了移觉,最后两句是比喻连用。这些辞格从多方位把夜间平静的海面响声表现得丰富多彩。

(四)修辞格综合运用的分析

修辞格综合运用的分析,要注意以下几点。

(1)从宏观把握,弄清辞格间的相互关系。辞格有主次、隐显之分,应按照不同顺序,分层次进行分析。

(2)注意辞格分析的角度。有的辞格可以从形式着手,有的可以从意义着手,有的着眼于词语,有的着眼于句式。分析切不可只取一种而不及其余。不同辞格的表达效果需及时注明,反复推敲,从整体把握语段。

(3)分析可用评点法和层次分析法。

① 评点法。例如:

盼望着,盼望着(用反复,表达盼望的急切心情),东风来了,春天的脚步近了(用拟人,表达对春到来的欢喜之情)。

② 层次分析法。例如:

卓尔呀,

(呼告)

你以温柔的粼粼水波,

(移觉)

洗涮它们淡淡的哀愁,

(比拟中套用移觉)

以及那驭云载月的翅膀。

(夸张)

(查干《夜雁,在卓尔边》)

思考题

1. 比较下列辞格的异同,并举例说明。
(1) 比喻和比拟的同与异,运用比喻要注意哪些问题。
(2) 借代和借喻的同与异。
(3) 双关和拈连的区别。
(4) 反复、排比、层递的区别。
(5) 衬跌、衬托、对比的异同。
(6) 顶真、回环的区别。
2. 写出运用排比、反复、同异、对偶、层递修辞的句子各两例。
3. 分析题。
(1) 指出下列各句的辞格,并简述其表达效果。
① 延安的歌声……它是黑夜的火把,雪中的煤炭,大旱的甘霖啊。
② 雷锋,鲜红的路标啊,指引多少人披荆斩棘,奋勇前进……
③ 勤勤恳恳育社会主义新苗,兢兢业业树共产主义新风。
④ 夏虫也为我沉默,沉默是今晚的康桥。
⑤ 她爱起人来像一团火那样热烈,恨起人来也像一团火,把人烧毁。然而,她的外形是沉静,她像秋天傍晚的树叶轻轻落在你身旁。她觉得自己的夏天已经过去,生命的晚霞就要暗下来了。
⑥ 横眉冷对千夫指,俯首甘为孺子牛。
⑦ 多么美妙的夜晚,多么凉爽的天气,多么迷人的繁星啊!
⑧ 井冈山的翠竹啊!去吧,去吧,快快地去吧!多少工地,多少工厂矿山,多少高楼大厦,多少城市和农村,都在殷切地等待着你们!
⑨ 船如离弦之箭,稍差分厘,便撞得粉碎。
⑩ 听着、听着,听着那悲伤的歌声,蓦然,一股的心酸,像波浪,在我心海里汹涌澎湃,我感觉着,天上的星星似乎要落泪了,远方的涛声似乎在哭泣了。
(2) 请分析下面两首诗的婉曲修辞技法。
君问归期未有期,巴山夜雨涨秋池;何当共剪西窗烛,却话巴山夜雨时。(李商隐《夜雨寄北》)
今夜鄜州月,闺中只独看。遥怜小儿女,未解忆长安。香雾云鬟湿,清辉玉臂寒。何时倚虚幌,双照泪痕干。(杜甫《月夜》)
3. 请指出下列各例中讳饰修辞手法的运用。
① 凤姐儿低了半日头,说道:"这个就没有法儿了。你也该将一应的后事

给他料理料理；冲一冲也好。"尤氏道："我也暗暗地叫人预备了。就是那件东西，不得好木头，且慢慢地办着罢。"（曹雪芹《红楼梦》）

② "他，他在哪？"石牯结结巴巴地问。"在后头房里嘛。怎么，你们以为他去了货呀！"小老头笑着说，"他是有名的'打不死'呀！天没亮他就闯进店来了；当然罗，一身都挂得稀烂……"（叶蔚林《在没有航标的河流上》）

③ 有人劝这位老倌不立继，开导他说："你有七亩好田，饱子饱药，百年之后还怕没的人送你还山？"（周立波《山乡巨变》）

④ "他还不是为你们。他已经半截入土了，还不是为你们打算？"（李准《不能走那条路》）

⑤ 成岗愉快地看着这个聪明伶俐的孩子：这孩子，太可爱了。"你在这里……呆了好久了？"（罗广斌、杨益言《红岩》）

⑥ 今天早晨，杨德又拉王占彪去喝酒，杨德装着悲观的样子说："老弟，这是咱兄弟们说知心话哩，眼看日本人不行了，将来有个山高水低，咱们可该怎么办呀？"王占彪也早有心思把他拉上，一块反正。于是接上说："是呀！咱们都是中国人，作这些丧良心事，弟兄们也都不愿意，趁早反正抗日立功吧！"（马峰、西戎《吕梁英雄传》）

⑦ 春栓妈道："唉，我还告诉你哪，这两天街上风言风语，说小白鞋'双身'啦……"（姜树茂《渔岛怒潮》）

4. 就下面的例子谈谈衬托的表达作用。

① 往日，这里一片葱绿，鸟儿歌唱，今天却只见遍地落叶，满目凄凉。我扶着一棵参天大树哭了起来，就像在周总理身边一样，我多么想用眼泪把他哭醒啊！

② 八月的千阳江畔，山上一抹艳阳，江上一层清风，风嫩嫩的，日头绵绵的，前头是儿子，后边跟着俊生生的媳妇，还有比这更使上了年纪的乡间妇女醉心的图景吗？但金婶却是满腹难言的滋味。

5. 下列句子，哪些是比喻，哪些不是比喻？为什么？

① 旧历的年底毕竟最像年底，村镇上不必说，就在天空中也显出将到新年的气象来。（鲁迅《祝福》）

② 玉盘似的月亮出现在白云间。

③ 散文这枝花，现在自然也和"文学树"上各个枝丫的花一样，都在盛开。

④ 像雷锋精神一样，海迪精神就是共产主义精神。

⑤ 周围是死一般的寂静。

⑥ 我想：希望是本无所谓有，无所谓无的。这正如地上的路；其实地上本

没有路,走的人多了,也便成了路。(鲁迅《故乡》)

6. 请指出下列古诗文中借代的事物。

① 开轩面场圃,把酒话桑麻。(孟浩然《过故人庄》)

② 田园寥落干戈后,骨肉流离道路中。(白居易《望月有感》)

③ 黄发、垂髫,并怡然自乐。(陶渊明《桃花源记》)

④ 慨当以慷,忧思难忘。何以解忧,唯有杜康。(曹操《短歌行》)

⑤ 无丝竹之乱耳,无案牍之劳形。(刘禹锡《陋室铭》)

7. 请指出下列例句中双关手法的运用。

① 不写情词不写诗,一方素帕寄心知。心知接了颠倒看,横也丝来竖也丝,这般心思有谁知?(冯梦龙《山歌》)

② 高节人相重,虚心世所知。(张九龄《咏竹》)

③ 往后的日子,儿子开始在下课后被留下来,开始了他自己说的留学生活。理由是字写得太丑,留下来继续写字。(小野《青铜小子》)

④ "听说你们有一种新货色,叫做爱情。""是的,那是一种洗衣机。"癫者默然垂首。"没有人将多余的爱放在这里寄售吗?""多余?"女店员尖声叫了起来,"我们人人自己都缺货呢!"(张晓风《癫者》)

⑤ 振保笑道:"你喜欢忙人?"娇蕊把一只手按在眼睛上,笑道:"其实也无所谓,我的心是一所公寓房子。"振保笑道:"那可有空的房间招租呢?"娇蕊却不答应了。振保道:"可是我住不惯公寓房子。我要住单幢的。"娇蕊哼了一声道:"看你有本事拆了重盖!"(张爱玲《红玫瑰与白玫瑰》)

8. 请分析下列例句中拈连辞格的运用。

① 打铁,打铁,/一天到晚打不歇,/早晨打出万缕红霞,/晚上打出一轮明月。

② 金沙江水滚滚滔滔流了半个世纪,把一个二十四岁青年船夫流成了七十四岁的老人。

③ 在高原的土地上种下一株株树秧,也就是种下了一个个美好的希望。

④ 惊心动魄的一九七六年,/新中国经受了最严峻的考验。/新年中刚撕下了几页日历,/竟撕裂了八亿人民的肝胆!

⑤ 我们人穷志不穷。

⑥ 蜜蜂是在酿蜜,又是在酿造生活;不是为自己,而是在为人类酿造最甜的生活。

9. 分析下列语句中易色的修辞效果。

(1) 我用儿童的狡猾的眼光察觉,她爱我们,并没有存心要打的意思。

第七章 辞格的运用

(魏巍《我的老师》)

(2) 活人替代了古董,我敢说,也可以算得显出一点进步了。(鲁迅《拿来主义》)

(3) 有几个"慈祥"的老板到菜场去收集一些莴苣的菜叶,用盐一浸,这就是她们难得的佳肴。(夏衍《包身工》)

10．选择题。

(1) 以下几句运用修辞方法恰当,并确实增强了表达效果的一项是(　　)

A. 海外儿女思乡,思乡,思乡,此情此意久长。

B. 他的话没有实质内容,空洞得像战鼓一样。

C. 蒲公英柔软的茎上顶着小黄伞,雄赳赳地守卫在道路两旁。

D. 个人的自学,个人的努力,个人的独立钻研,是主要的;但是适当的讨论,相互的讨论,集体的讨论也是必要的。

(2) 对下面句子所采用的修辞方法和它的表达作用理解正确的一项是(　　)

月光如流水一般,静静地泻在这一片叶子和花上。

A. 用比喻的修辞手法,形象地描绘了月光一泻而下的自然美。

B. 用夸张的手法,极力表现荷塘上月色的清朗纯洁。

C. 用比喻的手法,描绘荷塘上月光的清纯柔和。

D. 用拟人手法,描写月夜的寂静安宁。

(3) 含有比喻和比拟两种修辞方法,并且使用都恰当的一句是(　　)

A. 车在奔驰,风在欢笑,将要成熟的晚稻像片片彩霞落在辽阔的大地上。

B. 雄伟庄严的天安门经历了千万次战斗的风雨,带着亿万人民胜利的豪情,傲然屹立。

C. 当代艺术界、体育界、卫生界的不少女性,都有许多辉煌的成就,岂止不让须眉,还多占几分春色。

D. 在那夜阑人静屋暖花香的氛围里,她的话正如打开闸门的潮水,快活地向外奔腾。

(4) 对下面句子的修辞方法及其作用的表述,判断不正确的一项是(　　)

A. 那飞溅着的水花,晶莹而多芒;远望去,像一朵朵小小的白梅,微雨似的纷纷落着。——运用了比喻的手法,描写了水花的颜色、形状和动态。

B. 思厥先祖父,暴霜露,斩荆棘,以有尺寸之地。——运用了夸张的手法,说明了六国创业的艰辛不易。

C. 五岭逶迤腾细浪,乌蒙磅礴走泥丸。——运用了对比的手法,写出了山势的起伏而又微不足道。

D. 这里叫教条主义休息,有些同志却叫它起床。——运用了拟人的手法,使说理的文章更加生动引人。

(5) 对下面一段话所运用的修辞方法的判断,正确的一项是(　　)

"日出江花红胜火,春来江水绿如蓝。"这是革命的春天,这是人民的春天,这是科学的春天！让我们张开双臂热烈地拥抱这个春天吧！

A. 引用　对比　比喻　排比　借代
B. 引用　对比　借代　排比　夸张
C. 引用　对偶　比喻　排比　拟人
D. 引用　对偶　比喻　排比　拟物

(6) 对联寻亲。下面本是四副完整的对联,但是被打乱了,请你用线把它们连接起来,使之重新变得完整。

A. 时雨点红桃千树　　　a. 山静无人水自流
B. 亭闲有竹春常在　　　b. 春风吹绿柳万枝
C. 无意东风花半露　　　c. 夜市千灯照碧云
D. 晴空一镜悬明月　　　d. 有闲春色燕双飞

(7) 根据下面语言材料,运用对偶知识对出下联。

春天时,湖水涨满,湖天一色,船行湖中,如行天上；秋日里,山色斑斓,山景如画,人游山中,如行画中。

上联:春水船如天上坐

下联:＿＿＿＿＿＿

11. 分析下列例句辞格综合运用的情况。

① 勤奋是点燃智慧的火花,懒惰是埋葬天才的坟墓。
② 举着红灯的游行队伍河一样流到街上。
③ 盼望着,盼望着,东风来了,春天的脚步近了。
④ 有理走遍天下,无理寸步难行。
⑤ 树缝里也漏着一两点路灯光,没精打采的,是瞌睡人的眼。
⑥ 这种感情像红松那样,根深蒂固,狂风吹不动,暴雨浸不败,千秋万载永不凋谢。
⑦ 太阳还不能从云里挣扎出来,空气也感到疲乏。
⑧ 沉默。监房突然像沉入无底的黑暗之中,就是落下一根针也仿佛可以听见。

第八章

修 辞 障 碍

言语是对语言的具体运用,修辞是对言语的调适。在修辞活动中,表达者对语言的不同理解会产生语言障碍。修辞活动中的各种因素会导致言语障碍。语言本身是一种文化,语言工具又是文化的载体,修辞会产生文化障碍。修辞活动的主体是人,人在修辞活动中会产生心理障碍。

第一节 语 言 障 碍

语言障碍表现为对语言规律的违背。语言是音义结合的词汇和语法体系。使用语言首先要遵守语言本身的规律。过去常说的"语病",就是违背语音、语义、词义、语法的规范,如语法上的语病有词类误用、搭配不当、成分残缺、语序颠倒等。

语言病是言语交际的障碍。比如,"有些拙作,罗里罗嗦"(《语文报》),"拙作"是谦称自己的作品或文章,不能用于指别人的文章。一位政工干部作报告:"什么雷锋啊,什么王杰啊,什么欧阳海啊,都是我们学习的榜样。"政工干部对报告中的英雄是怀有敬意的,但选用的语言成分本身含有轻慢的语气。王力在《谈谈写信》一文中说,一位青年干部写信给一位领导干部,最后一句是:"敬祝首长千古。"后来王力自己也收到一位青年的来信,说在弥留之际给他写信。他复信给青年:"你在弥留,应该快断气了,怎么能写信呢?"这些都是犯了语言病。传统语言学从语言规律本身去分析语病的病理、病因、病类以及检查和纠正语言病的方法,并制定了相应的语言规范。这对消除语言病,扫除言语交际中的语言障碍无疑是很有好处的。但它给人的印象是,语言使用中的障碍都在语言规律本身,因此制定无数的清规戒律让人遵守。这样做束缚了语言的使用,不利于言语创新。

第二节 言语障碍

言语病是语言使用过程中的不得体现象,即言语不适合说写者和听读者及其相互关系,不适切于言语环境,言语病是违背言语规律的结果。

无语言病的句子在一定语境中可以构成言语病。如"把生产搞上去,把人口降下来!"这句话本身无语言病,但如果刷到火葬场的围墙上就构成了言语病,这是因为言语没有适切语境。又如"你长得很苗条"是文从句顺的恭维话,用于年轻女性就很中听,如果对怀孕的女士说,对方会感到不愉快。

有语言病的句子在一定语境中可以是合理的。无论说话还是写文章,人们都不愿意在言语交际中出现讨厌的病句。但在文艺作品中,为了塑造人物形象,刻画人物的性格,表现人物的情感,作者往往在人物言语中有意地运用一些病句或不太规范的句子。在文学作品中,作家常常独具匠心地运用"飞白"手法。秦牧在《艺海拾贝》一书中说得好:"在某种场合,'不合逻辑'的语言有时比合乎逻辑的语言更有力量。"这种"不合逻辑"的句子是作家将它作为某种艺术手段着意运用的,它完全服务于文学作品的需要。

言语障碍是否形成,主要依据言语规律来判断。1920年郭沫若在《笔立山头展望》一诗中写道:"一枝枝烟筒都开了朵黑色的牡丹呀!哦!哦!二十世纪的名花!近代文明的严母呀!"诗中歌颂二十世纪大工业生产的景象,以表现无产阶级的力量。我们不能用今天的标准斥之为歌颂环境污染,更不能视之为言语病,要考虑特定的时代背景,分析言语障碍不能无视时代背景因素。"奶奶,我要吃糖糖,我的肚肚饿了。"这样的言语由幼儿说出来,谁也不会见笑。如果出自一位老太太之口,那就不合适了。因此,言语障碍的判定不能离开说写者的主观因素。鲁迅在《致杨霁云》中说:"我认为一切好诗,到唐已经做完,此后倘非能翻出如来佛掌心的'齐天太圣',大可不必动的手,然而言行不能一致,有时也诌几句,自省亦殊可笑。""齐天太圣"在汉语中无此称说,有人说是"齐天大圣"之误,应予更正。其实这是不了解鲁迅的言语目的,鲁迅用"齐天太圣"指比"齐天大圣"更有本领的人,极言其能。因此,言语障碍的判定不能离开言语目的。乘客在公共汽车上买票,说"南京路三张"是得体的。如果说成"我买三张从十六铺码头到南京路的票",这种表述反而是不得体的。在法庭上审判员说"把被告的同事带上来"是不得体的,应该说"传被告的证人到庭"。因此,言语障碍的判定不能离开场合。又如:

同志们,对于我们的工作,我们一定要肯定那些应该肯定的东西,同时一定要否定那些应该否定的东西。我们不能只知道肯定那些应该肯定的,却不去否定应该否定的。也不能只去否定应该否定的,而忘记了去肯定应该肯定的。更不要去肯定应该否定的,而否定应该肯定的。

在党的十一届三中全会以来的路线、方针、政策的指引下,在六届人大精神鼓舞下,在省教委的领导下,在农业局的具体指导下,在有关部门的具体协助下,在我校党政的领导下,我校的教学工作取得了巨大成绩。

从这两段话语本身看,都有"假大空"的毛病,但它们出现的语境不同,其语料性质会有所变化。前一段话语是伊方《听同义反复万无一失的演说》中的一段。它作为艺术语体,是讽刺与幽默性质的语料,在作品中具有一定的积极作用。而后一段话语是一所省属农校工作总结的导语,它出现在现实语境中,语料的性质具有消极性。因此,衡量言语障碍应该充分考虑语境因素。

要避免言语障碍,必须遵守言语规律。当然,还得考虑与语言相联系的规律。比如,言语要符合语流顺畅的原则。《王贵与李香香》中"一杆红旗大家扛,红旗倒了大家遭殃",这里的"糟殃"在原句中是"糟糕",因"糟糕"不押韵而改成"遭殃"。又如,清代文人胡正藻在《坚磨生诗抄》中写有"一把辛酸论浊清",受到乾隆的训斥:"加'浊'字于国字上,是何肺腑?"因"浊"在"清"前,被理解为影射清朝。因此,言语障碍与语言材料的选择有关。言语病是对语言规范的负偏离,而言语创新是对言语规范的正偏离,言语障碍的判定应该研究语言规范和偏离之间的关系。

第三节 文化障碍

语言是文化的载体,它记载文化、传递文化,语义中还可蕴含文化因素。语言可以表达文化,它本身也是文化。在修辞活动中不可避免地会产生因文化差异而出现的障碍。主要的文化障碍如下。

1. 问候语

中国人友善的问候有时会被西方人误解为多管闲事的盘问。这是由于中国人见面时习惯于明知故问,用当时交际场景和行为方式作为招呼语:"上街啊?"、"买菜呀?"、"泡水呀?"、"下班啦?"、"吃了没有?"、"修自行车?"、"理发了?"、"热了?",面对这些问候语,西方人觉得很纳闷:为什么中国人对他人的生活细节如此好奇,就连吃饭、买菜、泡水之类的小事也要过问? 他们以为这是在盘问自己。也许是出于礼貌的缘故吧,西方人常常一本正经地对这些"盘问"作出回答,结果却发现中国人根本就没有听答案的意思。

中西方在招呼语上存在着明显的文化差异。比如,中国人一般不和陌生人打招呼,否则就以为你认错了人,甚至认为你动机不良。而美国人的习惯是不管认识与否,彼此见面时都打招呼,说声"Hi(嗨)!"。据语言学家C.弗格森研究,英语和阿拉伯语的招呼语和告别语通常是从祈祷神灵赐福的用语中衍生而来的。它们约定俗成,有固定的格式或习惯搭配。而汉语的招呼语和告别语是和双方相遇时的交际场景相连的。在中国人看来,交际双方相遇时,结合具体场景说一些有关饮食起居方面的问候语极其自然,它体现了一种对他人随时随地的体贴关心,反映了友好的人际关系。

2. 恭维话

中国人的热情恭维有时被西方人误解为无礼的嘲讽。例如,中国学生见外国留学生买了许多食品,会说:"嘀,你买了这么多好吃的!"在银行见外国留学生存款,会说:"你一定有不少存款吧?"如果见外国留学生烫了发,会说:"你今天真漂亮,比过去年轻多了。"西方人常常将这些恭维话误解成说话人是在打听和干涉自己的个人隐私,有时会认为是一种嘲讽和不友好的言语。西方人喜欢在公共场合谈论天气、新闻等公众话题,即使谈及个人也是谈论某人的个性、爱好等大众化的话题,比如"你喜欢集邮吗?""你对演讲比赛有何看法?"而不会问及他人的家庭背景、工资收入、婚姻状况、年龄等隐私。相反,中国人喜欢在日常交际中询问他人的家庭私事,以显示双方关系的融洽。不理解这一点,就会产生言语交际障碍。上海电视台的一位女记者在一次电视采访中,向日本电影明星栗原小卷问道:"你今年多大了?"对方不无窘意地迟疑了一下才回答:"这,这是我的秘密。"后来这段采访在正式播出前被删去了。

3. 自谦语

中国人的谦虚礼让,有时被西方人误解为虚伪做作。外国游客表示感谢,中国导游谦虚地说:"不谢,这是我应该做的。"外国客人赞扬英语说得好,中国学生说:"不,差远了。"外国客人赞扬菜做得可口,中国女主人说:"哪里,哪里,我不会做菜。"外国客人赞赏所赠的礼品,中国同事说:"这不是什么值钱的东西,一点小意思。"中国人谦虚有礼的答谢,外国人不易理解,以为中国人对他们的赞扬不领情。如果被赞扬的一方是西方人,他们会直接感谢对方的赞誉,或表达自己的喜悦心情。在上述四种场合,西方人会分别作出如下回答:"谢谢,我是上海的老导游。""我的英语是在上海外国语大学学的,那儿有出色的英语教师。""这的确是我的拿手好菜。""这是我精心挑选的礼物。"

语言学家里奇认为,言语交际有合作原则和礼貌原则。合作原则包括要

第八章 修辞障碍

讲真话老实话的准则,礼貌原则包括赞誉准则和谦虚准则。中国式的自谦语比较注重礼貌原则,特别是其中的谦虚准则,甚至不惜以牺牲讲真话和老实话的合作原则为代价。中国人认为,在上述场合自我贬抑比讲真话和老实话更得体,更能维持一种友好、和谐的人际关系,使双方在交谈中能最大限度地合作并取得一致。而西方人比较注重讲真话和老实话,当然也并非无视礼貌原则,但是当二者难以兼顾时,他们宁可牺牲礼貌原则,这可能与西方人重视自我价值的观念有关。从这里也可以看出,里奇对这两种原则的解释没有普遍意义。中国人认为谦虚可以维持合作,外国人则认为讲实话才是合作。实际上,在言语交际中,该谦虚时不能骄傲,该讲实话时,不能维持虚荣,双方真正的理解才能保持言语交际中的合作。

4. 委婉语

中国式的委婉有时被西方人认为是莫名其妙。例如,两个中国人深夜交谈,甲委婉地向乙表示自己很累,想早点休息,便对乙说:"您很累吧,要不要早点休息?"乙回答说:"我不累,您呢?"甲为了表示礼貌只好顺应:"您不累,我也不累。"又如,中国学生请求美籍教师帮助他修改用英文写的小说,便说:"不知您是否有空,我是第一次用英文写小说,里面一定有许多错误。"在上述两种场合,中国人都不愿意直言真实意图,而是希望对方从自己的委婉话语中领悟真意。这也就违反了里奇所谓的合作原则中讲真话和讲实话的准则,而让礼貌原则再占上风,以达到双方减少分歧,增加共识的目的。而西方人对这样的交际策略不易理解,有些莫名其妙。这些交际文化的障碍,容易引起言语交际的信息差,而降低交际效果。

第四节 心理障碍

修辞活动中的心理障碍很多,从理解话语的角度看,主要有耳误和口误两种。

1. 耳误

耳误是由于心理障碍对话语内容产生接受上的偏差。听是一种受心理支配的行为,分注意、接受和理解三个步骤,在每一步骤中均会由于情境的变化和听话人心理的变化而影响听话效果。当你对说话人的话语感兴趣时,就会由注意发展到接受和理解。如果注意力涣散、兴味索然,就会影响接受。另外,当你无法接受说话者的观点时,心理上也会筑起一道封闭的墙。

说话者的说话方式也会引起听话障碍。如以教训、命令、强迫、指责、贬斥、谩骂、盘问等方式说话,往往会使听话人产生心理上的反感而形成耳误。

在言语交际中不加倾听而急于发言,或来不及听清、听完、听全对方的话,都会产生耳误。言语交际中,听话时只重事理不重情感,只考虑对方的话语是否合理,而忽略了情绪和情感所表达的言外之意,往往难以形成情感上的沟通,给对方以"话不投机"的印象。

偏听极易形成耳误。这时听话人先入为主或带有偏见地听别人讲话,实际上往往听而不闻,不能客观地领会话语信息。

分心也是耳误的主要原因。造成分心的客观原因是:讲话者声音太小听不清;讲话者的仪表神态不同寻常;讲话者的语速太慢;旁人催促、下课时间快到、别人的打扰、工作上的压力等。分心的主观原因可以是:有重要的事心不在焉;情绪激动不能平静;受到批评或表扬等。俗话说"一心无二用",这些主观因素会导致耳误。

误解是耳误的最直接的后果。偏听、分心等会导致对话语信息的误解。当然误解还与文化水平有关,有人专心倾听,也会由于对词语不懂或知识欠缺而产生误解。学生在课堂上不能复述讲授内容,一种可能是没有认真听课,一种是认真听了,但无复述能力。

2. 口误

口误是正常人在言语交际中不由自主地偏离想要表达的语音、语义、词汇或语法形式的失误现象。常见的口误来自心理,可以说口误的主要原因是心误。大脑疲劳时,不能有效地支配词语的选择和话语的组合,口误于是产生。分心、怯场、心情紧张或激动时易形成口误,认知困难或认知不明确的人在挑选字眼时容易出现口误。

一、解释下列概念

容错能力　语义激活　零度

二、辨析题

1. 语言障碍、言语障碍、文化障碍、心理障碍。
2. 合作原则和礼貌原则。
3. 耳误和口误。
4. 语言病和言语病。

5. 正偏离和负偏离。

6. 大偏离和小偏离。

7. 句法的合格性、语义的情理性、语用的有效性。

三、分析题

1. 举例说明修辞的文化障碍。

2. 举例说明语病的内因与外因。

3. 下列修辞格用得不当，请在原辞格基础上加以改正。

① 攀现代化高峰任重道远，学马克思主义眼光明亮。

② 我们是新时代的大学生，/来自祖国四面八方。/有的来自高山，/有的来自平原，/有的来自农村，/有的来自西南，/有的来自边防前线。

③ 他度过的二十年零八个月的冤狱生涯，犹如压在石板底下的一棵小草，虽然磨难重重，却从不低头，为生存，为真理而顽强斗争。

④ 现在，当我遥遥目送着北站那裸露着钢屋架的候车大厅远去，我想，我再来上海时，就像新的精神面貌会不断茁壮成长一样，一座富丽堂皇，宽敞舒适的上海火车站一定会矗立在我眼前。

参考文献

[1] 陈望道.修辞学发凡[M].上海:上海教育出版社,1979.
[2] 谭永祥.修辞新格[M].厦门:福建教育出版社,1983.
[3] 王希杰.修辞学新论[M].北京:北京语言学院出版社,1993.
[4] 刘焕辉.修辞学纲要[M].南昌:百花洲文艺出版社,1993.
[5] 倪宝元.大学修辞[M].上海:上海教育出版社,1994.
[6] 张炼强.修辞[M].北京:首都师范大学出版社,1995.
[7] 李嘉耀,李熙宗.实用语法修辞教程[M].上海:复旦大学出版社,1996.
[8] 中国华东修辞学会复旦大学语言文学研究所.语体论[M].合肥:安徽教育出版社,1987.
[9] 孙汝建,陈丛耘.言语技巧趣话[M].南京:东南大学出版社,1988.
[10] 孙汝建.修辞的社会心理分析[M].上海:上海外语教育出版社,2006.
[11] 陈丛耘.人际沟通的社会心理语言学研究[M].北京:群言出版社,2006.
[12] 孙汝建.修辞理论与修辞方法[M].北京:新星出版社,2002.
[13] 钟敏.汉语修辞概论[M].北京:中国文联出版社,2006.
[14] 张玉玲.语体交叉渗透的类型[J].长沙:湖北师范学院学报哲学社会科学版,1999(4).
[15] 李军,刘峰.网络语体:一种新兴的语体类型探析[J].宁夏大学学报(人文社会科学版),2005(2).
[16] 许钟宁.论语体的交叉渗透[J].西北第二民族学院学报,2002(1).
[17] 赵宏.新修辞格——变焦[J].修辞学习,2001(3).
[18] 孙书杰.析古诗词曲中的列锦[J].保定师范专科学校学校学报,2002(3).

［19］谢伟民,乙常青.例说"示现"[J].中国中学生报,2009-6-5.

［20］王谳枝.论跳脱的美学功能[J].思茅师范高等专科学校学报,2000(3).

［21］纪永祥.新时期语体研究述评[J].青海民族学院学报,1995(4).

［22］曹石珠.形貌修辞学[J].湖南师范大学学报,1996(3).

［23］祁伟.试论社会流行语和网络语言[J].语言与翻译,2002(3).